Herderbücherei INITIATIVE 27
Band 9527

Die elternlose Generation

Schlüsselkinder – Bürgerkriegskinder – Niemandskinder

Herderbücherei INITIATIVE 27

Herausgegeben von
Gerd-Klaus Kaltenbrunner

Herderbücherei

Originalausgabe
erstmals veröffentlicht als Herder-Taschenbuch

Verlag Herder Freiburg · Basel · Wien
Freiburger Graphische Betriebe 1978
ISBN 3-451-09527-0

Inhalt

Zwietracht und Freundschaft zwischen den Generationen

Anstelle eines Vorworts

Spannungen und Differenzen zwischen den Generationen sind nicht erst eine neuzeitliche Erscheinung, und insbesondere der Vater-Sohn-Konflikt hat eine jahrhundertelange, wahrscheinlich sogar jahrtausendelange Geschichte, auch wenn wir uns kühner psychoanalytischer Ausflüge in die Prähistorie, wie sie etwa S. Freud in „Totem und Tabu" unternommen hat, vorsichtig enthalten wollen. Der Reiz dieses vielschichtigen und verwickelten Themas besteht nachgerade darin, daß darüber bereits fast alles gesagt worden ist – und vielleicht auch etwas mehr. Die Versuchung zu voreiligen Verallgemeinerungen und spekulativen Analogieschlüssen ist groß, vor allem wenn man einer bestimmten Wissenschaft, etwa der Soziologie oder Verhaltensforschung, den Rang einer universalen, für „das Ganze" kompetenten Disziplin zuschreibt.

Jugend und Alter sind gewiß, ebenso wie männlich und weiblich, biologische Kategorien, doch darüber hinaus auch gesellschaftlich-kulturell bedingte Begriffe. Wir haben es hier sowohl mit einem Natur- wie mit einem Kulturphänomen zu tun, mit einem komplexen Ineinander von vitalen Abläufen und geschichtlichen Prägungen. Ein Blick in die Vergangenheit, aber auch auf die von der Völkerkunde erbrachten Forschungsergebnisse zeigt, wie verschieden das Verhältnis der Generationen zueinander beschaffen sein kann. Zu Abrahams Zeiten mögen, auf der Grundlage fast stationärer, sozusagen in die Rhythmen der Natur eingebetteter Daseinsbedingungen, die Unterschiede zwischen Vätern und Söhnen so gering gewesen sein, daß diese sich mit jenen fast völlig identifizierten. Die Veränderungsrate der zwischen den Generationen stattfindenden Entwicklungen war so minimal, daß der Sohn gleichsam der Doppelgänger des Vaters, der Vater die Maske des Sohnes sein konnte. An diese magische Welt erinnern vielleicht noch manche alteuropäische Totenbräuche, in denen die abgeschiedenen Ahnen sozusagen als Adelsklasse anerkannt und vergegenwärtigt wurden. Nach André Varagnac waren es nicht die alten, sondern die jungen Menschen, die in ihren kultischen Maskenumzügen die Toten repräsentierten. Vergessen wir auch nicht, daß die menschliche Lebenserwartung bis tief in die Neuzeit hinein nur sehr gering war und Kindheit wie Jugend bei den meisten Völkern, vor allem den sogenannten Primitiven, überaus kurz dauerten. Kinder und Jugendliche waren einfach da, doch eher als unreife Erwachsene; es fehlten ihnen die meisten Eigenschaften, die wir üblicherweise dem Zustand des Jungseins zuschreiben. Hinzu kommt das wichtige Faktum, daß noch bis vor kurzem die meisten Menschen im Kindesalter starben. Erst in unserem Jahrhundert wächst – eine Folge der modernen Medizin – die Mehrzahl der neugeborenen Kinder bis zur vollen Reife heran. Erst seit weltgeschichtlich ganz kurzer Zeit können Eltern mit guten Gründen davon ausgehen, daß ihre Kinder am Leben bleiben werden.

In den Hochkulturen, wie im alten China, aber auch in der griechisch-römischen Antike, war der Vorrang des Alters selbstverständlich. Doch finden sich bereits bei den Vorsokratikern Ansätze zu einer Revision dieses hierarchischen Verhältnisses, insbesondere bei Heraklit, der die Welt mit einem spielenden Kind vergleicht. „Des Kindes ist das Königreich", lautet eines seiner kryptischen Weistümer, und er sagte auch: „Nicht sollen wir es nur wie die Kinder unserer Eltern machen." Insgesamt ist freilich dem frühen, auch noch dem klassischen Griechentum der Gedanke, daß das Kind ein höheres, reicheres, seligeres Wesen als der Erwachsene sei, durchaus fremd. Jugendliches Dasein ist in erster Linie

Vorstufe zum erwachsenen, erzogenen und ausgebildeten Menschen. Der platonische Philosophen-König wie der stoische und epikuräische Weise verkörpert sich naturgemäß im reifen Mannesalter. Platon hat diese Hierarchie stark betont und keinen Zweifel daran gelassen, daß jeder Jugendkult, jede Aufhebung des Vorrangs der Alten über die Jungen mit politischem Verfall gleichzusetzen sei. Staatlicher Niedergang zeige sich darin, „wenn ein Vater sich gewöhnt, dem Knaben ähnlich zu werden und sich also vor den erwachsenen Söhnen zu fürchten, und ein Sohn die Eltern weder zu scheuen noch bange vor ihnen zu sein, damit er nämlich recht frei sei. Der Lehrer zittert dann in einem solchen Zustande vor seinen Schülern und schmeichelt ihnen; und überhaupt stellen sich die Jüngeren den Älteren gleich und treten mit ihnen in die Schranken in Worten und Taten; die Alten aber setzen sich unter die Jugend und suchen es ihr gleichzutun an Fülle des Witzes und lustigen Einfällen, damit es nicht den Anschein erwecke, als seien sie mürrisch oder herrschsüchtig" (Politeia 562e–563b).

Der Aristokrat Platon zeichnet hier nicht nur das Dekadenz-Modell einer in Anarchie sich auflösenden Demokratie, sondern geradezu eine „verkehrte Welt". Das Mythologem von der verkehrten Welt gehört von jeher zu den Grundbeständen aller revolutionären Utopien, sofern sie mit Unterschicht-Bewegungen verbunden sind. Und ebenso findet es sich durch die Jahrtausende in Dokumenten konservativer Klage über den Niedergang der traditionellen, für „natürlich" gehaltenen Ordnung. „Die ganze Welt ist verkehrt, das Unterste zuoberst", heißt es bereits in altbrahmanischen Texten über das Endstadium des *Kaliyuga,* des „düsteren Zeitalters", in dem wir uns nach hinduistischer Zeitrechnung gegenwärtig befinden, und zwar schon seit mehr als sechstausend Jahren. Die letzte Periode des *Kaliyuga* ist die entsetzlichste; in ihr sind, wie die heiligen Schriften der Inder verkünden, „die Kasten durcheinandergerüttelt, und selbst die Familie zerbricht". Es geschieht, was eigentlich nicht geschehen dürfte: eine revolutionäre Perversion der kosmischen Ordnung. Ausdruck dieser Verkehrung auf der Ebene der menschlichen Gesellschaft ist der Verfall der Familie, der Niedergang der kindlichen *pietas* gegenüber den Eltern und Älteren. „Der Bruder wird zum Gegner, der Sohn wird zum Feind, ein Mann mordet seinen Vater", heißt es

ähnlich in einem altägyptischen Lamento, das, ebenso wie die hinduistische Vision des *Kaliyuga,* als eine Art konservativ-pessimistischer Sozialkritik verstanden werden kann. Immer wieder taucht in Zeugnissen dieser Art das auch von Platon benutzte Motiv der Verwirrung der Generationenordnung auf. „Unsere Jugend ist heruntergekommen", heißt es in der Klage eines ägyptischen Priesters aus der Zeit um das Jahr 2000 v. Chr., „die Kinder gehorchen den Eltern nicht mehr, das Ende der Welt ist nahe."
Jugendkritik hat somit eine lange Tradition, und das Problem der Unordnung im Verhältnis zwischen den Generationen ist in den verschiedensten Gesellschaften, Kulturen und Zeitaltern von kummervollen Erziehern, Philosophen, Priestern und anderen Autoritäten mit fast den gleichen Worten beklagt worden. Jugendkritik ist aber immer ein Problem der älteren Generation und zugleich ein Symptom einer allgemeinen Kulturkrise. Der Typus Catilina, gegen den Cicero im Senat sein berühmtes *quo usque tandem* schleuderte, ist nicht nur ein korrupter junger Umstürzler aus altadeliger Familie, sondern zugleich auch ein extremer Repräsentant der Bürgerkriegswelt im späten republikanischen Rom, das solche unverfroren-gewissenlose Abenteurer-, Glücksritter- und Kondottiereexistenzen zum ersten Mal sozusagen chemisch rein hervorgebracht hat. Das hat auch Cicero deutlich gesehen: *O tempora, o mores!* – Was für Zeiten, was für Sitten!
So wie es die Erwachsenen sind, die die Jugend kritisieren, so sind es auch die Alten, die die junge Generation verherrlichen. Es sind immer Erwachsene, die den Jugendlichen nicht nur für ästhetisch, sondern auch ethisch wertvoller als den reifen Menschen halten. Ansätze zu dieser Einschätzung finden sich schon in der Epoche des Hellenismus, doch zu einem zentralen Motiv wurde der Gedanke vom Vorrang – nicht so sehr des Jugendlichen, sondern – des Kindes erst im ursprünglichen Christentum. Das Evangelium spricht offen aus, daß dem Kinde, und nur dem Kinde, das Reich Gottes gehört. „Wenn ihr nicht wie die Kinder werdet, könnt ihr nicht in das Himmelreich eingehen", sagt Jesus, der zeitlebens auf seinen Wanderungen von Kindern umgeben war und sich auch in seiner Predigt oft auf Beispiele aus der Welt des Kindes bezieht. Gott liebt gerade die Kleinen und Kleinsten, und die seiner väterlichen Liebe angemessene Haltung ist kindhaftes Vertrauen. „Wer

das Reich Gottes nicht annimmt wie ein Kind, wird nicht hineinkommen“ (Mk 10,15; Lk 18,17).
Das frühe Christentum ist in hohem Grade eine Jugendreligion. Kinderlallen galt als Gotteslob im Urlaut, der erste Schrei des Neugeborenen wurde als Verlangen nach der Taufe gedeutet. „Lasset die Kinder zu mir kommen“, hatte der Stifter selbst gelehrt (Mk 10,14). Die Kinder sind geradezu seine Stellvertreter auf Erden, die Epiphanie des Größten im „Geringsten seiner Brüder“: „Wer ein solches Kind in meinem Namen aufnimmt, der nimmt mich auf“ (Mt 18,5). Im apokryphen Thomas-Evangelium sagt der Herr sogar: „Wer mich sucht, wird mich unter siebenjährigen Kindern finden.“ Christus wird als Jüngling dargestellt, vor allem als junger Hirt. Clemens von Alexandreia, der um 200 wirkende Kirchenvater, nennt in einem Hymnus Christus den „Führer der Kinder“, und er bemerkt, daß die Überlegenheit des neuen Glaubens auch darin bestehe, daß Kinder ihn verstehen können. Viele Märtyrer waren Kinder und Jugendliche, und die Berichte über deren Leiden, Sterben und Verklärung wurden rasch zu einer beliebten Literaturgattung. Auf frühchristlichen Kindergräbern erscheinen immer wieder die von Jesus an zwei Jungverstorbenen vollbrachten Wunder: die Auferweckung der Tochter des Jairus und des Jünglings von Naim.
Dies alles bedeutet eine beispiellose Aufwertung des Kindes, und damit hängt auch die Vorliebe der Christen für Vergils vierte Ekloge zusammen, in der die Geburt eines Knaben als heilbringende Weltwende, als Advent eines neuen goldenen Zeitalters gefeiert wird. In gewaltsamer und doch wieder nicht ganz unberechtigter Auslegung wurde das Gedicht des römischen Poeten als Prophezeiung des christlichen Weihnachtsgeschehens gelesen. Kindheit und Jugend waren schon damals nicht bloß Bezeichnungen für die ersten Abschnitte im individuellen Lebenslauf oder für altersmäßig, rechtlich und pädagogisch definierte gesellschaftliche Gruppen, sondern auch mystisch-religiöse Kategorien, ja Ideale. Jungsein ist (wie Geburt, Wiedergeburt, Erneuerung) mehr als eine biologische oder soziale Tatsache; es ist ein Wertbegriff, der vor allem Unschuld, Offenheit, das Gefühl der Geborgenheit in Gott ausdrückt, ferner die gnadenhafte Möglichkeit menschlicher Umkehr, des einen neuen Anfang Setzen-könnens. In diesem

Sinne sagt Augustinus von dem in kindlicher Unschuld lebenden Adam: *Initium ergo ut esset, creatus est homo,* damit also ein Anfang sei, wurde der Mensch erschaffen. Vielleicht wäre es besser, hier statt Kindheit und Jugend die Ausdrücke Kindlichkeit (oder Kindergeist) und Jugendlichkeit zu gebrauchen. Sie sind umgeben von der Aureole einer überschwänglichen Hoffnung oder, genauer gesagt, von den prophetischen Bildern, die diese Hoffnung ausstrahlt und beschwört. Mochten manche spätantike Autoren, darunter auch christliche, die Welt für alt, hinfällig und erschöpft halten, *mundus iam senescit,* so stand diesem Untergangsdenken einer überreifen Hochkultur, die sich im Greisenalter wähnte, doch das so jugendlich anmutende Lebensgefühl der frühchristlichen Apologeten, dann der griechischen Kirchenväter entgegen: die theologisch vertiefte Version des heraklitischen *logos pais,* der spielenden Weltvernunft. War auch die Welt der Cäsaren, Konsuln und Akademiker alt geworden, *wir* sind jung, das neue Geschlecht jener, die der Botschaft des Sohnes vertrauen: „Denn, was einst war, ist vergangen. Siehe, ich mache alles neu" (Offb 21,5). „Halte dich nicht an die greise Welt, sondern werde jung in Christus, der dir sagt: Die Welt vergeht, sie wird alt, sie nimmt ab, sie atmet mühsam wie ein Greis, aber du fürchte dich nicht, deine Jugend wird erneuert werden wie die des Adlers" (Augustinus, Sermo 81,8–9).

Nicht alles, was hier charismatisch aufbrach, wurde unmittelbar sozial fruchtbar, und vieles wurde denn auch wieder in patriarchalisch-gerontokratischem Sinne entschärft, gezähmt oder zur platonischen Allegorie vergeistigt. Gleichwohl bedeutet die Botschaft Jesu für das Verhältnis der Generationen zueinander eine revolutionäre Wende, nicht indem sie an die Stelle der alten patriarchalischen Ordnung eine pueristische setzte, sondern den Gegensatz von Alter und Jugend durch das Gesetz einer gottunmittelbaren Freiheit aufhob. Gott allein ist, wie es bei Paulus heißt, der wahre Vater „über alles, was da Kinder heißt im Himmel und auf Erden", von ihm hat alle Vaterschaft ihren „Namen" (Eph 3,14f.). Vor ihm, den das Hauptgebet der Christenheit „Vater unser" nennt, sind alle Menschen Kinder, und sie vermögen nur in sein Reich zu gelangen, wenn sie den Geist der Kindschaft in sich bewahren oder erneuern. Der bereits erwähnte Clemens von Alexandreia hat am schönsten das aus dieser Auffassung erfließende Generationenethos umschrieben: Gute Väter ihrer Kinder können nur die werden, die den göttlichen Vater haben, und gute Söhne nur die, die den Sohn Gottes kennen; nur dann werden Söhne nicht bitter gegen ihre Väter und Väter nicht hart gegen ihre Kinder.

Mag sein, daß es vor dem achtzehnten Jahrhundert keine Kinderpsychologie als pädagogische Wissenschaft gab, daß der Jugendliche als philosophisches Problem erst von Rousseau entdeckt wurde, doch immerhin gab es schon seit den ersten Jahrhunderten des Christentums jene mystische Aura um den Begriff Kind, die Anbetung des in der Krippe liegenden oder mit dem Ball des Weltalls spielenden Christkindes. Nicht umsonst hat die Kirche zur Ehre der Märtyrer jene Kinder erhoben, die Herodes umbringen ließ, um damit auch Christus zu töten. Nicht von ungefähr bewahrten die abendländischen Menschen, nach einem Wort des Novalis, durch die Jahrhunderte ihre „Anhänglichkeit und Treue an jene selige Mutter und ihr himmlisches, freundliches Kind", um jenen Frieden zu finden, der höher ist als alle irdische Vernunft.

So wie der Mensch von Urbeginn an ein denkendes, schöpferisches und erfinderisches Wesen war, obwohl erst die Griechen diese Tatsache unverlierbar ins Bewußtsein gehoben haben, so hat er auch von jeher in verschiedenen Generationen in ein und derselben Gesellschaft gelebt, obwohl erst die moderne Soziologie die Generation als Kohorte annähernd Gleichaltriger in ihrer grundlegenden Bedeutung erkannt hat. Ihr ist eine gewisse Weise, die Welt zu erleben und sich in ihr zu orientieren gemeinsam, und sie steht in einem Spannungs- und Wechselverhältnis zu anderen – älteren wie jüngeren – Gruppen von Altersstufen. In jeder Gesellschaft koexistieren verschiedene Generationen, gibt es ein vielfältiges Mit- und Gegeneinander von durch ihre Aufeinanderfolge in der Zeit bestimmten Kohorten, und deshalb ist es notwendig, mit Leopold Rosenmayr zwischen den Begriffen *Epoche* als zeitgeschichtlicher Einheit und *Generation* als informeller Gesamtheit annähernd Gleichaltriger mit gemeinsamer Erlebniswelt und Orientierung zu unterscheiden. Wenn aber in derselben chronologischen Zeit verschiedene Generationen leben, dann gibt es, wie der Kunsthistoriker Wilhelm Pinder bereits 1928 hervorgehoben hat, eine „Ungleichzeitigkeit des Gleichzeitigen": „Jeder lebt mit

Gleichaltrigen und Verschiedenaltrigen in einer Fülle gleichzeitiger Möglichkeiten. Für jeden ist die gleiche Zeit eine andere Zeit, nämlich *ein anderes Zeitalter seiner selbst,* das er nur mit Gleichaltrigen teilt" (Das Problem der Generation in der Kunstgeschichte Europas. Neuausg. 1961, S. 41). Und *innerhalb* einer jeden Generation ist wieder – wir folgen hier Karl Mannheim – zwischen *Generationslagerung, Generationszusammenhang* und *Generationseinheit* zu differenzieren, welche begriffliche Dreiheit eine zunehmende Vereinigung und Teilhabe verschiedener Individuen einer Altersstufe an gemeinsam erlebten Situationen, Ereigniszusammenhängen und idealen Zielen bezeichnen soll (Das Problem der Generation. 1928). So bildet die intellektuell aktive Jugend, die sich 1913 nach der Art eines *ver sacrum* auf dem Hohen Meißner zusammenfand, also die Generation der „Jugendbewegung", ebenso eine Generationseinheit wie die vor allem aus studentischen Kreisen kommende Auslese, die 1967/1968 in Berkeley, Paris, Frankfurt, Berlin (West) und anderen Städten Westeuropas und der Vereinigten Staaten für Schlagzeilen sorgte.
Es hängt von vielerlei Umständen ab, welche Generation in einer bestimmten zeitgeschichtlichen Phase politisch, gesellschaftlich und kulturell tonangebend wird. In manchen Entwicklungsländern Afrikas bemächtigten sich, insbesondere in den unmittelbar auf die in den sechziger Jahren vollzogene Entkolonialisierung folgenden Zeiten, nicht einmal Dreißigjährige der höchsten gouvernementalen wie militärischen Führungspositionen. In der nach der katastrophalen Niederlage im Zweiten Weltkrieg gegründeten Bundesrepublik Deutschland hingegen dominierten bis weit in die sechziger Jahre hinein Angehörige der „Generation der Großväter" – Konrad Adenauer stand, als er zum ersten Bundeskanzler gewählt wurde, im vierundsiebzigsten Lebensjahr, während Hitler bei seinem Tode 1945 erst sechsundfünfzig Jahre alt gewesen und als vierundvierzigjähriger nationalsozialistischer Parteiführer Reichskanzler geworden war. Im Zusammenhang mit dem Generationenproblem, wo immer biologische Reifungsvorgänge, kulturelle Prägungen, sozial-ökonomische Gegebenheiten und die geschichtlich einmalige Signatur einer Epoche zu berücksichtigen sind, gilt es stets zu beachten: die Eigenart des Jugendlichen gegenüber den Erwachsenen (und damit auch die Möglichkeit zu

Spannungen, Differenzen und Konflikten) ist eine doppelte, insofern er nämlich nicht nur *jünger,* sondern auch *später geboren* ist als dieser. Diese tautologisch klingende Formel will sagen, daß bei einem bestimmten Jugendtypus jene Aspekte auseinandergehalten werden müssen, die auf die psychophysische Entwicklung des betreffenden Adoleszenten zurückzuführen sind, und jene, die sich aus der Tatsache herleiten, daß er in eine „andere Welt" hineingeboren wurde, daß er seine Kindheit und Jugend in einem gewandelten Milieu, unter dem Einfluß neuer Kommunikationsformen, Ideologien und generationsspezifischer Erlebnisse (oft auch traumatischer Art), in Osmose mit einer konkreten Gestalt des sich ständig verändernden „Zeitgeistes" verbracht hat.

Ein junger Mensch, der um 1960 geboren wurde, unterscheidet sich 1978 von seinem fünfzigjährigen Vater auf zwei völlig verschiedene Weisen. Einerseits steht er jetzt mit seinen achtzehn Jahren in dem Alter, das sein Vater 1946 erreicht hatte; und im Jahre 2010 wird er so alt sein, wie sein Vater im gegenwärtigen Moment. In mancher Hinsicht mag er als Jugendlicher Merkmale aufweisen, die denen ähnlich sind, als sein Vater achtzehn Jahre alt war. Andererseits kann aber nicht der geschichtliche Aspekt vernachlässigt werden, daß die unmittelbar nach dem Sturz des Hitler-Regimes von Ruinen, Flüchtlingen und Hunger gekennzeichnete Welt des Jahres 1946 sich grundlegend von der des Jahres 1978 unterscheidet, für dessen junge Generation die Epoche des Nationalsozialismus gefühlsmäßig fast schon so weit zurückliegt wie das Zeitalter Nebukadnezars oder der Staufer.

Obwohl die heutige Jugend, verglichen mit der, die noch die Verwüstungen des Zweiten Weltkriegs erlebt hat, objektiv geradezu traumhafte Lebensbedingungen vorfindet, erscheint sie unzufriedener, unruhiger und frustrierter, reagiert sie empfindlicher auf Benachteiligungen, Störungen und Versagungen als einst ihre Eltern im gleichen Alter. Der realen Verbesserung der materiellen und sozialen Chancen korrespondiert bei der jüngeren Generation, die aus eigenem Erleben keine nationale, ja gesamteuropäische Katastrophe kennt, kaum eine entsprechende Zunahme von subjektivem Wohlbefinden oder gar Dankbarkeit gegenüber ihrem Schicksal. Es ist fruchtlos, deshalb mit den jungen Menschen von heute zu hadern. Ihre Intoleranz gegenüber Leiden, Kränkungen und Mißgeschicken, die ihre Eltern ohne zu murren ertragen hätten, ergibt sich weniger aus moralischem Versagen denn aus dem anthropologischen Gesetz, daß nur der Erwerb, nicht aber der selbstverständliche Besitz eines Gutes lustbetont ist. Daß ein Wesen wie der Mensch, geschlagen mit der ewig treibenden Transzendenz des Begehrens, kaum dauernd beglückbar ist, daß seine Glücksmöglichkeiten schon durch seine Konstitution beschränkt sind, daß es ohne vorhergehende Unlust gar keine Lust geben kann, ist eine uralte Weisheit, die wir in Sprichwörtern wie „Hunger ist der beste Koch" und Märchen wie dem vom Fischer und seiner Frau ebenso hinterlegt finden wie in den großen philosophischen Lebensführungssystemen Buddhas und Schopenhauers. Befriedigung setzt ein Verlangen voraus, das befriedigt werden will, und Verlangen ist Ausdruck eines Bedürfnisses, eines Mangels und damit gleichbedeutend mit unter Umständen sogar qualvoller Spannung und Unlust. Wo aber fast alle elementaren Bedürfnisse gestillt sind, können wir eine zunehmende Diskrepanz zwischen „objektiv" befriedigenden Lebensbedingungen und „subjektiv" unbefriedigender Lebenssituation beobachten. Der Soziologe Helmut Klages spricht in diesem Zusammenhang von einer „Scheren-Bewegung", in der ein Anomie- und Unruhepotential zum Tragen kommt, und er prognostiziert mit guten Gründen, daß die damit einhergehenden Entstabilisierungsprozesse in den demokratisch-liberalen Industriegesellschaften des Westens noch zunehmen werden. Die These, daß Menschen, denen es immer besser geht, unzufrieden, rebellisch und im Extremfall sogar aggressiv werden, mag dem gesunden Menschenverstand paradox erscheinen, erweist sich jedoch insbesondere im Blick auf lang- oder auch nur mittelfristige Entwicklungen wie die des Verhältnisses der Generationen zueinander als unbestreitbar zutreffend (vgl. Helmut Klages: Die unruhige Gesellschaft. 1975, S. 30ff., 143ff.). Dies ahnte auch der in seiner Jugend mit Goethe befreundete westfälische Schriftsteller, Augenarzt und Volkswirtschaftler Johann Heinrich Jung, genannt Jung-Stilling, bekannt durch die autobiographischen Berichte über seine Kinder-, Jünglings- und Wanderjahre. Von ihm berichtet der Literaturhistoriker Gervinus, er habe schreckliche Zukunftsbilder entworfen, aus der traurigen Überzeugung heraus, daß religionslos gewordene Christen wegen des hohen Grades ihres Luxus zu allem Greulichen am geschicktesten seien.

Diese melancholisch stimmende Einsicht sollte diejenigen gesellschaftlich-politischen Kräfte, die Unruhe nicht für des mündigen Bürgers erste Pflicht ansehen, dazu anregen, zunehmend nach kontra-intuitiven Deutungen und kontra-produktiven Maßnahmen, die prima vista wenig plausibel, ja geradezu absurd erscheinen mögen, Ausschau zu halten. Da jedoch alle in diese Richtung zielenden Ansätze unter den gegenwärtigen Bedingungen unvermeidlich als antiliberal, autoritär, obrigkeitsstaatlich oder faschistisch etikettiert würden, verwundert es nicht, daß bislang nur vorurteilslose Außenseiter derartige Vorschläge überhaupt erwogen und zur Diskussion zu stellen gewagt haben, so etwa der deutsch-französische Schriftsteller Joseph Breitbach. Bemerkenswert ist auch die Anregung des mit dem Nobelpreis ausgezeichneten Erfinders der Holographie Dennis Gabor:

„Ich glaube nicht, daß der Mensch spontan sozial ist; er muß dazu erzogen werden. Mit der heutigen Erziehung, die die Rechte des Individuums betont, die Verantwortung für Übelstände aber immer anderen zuschiebt, geht es nicht mehr lange. Es ist eine grundlegende menschliche Eigenschaft, daß man das, was man gratis erhält, für selbstverständlich ansieht. Wir haben aber unseren heutigen Kulturstand und Wohlstand nicht gratis erhalten, sondern durch schwere Opfer unserer Vorfahren, und wir werden ihn auch nicht ohne Opfer vor dem Verfall bewahren.

Darum halte ich es für eine unumgängliche Aufgabe zukünftiger Erziehung, jedem Knaben und Mädchen zu einem historischen Bewußtsein zu verhelfen. Was man heute Geschichtsunterricht nennt, geht ja nicht tief, bestenfalls in den Cortex, nicht in den Thalamus. So könnte man den Kindern beispielsweise dreidimensionale Filme vorführen, die sie von allen Seiten umgeben, so daß sie sich in der Mitte des Geschehens befinden und die Kulturgeschichte erleben: vom Höhlenmenschen bis zum Mitglied der modernen industriellen Gesellschaft. Sie sollen die Armut, den Zwang, die ständige Furcht vor Gewalt und Seuchen, auch den Gestank der vortechnischen Welt so miterleben, als ob sie selber dabeigewesen wären.

Dann werden sie, so hoffe ich, unsere reiche industrielle Gesellschaft nicht als selbstverständlich hinnehmen und nur ihre Schwächen und Ungerechtigkeiten bemerken" (Bergedorfer Gesprächskreis, Protokoll 40. 1971, S. 10f.).

Daß überhaupt solche drastischen Maßnahmen, wie die von Gabor vorgeschlagenen, ernsthaft erwogen werden müssen, hat seinen Grund in der zunehmenden Schwächung der Tradierungsfunktion der älteren Generation – einer der bedeutsamsten Aspekte jener „Elternlosigkeit", der die moderne Jugend immer mehr ausgesetzt ist. Menschliche Kultur ist von jeher das in der Kette der Generationen fortgereichte Erbe, von dem verloren ist, was nur ein Glied der Kette nicht weiterreicht. Insofern verkürzt oder erweitert jede Generation den Umkreis des Daseins nicht nur für sich selbst, sondern auch für diejenigen, die nach ihr folgen. „Das ist der unsichere Grund, auf dem alles Dasein eh und je gestanden hat und stehen wird, hart am Abgrund des Kulturverlustes, dessen Eintritt nicht einmal bemerkt zu werden pflegt, weil sich mit dem Schwund der Daseinsmöglichkeiten auch das Unterscheidungsvermögen verliert" (Friedrich H. Tenbruck: Jugend und Gesellschaft. 1962, S. 11f.). Was Jugend in sozialer Hinsicht auch immer noch bedeuten mag, auf jeden Fall ist sie gekennzeichnet als Übergang: als Vorbereitung auf die erwachsenen Rollen, als Einführung in die überlieferte Kultur. Erziehung und Bildung, schon das beim Kleinkind beginnende Erlernen der Muttersprache, ist ein „Hineinwachsen" in eine bestimmte Überlieferung, in die „Welt" eines Volkes und einer Kultur. Die Jugend ist „der Filter, durch den die Kultur einer Gesellschaft ständig passieren muß, und sie ist deshalb auch die Drehscheibe, auf der die Zukunft einer Gesellschaft neu eingestellt wird" (Tenbruck, aaO., S. 12). Erst auf dem Boden einer vorgegebenen Tradition wird die je eigene Erfahrung sagbar, konstituiert sich die individuelle Subjektivität, auch wenn diese schließlich gegen die ihr auferlegte Überlieferung rebelliert. „Indem wir nun von Überlieferung sprechen, sind wir unmittelbar aufgefordert, zugleich von Autorität zu reden. Denn genau betrachtet, so ist jede Autorität eine Art Überlieferung", sagt Goethe in seinen Materialien zur Geschichte der Farbenlehre. Sich unmittelbar unserem Thema zuwendend, fügt er hinzu: „Das Kind bequemt sich meist mit Ergebung unter die Autorität der Eltern; der Knabe sträubt sich dagegen; der Jüngling entflieht ihr, und der Mann läßt sie wieder gelten, weil er sich deren mehr oder weniger selbst verschafft, weil die Erfahrung ihn gelehrt hat, daß er ohne Mitwirkung anderer doch nur wenig ausrichte" (dtv-Ausgabe. 1977, Bd. 16, S. 349f.).

Goethe spricht von einem innigen Zusammenhang zwischen Überlieferung und Autorität, und er führt als Beispiel die Familie an, das Verhältnis zwischen Eltern und Kindern. Wenn wir den gegenwärtigen Zustand betrachten, so fällt auf, daß die Macht autoritativ (was nicht mit „autoritär" gleichbedeutend ist!) vermittelter Überlieferung zunehmend zusammenschmilzt und nur noch in eng begrenzten Enklaven vorhanden ist. Der treuhänderische Wille, Überlieferung an die Zukunft – und das heißt: an die Jugend – weiterzugeben, wird immer schwächer. Das bedeutet, daß die Kontinuität von Gesellschaft und Kultur nicht länger gesichert ist. Sie ist nicht gesichert, weil die junge Generation immer weniger in der Lage ist, sich mit bestimmten Glaubensinhalten und Wertorientierungen der Erwachsenen zu identifizieren. Unsere Gesellschaft ist sehr bescheiden geworden, was die Aufrechterhaltung undiskutierbarer Grundsätze anlangt. An die Stelle des engen und strengen Traditionalismus früherer Zeiten ist die Attitüde „verständnisvoller Toleranz" getreten, die unter dem Deckmantel modern aufgeschlossener Liberalität einen hochgradig permissiven Erziehungsstil praktiziert, dem jegliche Entschiedenheit und Bestimmtheit fehlen. Diese Erscheinung hatte auch Alexander Solschenizyn im Auge, als er vor jenen Feiglingen warnte, die „nur um nicht als ‚konservativ' zu erscheinen" dem Ansturm der Barbarsierung nichts anderes entgegenzusetzen haben als „Nachgiebigkeit und Lächeln".

Nun gehört es aber zu den elementaren Bedürfnissen einer heranwachsenden Generation, durch oppositionelles Verhalten zu testen, welche überlieferten Lebensformen, Maximen und Orientierungen der Elterngeneration es verdienen, von ihr übernommen zu werden. In diesem Prozeß aufsässigen „Auf-die-Probe-Stellens" kommt es vor allem darauf an, bestimmte Regeln und Normen zunächst spielerisch-scherzhaft, schließlich provokatorisch-frontal zu verletzen. Bei diesem Verfahren soll sich herausstellen, welche Werte und Anschauungen bei der älteren Generation so fest verankert sind, daß deren Infragestellung auf energische

Abwehr stößt. Dazu schreibt der Sozialpsychologe Peter R. Hofstätter (Die Welt, Nr. 36, 11. 2. 1978):
„Die Jüngeren stellen uns Ältere immer wieder auf die Probe. Das ist, wie ich meine, ihr gutes Recht, auch wenn uns, die zur Erziehung Berechtigten und Verpflichteten, ihre Respektlosigkeit manchmal verletzt ... Wenn ich die Regelverletzungen Revue passieren lasse, deren sich die jüngere Generation ... heute befleißigt, so legen diese den Schluß nahe, daß die biblischen Zehn Gebote ihre absolute Selbstverständlichkeit bereits weitgehend eingebüßt haben. Begehren darf man fremdes Gut, das unter Umständen ja auf ‚Ausbeutung' beruhen könnte, ebenso wie den Sexualpartner des anderen. Inwieweit man die Eltern zu ehren hat, hängt von deren Bewährung ab usw. Einigermaßen unangefochten hält sich noch das klassische Inzest-Tabu, während die sonstigen Restriktionen im Geschlechtsbereich praktisch bedeutungslos geworden sind. Von einer Verpflichtung zum Schutz des Vaterlandes wagte bei uns in den letzten Monaten nicht einmal mehr der Verteidigungsminister zu sprechen."
Es fehlt der Mut zur Erziehung in einem Staat, der sich scheut, offen zu erklären, daß er politische *Feinde* hat. In dem führende Funktionäre der Regierungsparteien Kommunisten als „kritische Demokraten" ansprechen. In dem Rahmenrichtlinien erlassen werden konnten, die die Schüler ermuntern sollen, ihre negativen Selbsterfahrungen „nicht mehr unter Begriffe wie persönliche Schuld, Versagen, Verdienst zu fassen". In dem ein von der Bundesregierung abgesegneter Familienbericht erklärt: „Erziehung der Kinder ist eine gesamtgesellschaftliche Aufgabe besonderer Art und Bedeutung. Die Wahrnehmung dieser Aufgabe überträgt unsere Gesellschaft Familien und außerfamiliären Einrichtungen."
Was aber ist das für eine Gesellschaft, in der die Erziehung der Kinder – entgegen der ausdrücklichen Norm des Grundgesetzes (Art. 6, 1) – den Eltern nicht mehr als natürliches Recht zugebilligt wird, sondern nur kraft widerrufbarer Delegierung durch „die Gesellschaft"? In der also die heranwachsende Generation durch eine obrigkeitlich gesteuerte Kulturrevolution zur Elternlosigkeit verurteilt werden soll?
Es ist eine Gesellschaft, deren Familien in der Regel nur mehr zwei Generationen – Eltern und Kinder – umfassen. Die Institution der

Ehe ist ihrer einstigen religiösen Würde entkleidet. Die Scheidungen nehmen in allen Ländern zu. Sie nehmen auch deshalb zu, weil Männer und Frauen sich von der in hohem Maße privatisierten Ehe viel mehr erwarten, als dies ihre Vorfahren taten. Niemals ist der Stilgegensatz zwischen Beruf und Familie so kraß gewesen wie heute. In jenem fühlt sich fast jeder ersetzbar, in dieser will er einzigartig und unersetzlich sein. Dort Anonymität, hier Intimität. Der Arbeit geht man außer Haus nach: in der Fabrik, im Großraumbüro, in einem Amt oder sonstwo. Die physische und wirtschaftliche Trennung von Arbeitsort und Wohnort ist – ausgenommen die bäuerlichen und manche Handwerkerfamilien – fast eine Selbstverständlichkeit. Nur wenige Kinder haben die Gelegenheit, ihren Vater bei der Arbeit zu sehen. Die Familie nimmt immer mehr den Charakter einer Freizeit- und Konsumgenossenschaft an; die elterliche Wohnung wird zum Absteig- und Erholungsquartier, zu einer Art von Hotel oder auch Asyl. Hinzu kommen weitere tiefgreifende Veränderungen: Explosion der Wissenschaften und Progression der Bürokratien; Rationalisierung und Technisierung; Wandlungen der Arbeitsbedingungen, Wertsysteme und Moralauffassungen; überhaupt eine Beschleunigung des gesellschaftlichen Entwicklungstempos. Dies alles hat zur Folge, daß Traditionen, sofern sie überhaupt noch bestehen, immer mehr als Störfaktor empfunden werden; und neue können sich unter diesen Bedingungen kaum bilden. Die früheren Leitbilder stehen im Widerspruch zu machtvollen wirtschaftlichen und psychosozialen Trends. An die Stelle des innengelenkten Menschen tritt, wie David Riesman schon vor drei Jahrzehnten bemerkt hat, die durch äußere Einflüsse gesteuerte „Momentpersönlichkeit“. Die Chancen, im Laufe des Älterwerdens automatisch auch weiser zu werden, sind rückläufig. Dies bedeutet eine Umkehrung des durch die Jahrhunderte kultivierten Bildes von der Überlegenheit des Alters oder, wie Hermann Lübbe sagt: „die Chancen, sich in fortgeschrittenerem Alter im Verhältnis zur nachfolgenden Generation verunsichert zu finden, nehmen zu“ (Theorie und Entscheidung. 1971, S. 88). Damit geht einher eine Verminderung des Ausmaßes, in dem Eltern überhaupt noch imstande sind, ihre heranwachsenden Kinder erfolgreich auf das ihnen bevorstehende Leben wissensmäßig und moralisch vorzubereiten. An die Stelle des elterlichen Einflusses treten anstaltlich-zweckhaft organisierte „Sozialisations“-Einrichtungen – Kindergärten und Schulen –, der Umgang mit Gleichaltrigen und die anonym-diffuse Wirkung der Massenmedien, die die Rolle von apersonalen und monologischen „Miterziehern“ übernehmen. Eltern und Lehrer haben ihre privilegierte Stellung als Wissens-, Ethos- und Lebenssinnvermittler an Fernsehen, Illustrierte, Reklame und Vergnügungsindustrie abgegeben.

Zu diesen mehr oder weniger aus der Struktur der entwickelten industriellen Gesellschaft sich ergebenden Zwängen kommen ideologisch-politische Strömungen, vor allem in Deutschland, die den hier angezeigten Trend noch verstärken. Im Zuge eines emanzipatorischen Totalitarismus, der die „Selbstverwirklichung“ als Höchstwert proklamiert, wird Erziehung auf ein fast unbegrenztes Gewährenlassen reduziert. Die moderne Kleinfamilie ist keine Erziehungsgemeinschaft im Vollsinn mehr. Eine bewußte Wertvermittlung leisten sich nur noch religiös oder politisch besonders engagierte Eltern. Unvermeidliche Konflikte werden häufig nicht offen ausgetragen, sondern verdrängt und eingeklammert. Viele Jugendliche beklagen sich über die Abneigung ihrer Väter gegen tiefergehende Gespräche. Dieses Ausweichen vor geistiger Auseinandersetzung zwischen den beiden Generationen wird vielfach – und wohl auch nicht immer zu unrecht – dem Zeitmangel der Älteren zugeschrieben, die im Familienkreis Ruhe, Geborgenheit und Entspannung suchen, um sich von den nervenbelastenden Anforderungen des Berufslebens zu erholen. Doch dürfen wir mit Alexander und Margarete Mitscherlich (Die Unfähigkeit zu trauern. 1967, S. 230f.) vermuten, daß die Väter ernsthaften Gesprächen auch deshalb ausweichen, „weil sich in ihnen ein starker Wunsch regt, im Kind, im Sohn, einen Freund zu haben, der ihnen, den Vätern, in ihrer eigenen Richtungslosigkeit Hilfe bietet.“ Wenn sie selber „nicht mehr weiterkommen“, sollen ihnen die heranwachsenden Kinder eine Stütze sein, welche Erwartung dem klassischen väterlichen Rollen- und Pflichtenschema zutiefst widerspricht. Die durch eine massenmedial weltweit verbreitete Vulgärpsychoanalyse und Emanzipationspädagogik zusätzlich unsicher gewordenen Eltern fühlen sich weniger als früher imstande, den Kindern in Zeiten erhöhter Identifikationsnot angemessene

Hilfe zu leisten. Vielmehr bedürfen sie selber des ermunternden und bestätigenden Zuspruchs, wie der geradezu unwahrscheinliche Erfolg der Bücher von Christa Meves beweist.

Vermutungen wie diese haben naturgemäß einen leicht spekulativen Charakter. Es handelt sich hier um aus oft intuitiv gewonnenen Eindrücken abgeleitete Gesichtspunkte und Fragen, auf die man freilich in diesem Zusammenhang schwerlich verzichten kann. Noch spekulativer ist die Vermutung, daß sich das die Generationen umgreifende Lebensgefühl im Laufe der letzten Jahrzehnte fundamental verändert hat. Eine gewisse Verdüsterung läßt sich kaum übersehen, wobei diese naheliegenderweise unmittelbar auf die Existenz der nuklearen Massenvernichtungsmittel, die Umweltkrise, die Situation in der „Dritten Welt" und andere katastrophenschwangere Tatsachen, Ereignisse und Entwicklungen zurückgeführt wird. Die Errungenschaften und Leistungen der technisch-industriellen Zivilisation auf sozialem, medizinischem und auch ganz allgemein humanitärem Gebiet, die niemand entbehren will, werden hingegen in ihrem Gewicht unterbewertet; sie gelten als triviale Selbstverständlichkeiten. Ein unverbindlicher Pessimismus, der, anders als der gnostische der Spätantike oder der mönchische des Mittelalters, durchaus mit einer betont unasketischen, hedonistischen Einstellung, einem anspruchsvoll gierigen Wahrnehmen aller sich bietenden Genußchancen sich verbinden kann, scheint weit verbreitet, in gewissen intellektuell berührten Kreisen des gehobenen Mittelstandes und der Oberklassen fast obligatorisch zu sein. Ein beträchtlicher Teil der führenden deutschen Intelligenz, so diagnostizierte der marxistische Kulturphilosoph Georg Lukács bereits 1962, habe das „Grand Hotel Abgrund" bezogen, wo ein komfortabler Nihilismus angeboten werde. Lukács hatte mit dieser Bemerkung vor allem die Frankfurter Schule im Auge (Die Theorie des Romans. Neuausgabe. 1963, Vorwort, S. 17). Eine solche Attitüde ist jenem spontanen Vertrauen in die Positivität des von Generation zu Generation strömenden Lebens entgegengesetzt und färbt auf die den Kindern gegenüber eingenommene Haltung ab, wie sie auch die Einstellung zu Empfängnisverhütung und Abtreibung prägt. Man könnte von einem biopolitischen *sit-in* sprechen, einem drohenden Versiegen des in eine offene Zukunft sich hinein riskierenden *élan*

vital. Das Leben wird nicht als Gabe empfunden, sondern als Last, und so erscheint Fortpflanzungsstreik als ein paradoxer Akt der Nächstenliebe – paradox deshalb, weil er sich auf nicht existierende Wesen bezieht, denen man die Katastrophe des Geborenseins ersparen will. Sind aber Kinder einmal da, weil es unmöglich ist, sie zu fragen, ob sie überhaupt auf die Welt kommen wollen, dann mag aus einem solchen Mißtrauen gegenüber dem Wert des im Akt der Zeugung weitergegebenen Lebens ein – vielleicht nicht immer deutlich bewußtes – Schuldgefühl entspringen. Das Kind erscheint nicht als Schuldner der Eltern, die ihm das Leben geschenkt und es aufgezogen haben, sondern als Gläubiger, ja geradezu als unschuldiges Opfer elterlicher Schlamperei. Dieses Schuldgefühl kann schließlich kompensiert werden durch übertriebene Maßnahmen elterlicher Fürsorge, einen bis zu götzendienerischer Besessenheit sich steigernden Drang, die schuldlos mit der Last des Lebens beladenen Kinder mit psychischen und materiellen Gratifikationen zu verwöhnen. Gustave Thibon (Retour au Réel. 1943, S. 77, 81) nennt diese meist mit Undankbarkeit erwiderte Zuwendung „eine Projektion des Individualismus", der nur „die Maske der Liebe" trägt, und er spricht treffend von einem ambivalenten „Zustand des Geistes, in welchem das Kind zugleich angebetet und zurückgestoßen wird". Da personale Disziplinierung und geistige Formung unterbleiben, ist das Ergebnis ein in hohem Grade manipulierbarer, weil permanent anlehnungs- und betreuungsbedürftiger „Sozialbürger", der überall mitreden will, sich andauernd betrogen fühlt und ständig andere für sein Versagen verantwortlich macht, insbesondere die zur neuen Muttergottheit avancierte „Gesellschaft". Ein Ausspruch der neunzehnjährigen Susanne Albrecht ihren Eltern gegenüber mag für diesen Typus des zugleich verwöhnten und frustrierten, räsonierenden und renitenten, sensiblen und grausamen Wohlstandskindes bezeichnend sein: „Ich habe die Kaviarfresserei satt!"
Alle diese Faktoren schwächen den Dialog zwischen den Generationen, verleiten samt und sonders die Jugend dazu, „die Eltern mit dem Bade auszuschütten". Diese verhängnisvolle Entwicklung beginnt vielfach schon in der für die Gestaltung des menschlichen Charakters so gravierenden Säuglingszeit. Denn nicht nur der durch die moderne Arbeitsteilung bedingte Ausfall der väterlichen

Autorität und Überlegenheit macht sich störend bemerkbar, sondern schon früher die Tatsache, daß zahlreiche Mütter sich nicht in ausreichendem Maße dem Kleinkind widmen können oder wollen. Dieser Mangel an „Nestwärme“, der auch durch spätere Verwöhnung kaum mehr auszugleichen ist, führt zu den verschiedenen Defekten, die unter dem Sammelbegriff „Hospitalismus“ rubriziert werden: Entwicklungshemmung, Kontaktunfähigkeit, gesteigerte Anfälligkeit gegenüber Erkrankungen, Regression in infantile Verhaltensweisen (vgl. René A. Spitz: The first year of life. 1965).

Das Verhältnis zwischen den Generationen und insbesondere das Phänomen der „Elternlosigkeit“ muß jedoch auch im Zusammenhang mit makrosozialen Prozessen gesehen werden, die freilich vielschichtig und mit dem Siegel objektiver Unbestimmtheit versehen sind. So ist einerseits nochmals festzuhalten, daß das, was wir unter Jugend verstehen, weitgehend ein gesellschaftliches Phänomen ist, ja geradezu das „künstliche“ Luxusprodukt einer entwikkelten industriellen Zivilisation. In den traditionalen Gesellschaften gab es „Jugend“ im heutigen Sinne nicht. Diese ist eine sehr neue soziale Erscheinung, und noch neuer ist jene spezifische „Jugendkultur“, die es – zumindest in Deutschland und wenn man von den bündischen Gruppen der Jugendbewegung absieht – erst seit etwa 1950 gibt. Nicht von ungefähr begann damals das aus dem Amerikanischen kommende Wort *teenager* bei uns gebräuchlich zu werden.

Jugend als „prolongierte Kindheit“ bis weit über den Beginn der Geschlechtsreife hinaus ist in menschheitsgeschichtlicher Perspektive die Ausnahme. In den traditionalen Gesellschaften wurde der junge Mensch sehr früh – meist unmittelbar nach Eintritt der Pubertät – in seine Erwachsenenrolle eingeführt, zum Teil durch magisch-sakrale „rites de passage“. Vom Status des Kindes gelangte er regelmäßig sehr abrupt in das Stadium des Erwachsenseins, und auch der Kindheit selbst mangelten unter den Bedingungen einer traditionalen „Kultur der Armut“ (Oscar Lewis) nur zu oft fast alle Züge, die wir als typisch kindlich ansehen: Unbeschwertheit, Sorglosigkeit, Spielfreude, „Urvertrauen“ usw. (vgl. W. E. Mühlmann in: Jugend in der Gesellschaft. dtv 1975, S. 79 ff.). Erinnern wir uns in diesem Zusammenhang nochmals der

Tatsache, daß bis vor kurzem die meisten Kinder starben. Erst in einer Gesellschaft mit hochentwickelter technisch-zivilisatorischer Ausrüstung wird es möglich, die mit der Geburt gegebene biologische Hilflosigkeit des Kindes institutionell zu verlängern bis weit in die nachpubertäre Periode hinein. Nur hier kann eine spezifische Kultur des Kindes sowie eine zehn, teilweise noch mehr Jahre dauernde „Jugendkultur" entstehen. Und es ist denn wohl auch nicht zufällig, daß diese Erscheinungen zuerst in den von der christlichen Religion geprägten Ländern auftraten. Diese waren es, die als erste den Durchbruch ins technisch-industrielle Zeitalter vollzogen *und* die Gestalt des Jugendlichen entdeckten, eine zunehmende Entkoppelung von Jugend- und Erwachsenenwelt herbeiführten sowie eine „sanfte Revolution" im Erziehungsstil bewirkten. „Der Jugendliche wurde zur gleichen Zeit erfunden wie die Dampfmaschine. Der Hauptschöpfer der letzteren war Watt im Jahre 1765, der des ersteren Rousseau im Jahre 1762. Die Gesellschaft stand, nachdem sie den Jugendlichen erfunden hatte, vor zwei großen Problemen: Wie und wo soll man ihn im Sozialgebäude unterbringen, und wie soll man sein Verhalten in Übereinstimmung mit den Vorschriften des Bauplans bringen?" (F. Musgrove: Youth and the social order. 1965, S. 33.)
Diese beiden Fragen sind bis heute nicht gelöst, und man kann mit guten Gründen annehmen, daß ihre Lösung auf dem Boden einer progressiven technischen Zivilisation immer schwieriger, wenn nicht gar unwahrscheinlich wird. Das Problem besteht nämlich darin, daß die von der bürgerlichen Gesellschaft (und der aus ihr hervorgegangenen Industriegesellschaft) geschaffene Jugendkultur sich seit dem 19. Jahrhundert immer mehr gegen die Voraussetzungen wendet, die sie selbst ermöglicht haben. Ethos, Lebensgefühl und Selbstverständnis der neuen Jugend, die nunmehr mindestens ein Jahrzehnt dauert, stehen in einem flagranten Gegensatz zu den langfristigen Erfordernissen der auskristallisierten technisch-ökonomischen Grundlage der modernen Gesellschaft. Die von dieser Basis freigesetzte jugendliche Subkultur entwickelt spontan Tendenzen, die mit den fundamentalen Voraussetzungen der auf Rationalität, Leistung und Disziplin angewiesenen Industriezivilisation mit ihren bürokratischen Überbauten kaum zu vereinbaren sind. Die durch den Aufstieg der Moderne

bewirkte Befreiung kippt um in eine antimodernistische Rebellion – und die Ansätze dazu finden sich ebenfalls schon bei Jean-Jacques Rousseau. Das Ethos der neuen Jugend, der zivilisatorisch „gestreckten Pubertät" (Siegfried Bernfeld), gewinnt eine Eigenmacht, die immer weniger systemkonform ist.

Wie einer der hellsichtigsten Diagnostiker der westlichen und insbesondere der westdeutschen Wohlstandsgesellschaft, Heinz-Dietrich Ortlieb, festgestellt hat, verschärfen sich dadurch die Unterschiede zwischen den Erlebniswelten der älteren und jüngeren Generation: „Die Folge ist, daß mit dem Erlebnisstil auch die Beurteilung sozialer und politischer Fragen durch 50- bis 60jährige Arbeiter, Unternehmer und Beamte weit mehr einander ähneln als der Beurteilung durch ihre 25–30 Jahre jüngeren Kinder. Dies ist wohl der Hauptgrund für jenes Phänomen, das man überspitzt mit ‚Klassenkampf der Generationen' bezeichnet hat" (INITIATIVE 1, S. 69).

Die seit den sechziger Jahren in Westeuropa und Nordamerika die Szene beherrschenden Protestbewegungen unterscheiden sich vom Radikalismus des vorigen Jahrhunderts nicht zuletzt dadurch, daß sie überwiegend „Jugendbewegungen" sind. Sie artikulieren weniger das Unbehagen und die Forderungen einer sozialen Klasse oder ethnischen Gruppe, sondern einer durch ihr Alter definierten Kohorte. Dies trifft sogar auf jene Bewegungen zu, in denen nationale Minderheiten oder Regionen für ihre Autonomie und Identität gegen die Zentralgewalt unitaristisch organisierter Staaten oder ausländische Fremdherrschaft kämpfen. Auch bei ihnen liegt der Akzent auf den Generationsunterschieden, und die meisten von ihnen werden von Jugendlichen geführt. Ähnliches gilt sogar für die verschiedenen Ansätze zu einer „Neuen Rechten" in Deutschland, die sich vom Nationalismus der Väter und Großväter, einschließlich des von der NPD gepflegten, scharf distanzieren (vgl. Günter Bartsch: Revolution von rechts? 1975).

Sosehr es richtig ist, daß politisch-soziale Strömungen von einigem Belang, seien sie nun rechts oder links orientiert, seit jeher regelmäßig auch entsprechende Jugendbewegungen nach sich ziehen und auch der Jugend als eines Emblems sich bedienen (Mazzinis „Giovine Italia", Disraelis „Young England" usw.), so wenig spielten früher in ihnen Generationsunterschiede eine der heutigen vergleichbare Rolle. Der von den amerikanischen Campus-Rebellen geprägte Slogan „Trau keinem über dreißig“ wäre zum Beispiel in der revolutionären sozialistischen Arbeiterbewegung des 19. Jahrhunderts undenkbar gewesen. Er ist ebenso provozierender Ausdruck eines auf seine Besonderheit pochenden Generationsgefühls wie das denn kaum als Einladung an ältere Leute gemeinte Motto „Make love not war“. Konrad Lorenz hat mit Nachdruck auf die Ähnlichkeit zwischen dem alten Nationalismus und dem neuen „Juvenilismus“ (wie man ihn nennen könnte) hingewiesen: „die revoltierende Jugend reagiert auf die ältere Generation in derselben Weise, in der sonst eine Kulturgruppe oder ‚ethnische‘ Gruppe auf eine fremde oder feindliche reagiert“ (Die acht Todsünden der zivilisierten Menschheit. 1973, S. 71).

Die damit verbundene Problematik ist mit dem inzwischen erfolgten Abklingen der Jugendrevolte der sechziger Jahre keineswegs erledigt; sie befindet sich günstigstenfalls im Zustand der Latenz, aus dem sie in bestimmten Auslösersituationen als nicht zu unterschätzendes Risiko- und Sabotage-Element wieder hervorbrechen kann. Der strukturelle Widerspruch zwischen den unaufhebbaren Erfordernissen einer entwickelten industriell-bürokratischen Großgesellschaft und den von ihr alimentierten juvenilen „Bantustans“, die, entgegen ihrer eigenen Selbsteinschätzung, durchweg parasitärer Natur sind, wird um so schärfer, je mehr die nur in diesen lebbare Gesinnung auf die übergreifende Sozialordnung zurückwirkt. Die Tatsache, daß für immer mehr Berufe eine lange Ausbildungszeit obligatorisch ist, und überhaupt die allgemeine Verschulung und progressive Akademisierung der Jugend müssen in diesem Kontext von einer realistischen Gesellschaftstheorie noch mehr als bisher als Anomie- und Unruhepotential veranschlagt werden. Das Problem hat übrigens bereits vor hundert Jahren der französische Historiker Hippolyte Taine in seiner „Entstehung des modernen Frankreich“ (dt. Ausg. Bd. 2, S. 9) deutlich gesehen:

„Tritt ein Jüngling von etwa zwanzig Jahren in die Welt ein, so fühlt sich seine Vernunft ebenso verletzt wie sein Stolz. Sei die Gesellschaft, in der er lebt, wie immer beschaffen, sie erscheint der reinen Vernunft als Skandal; denn sie ist nicht von einem philosophischen Gesetzgeber mit Hilfe eines einfachen Grundsatzes begründet worden, sondern aufeinanderfolgende Generationen haben sie mit Rücksicht auf ihre vielfältigen und wechselnden Bedürfnisse eingerichtet. Sie ist nicht das Werk der Logik, sondern das der Geschichte, und der klügelnde Neuling verfehlt nicht, die Nase zu rümpfen, wenn er dieses alte Gebäude betrachtet, dessen Anlage willkürlich, dessen Bauart unzusammenhängend ist und dem man die Reparaturen deutlich ansieht. Sodann bedenkt unser junger Mann, daß die Einrichtungen, Gesetze und Landessitten, und seien sie noch so vollkommen, vor seinem Dasein geschaffen worden sind, folglich ohne seine Einwilligung; andere, seine Vorgänger, haben für ihn gewählt und ihn im vornhinein in eine von ihnen beliebte moralische, politische und soziale Form gezwängt..."

Taine hat damit den Typus des juvenilen Jakobiners, dem wir seit zehn Jahren vor allem an den Universitäten wiederbegegnen können, gut getroffen. Goethe hat schon in den ersten Jahren nach den Befreiungskriegen ähnliches beobachtet, wie aus einer Bemerkung gegenüber Eckermann hervorgeht (6. 12. 1829), in der er die im „Faust" auftretende Figur des Baccalaureus als Personifizierung jugendlicher „Anmaßlichkeit" hinstellt: „Auch glaubt jeder in seiner Jugend, daß die Welt eigentlich erst mit ihm angefangen und daß alles eigentlich um seinetwillen da sei."

Bedeutsamer als der dem geschichtlich Konkreten die Ehre verweigernde Jakobiner ist wahrscheinlich heute der Typus des träumerisch-indolenten Sozialromantikers, der aller Härten, Plagen und Unannehmlichkeiten weitgehend entwöhnt, beim Eintritt in das technologisch-bürokratische Milieu der Industriezivilisation von panischer Angst gepackt wird und dann besonders anfällig ist für regressive maschinenstürmerische Utopien. Die in der Intimität kleiner Gemeinschaften angebrachten Tugenden sollen zur Norm auch der Großgesellschaft werden, und er findet in diesem Bestreben sogar erwachsene (bisweilen bereits im Greisenalter stehende) Bundesgenossen auf den philosophischen und theologischen Fakultäten, die ihn in diesem Ressentiment wider funktionelle Rationalität, Leistungsmoral und ökonomische Sachzwänge bestärken. Man denke etwa an Herbert Marcuses Vision eines „befriedeten Daseins" in einer primär durch erotisch-ästhetische Qualitäten ausgezeichneten Zukunftsgesellschaft, an Heinrich

Bölls Forderung nach einem „Sozialismus der Zärtlichkeit“ oder auch an die auf dem Evangelischen Kirchentag 1977 von fortschrittlichen Theologen geäußerte Meinung, daß Konkurrenz „unchristlich“ und deshalb zu verdammen sei. Man will mit einem Wort der amerikanischen Jugendkultur nicht „zugeknöpft“ (uptight) sein, sondern „alles heraushängen lassen“. Dahinter steht das archaisch-anarchische Heimweh sei's nach der Herde, sei's nach der Horde.

Von der objektiven Unbestimmtheit makrosozialer Prozesse war bereits die Rede. Sie zeigt sich endlich darin, daß einerseits die Jugend immer mehr den Charakter einer breiten Subkultur annimmt, die sich von der Welt der Erwachsenen tiefgreifend unterscheidet, andererseits aber auch die ältere Generation zunehmend „verjugendlicht“, ursprünglich juvenile Haltungen und Werte übernimmt, die Jugend als Schiedsrichter in den großen Auseinandersetzungen der Zeit sei's mit kapitulierender Resignation, sei's mit frenetischem Applaus akzeptiert. Jugendlichkeit wird fast synonym mit Gesundheit, Alter scheint geradezu als Krankheit zu gelten. Vergnügungen, Moden, Schönheitsideale und Verhaltensweisen der Erwachsenen gleichen sich denen der jüngeren Generation an. Man ist versucht, an jene greisen Könige zu denken, die sich junge Mädchen ins Bett bringen ließen, um durch deren Duft und Wärme von ihrer Altersschwäche zu genesen.

Doch sittengeschichtliche Reminiszenzen dieser Art führen hier nicht recht weiter. Fruchtbarer scheint hingegen eine Besinnung auf die anthropologischen Befunde von Bolk, Portmann, Morin, Richard Huber und anderen, die, um es verkürzt zu formulieren, Menschwerdung und Verjugendlichung als zwei eng miteinander verflochtene Prozesse ansehen. Der Mensch ist nicht nur in körperlicher Hinsicht der Jugendform seiner nächsten zoologischen Verwandten weit ähnlicher als den erwachsenen Tieren; er ist auch, je menschlicher er ist, bis ins hohe Alter mit jugendlichen Zügen sowie mit der Fähigkeit begabt, sich zu wiederholten Malen zu verjugendlichen. Die aus der religiösen Mystik (auch der christlichen) bekannten Ausdrücke „Wiedergeburt“, „Neuer Mensch“, „Kind werden“, „Verjüngung“ sind nicht als schwärmerisch überspannte Phantasmen abzutun; sie drücken eine fundamentale Möglichkeit unserer Existenz aus. „Wahrlich, wahrlich, ich sage dir: Es sei denn, daß jemand von neuem geboren werde, so kann er das Reich Gottes nicht sehen" (Joh 3,3), spricht Jesus zum skeptischen Nikodemus. Meister Eckhart verkündet hochgemut: „Wisset, meine Seele ist so jung, wie da sie geschaffen ward, ja noch viel jünger! Und wisset, mich soll's nicht wundern, wenn sie morgen noch jünger wäre als heute!" (Der Morgenstern. 1964, S. 280). Der jahrhundertelange mystische Überlieferung epigrammatisch zusammenfassende Angelus Silesius dichtet:

Christ, so du kannst ein Kind von ganzem Herzen werden,
So ist das Himmelreich schon deine hier auf Erden.

Weil sich die Gottheit hat in Kindheit mir erzeigt,
Bin ich der Kindheit und der Gottheit gleich geneigt.

Kind oder Gott gilt gleich: hast du mich Kind genennt,
So hast du Gott in mir und mich in Gott bekennt.

(Der Cherubinische Wandersmann I, 253, 254, 255).

Der Mensch kennt nicht nur die Geburt, sondern auch die Möglichkeit der Wiedergeburt. Das ist auch die Botschaft der klassisch-romantischen Epoche Deutschlands. Hölderlin sagt, was alle Generationsgenossen denken und fühlen: „Menschen ist die große Lust gegeben, daß sie selber sich verjüngen" (Der Tod des Empedokles, 1. Fassung, 4. Auftritt). Der fast achtzigjährige Goethe meint dasselbe, wenn er von den „genialen Naturen" sagt: „sie erleben eine wiederholte Pubertät, während andere Leute nur einmal jung sind" (zu Eckermann, 11. 3. 1828). „Im echten Manne ist ein Kind versteckt: das will spielen", läßt Nietzsche seinen Zarathustra sprechen (Teil 1, Kap. 18).

Alle diese Zeugnisse umschreiben Merkmale und Möglichkeiten, die die Singularität der humanen Natur ausmachen, die Bedingungen ihrer Weltoffenheit, Kreativität, Chancenfülle und Fähigkeit zur Transzendenz. Der französische Anthropologe Edgar Morin stellt ein „Wechselverhältnis von wachsender Verjugendlichung und zunehmendem Gehirnvolumen" fest: jeder Fortschritt in der Zerebralisierung des Menschen gehe einher mit einer Verlangsamung seiner ontogenetischen Entwicklung, also einer Verlängerung seiner Kindheits- und Adoleszenzperiode; schließlich werden gewisse jugendliche Eigenschaften überhaupt nicht mehr durch solche des Erwachsenen ersetzt. Dieses partielle Verharren im Jugendzustand nennen Biologen auch *Neotenie* (Edgar Morin: Das Rätsel des Humanen. 1974, S. 97ff.). Konrad Lorenz vertritt ähnliche Ansichten, wenn er kindliche Merkmale zu den Voraussetzungen der Menschwerdung zählt. Er stellt allerdings die in die Mitte des uns hier beschäftigenden Problems zielende Frage, „ob die den Menschen kennzeichnende genetische Verkindlichung nicht in einem Maße fortschreite, das verderblich werden kann" (aaO., S. 63). Lorenz befürchtet, daß biologische wie kulturelle Faktoren zu einer fortschreitenden Infantilisierung des Zivilisationsmenschen führen. Dies ist der andere, negative Aspekt der primordialen „Jugendlichkeit" des Menschen.

Anzeichen einer solchen sozial wie kulturell schädlichen Verkindlichung oder Verjugendlichung sind allenthalben bemerkbar; auch sie sind Symptome jener Angleichung zwischen älterer und jüngerer Generation, von der bereits die Rede war. Der holländische Kulturhistoriker Johan Huizinga faßte schon vor etwa einem halben Jahrhundert gewisse bedenkliche Erscheinungen des modernen Gesellschaftslebens unter dem Begriff „Puerilismus" zusammen. Er hatte dabei eine Reihe von weitverbreiteten Betätigungen im Auge, in denen sich erwachsene Menschen regressiv verhalten, nämlich „nach den Maßstäben der Pubertätszeit oder der Knabenjahre". Hierunter fällt nach Huizinga das leicht zufriedengestellte und doch nie gesättigte Bedürfnis nach banaler Zerstreuung, die Sucht nach groben Sensationen, die Lust an Massenschaustellungen und Uniformierung, ferner die Abnahme des Sinns für Humor, übertriebenes Reagieren auf gewisse Reizworte negativer oder positiver Art, Unduldsamkeit gegen abweichende Meinungen und die Neigung zu Illusionen, die dem Eigendünkel oder dem Gruppenbewußtsein schmeicheln. Viele dieser puerilen Züge habe es zwar auch in früheren Kulturepochen gegeben, doch niemals in der Massierung und mit der Brutalität verbunden, mit der sie sich im heutigen öffentlichen Leben breitmachen: „Eine dem heranwachsenden Jüngling eigentümliche Geisteshaltung, der Zügelung durch Erziehung, gute Formen und Tradition gefehlt hat, sucht auf jedem Gebiet die Oberhand zu bekommen, und es gelingt ihr nur zu gut. Ganze Bereiche der öffentlichen Meinungsbildung werden durch das Temperament heranwachsender Knaben und die Weisheit von Jungenklubs beherrscht" (Homo Ludens. dt. Ausg. 1956, S. 195f.).

Huizinga, der 1945 starb, verallgemeinerte damit manche Beobachtungen in der Zeit des aufsteigenden Faschismus. Dennoch könnten seine Formulierungen aus unseren Tagen stammen. Wer wollte leugnen, daß im Laufe der letzten zehn Jahre vor allem in den intellektuellen Kreisen eine rapide Puerilisierung um sich gegriffen hat, eine infantile Rückentwicklung mit verhängnisvollen sozialpathologischen Folgen? Die öffentliche Diskussion wichtiger politischer Probleme wird immer kindischer, zügelloser und gereizter, und auch sonst keineswegs unintelligente Professoren begeben sich heute ungeniert auf ein primitives Niveau, das sie vor zwanzig Jahren nicht einmal Studenten im ersten Semester zugestanden haben würden.

Diese dekadente Verjugendlichung ist eine Perversion jener fundamentalen Jugendlichkeit, die den Adel und Reichtum, die plasmatische Mächtigkeit und Weltoffenheit der menschlichen Natur bedingt. Die durch solche Korruption zwischen den Generationen bewirkte Entspannung ist eine falsche, weil sie den Pegel des Abenteuers des Menschseins absinken läßt. Wie zum Leben die „condition antagoniste" gehört, von der Sorel spricht, und wie ein Wesensmerkmal des Menschen nach Kant die „ungesellige Geselligkeit" ist, so bedarf das Verhältnis zwischen den Generationen, um schöpferisch und fruchtbar zu sein, einer gewissen kritischen Spannung.

Erziehung, die Aufgabe der älteren Generation, ist das unumgänglichste und gewagteste, aber vielleicht auch vergeblichste aller menschlichen Geschäfte. Es ist heute noch schwerer als früher. Zur Tragik von Eltern, Lehrern und Erziehern gehört es, daß sie ihre Aufgabe um so besser leisten, je mehr sie sich selbst entbehrlich machen, indem sie ihre Kinder, Schüler und Zöglinge zu höchstmöglicher Selbständigkeit anleiten und befähigen. „Man vergilt einem Lehrer schlecht, wenn man immer nur der Schüler bleibt", sagt Nietzsches Zarathustra.

Der Mensch ist Nesthocker und Nestflüchter zugleich. Vom ersten Lebenstag an ist er genötigt, in Abhängigkeiten hineinzuwachsen und sich von ihnen wieder zu lösen, Abhängigkeiten und Zwänge in Voraussetzungen gehaltvoller Freiheit zu verwandeln. Die

Spannung zwischen den Generationen hat hier ihren natürlichen Ursprung. Von ihm her läßt sich aber auch ihre legitime Funktion im Drama der Menschheitsentwicklung einsehen. Es gäbe keine Evolution, wenn die Jungen in allem und jedem es wie die Alten machten. Und es gäbe ebensowenig Evolution, wenn jede neue Generation ohne Rückgriff auf die Erfahrungen und Hervorbringungen der früheren mit sich selbst eine neue Welt zu beginnen versuchte. Die evolutionär fruchtbare Spannung zwischen den Generationen wird verzerrt, wenn Eltern und Erzieher auch bei zunehmendem Alter der Kinder deren Drang nach Unabhängigkeit mißachten. Sie wird ebenso verzerrt, wenn Eltern und Lehrer aufbegehrenden unreifen Menschen nichts als gönnerhafte Nachsicht bieten, wie dies heute vielfach geschieht. Eine junge Generation, der das widerfährt, ist elternlos. An Amüsement und Komfort mag es solcher Jugend nicht fehlen, wohl aber an jener Autorität, die ihre oppositionelle Funktion überhaupt erst begründet und sinnvoll macht.

Die fatalen Folgen eltern-, vorbild- und autoritätsloser Erziehung sind inzwischen unübersehbar. Es mehren sich die Zeichen eines pädagogischen Umdenkens, ja eines neuen Mutes, der auf die Erziehungsbedürftigkeit, Erziehungsfähigkeit und Erziehungswilligkeit des Menschen vertraut. Erziehung läßt sich nicht auf Ausbildungsfabriken und curriculare Laboratorien abwälzen. Sie ist und bleibt eine unveräußerliche Aufgabe der älteren Generation. Allerdings bedeutet die bloße Einsicht noch nicht, daß die Dinge sich zum Besseren wenden. Vieles läßt sich überhaupt kaum mehr zurückschrauben. Und auch wenn Erziehung wieder besser gelingt, wäre es ratsam, das Wort von Aristoteles, dem Erzieher Alexanders des Großen, nicht zu vergessen, daß der Erzieher keine Gegenleistung seines Zöglings erwarten dürfe, welche der aufgewandten Sorge und Mühe gleichkomme. Den wahren Dank statten die Kinder ihren Eltern dadurch ab, daß sie später die eigenen Kinder erziehen. Der Dank an die Vorfahren ist gerichtet an die Nachkommen – nicht an die Eltern, sondern an die Kinder der Kinder.

Der Herausgeber

WALTER HILDEBRANDT

Krise und Erneuerung des Generationenvertrages

„Ich habe keine Hemmung, die alten Fragen wieder aufzugreifen, so wie ich auch keine Hemmung habe, die traditionelle Sprache einer der alten Religionen zu verwenden…“

Werner Heisenberg, Der Teil und das Ganze

Die Schwäche der Älteren

Das Miteinander der Generationen ist zerrüttet, vage oder kaum definiert und voller Ungewißheiten. Eine fundamentale Krise macht sich bemerkbar. Das festzustellen ist heute eine Banalität. Alte gesellschaftliche Mechanismen und Muster, die den Okkupationsdrang der Jüngeren und die Selbstverteidigung der Älteren tendenziell im Gleichgewicht hielten, haben ihre Wirksamkeit verloren oder sind ganz in den Hintergrund getreten. Emanzipatorische Entwicklungen sind unübersehbar, zugleich aber auch deren Grenzen. Ein Puerilismus, der die Älteren zu einem bloßen Anhängsel der Jüngeren macht, ist ebenso untauglich, die Probleme zu lösen, wie der Traum einer Wiederbelebung paternalistischer Strukturen. Unsere soziale Phantasie muß sich schon an die Entwurfsarbeit für einen dritten, kombinatorischen Weg machen. Doch zunächst müssen wir uns mit der zeit- und systembedingten Schwäche der Älteren etwas genauer vertraut machen.
Da ist zu Beginn an einen Zusammenhang zu denken, an dem Marx seine helle Freude gehabt hätte. Solange in den Berufen die soziale und speziell familiale Selbstrekrutierung Usus war und in der breiten Schicht der Bauern und Handwerker, aber auch der Ärzte und

Rechtsanwälte, der Kaufleute und anderer Selbständiger die Höfe und Werkstätten, Praxen und Läden in aller Regel von den Vätern auf die Söhne oder Schwiegersöhne übergingen, waren die Generationen durch dieses materielle Band auf das intensivste und dauerhafteste miteinander verbunden. Zwar wußten die Älteren, daß sie nach den Gesetzen der Biologie irgendwann zwangsweise dem Nachwuchs weichen mußten, aber sie waren aufgrund der herrschenden Eigentumsordnungen, die ihrerseits wieder in hohem Maße die Konsequenz der Entwicklung der Produktivkräfte, der Technik und Arbeitsorganisation, waren, doch in der dominierenden Position. Wirksam konnten sie Sanktionen gegen die Unbotmäßigen unter den Nachwachsenden einsetzen. Das reichte von der Enterbung oder der Verzögerung der Übergabe bis zu den vielfältigsten Mitteln dauernder Einmischungen, vor allem dort, wo drei Generationen unter einem Dach wohnten und die Älteren die Steuerung des Gesamthaushaltes noch nicht aus der Hand gegeben haben. Das alles war drapiert mit einem ausgeklügelten Kult der Kontinuität. Familiäre Traditionen des Stils, der Liebhabereien, man denke an Sammelleidenschaften, Vereinszugehörigkeiten oder die Wahrnehmung bestimmter Ämter, glichen festen, die Generationen überdauernden Zuschreibungen. Die familiale Kontinuität der Kapitalverwertungsprozesse war gekoppelt mit diesen Ingredienzen des Habitus, des sozialen Selbstverständnisses oder einer kollektiven Selbstverwirklichung. Wenn man so will, kann man sagen, Basis und Überbau waren in den traditionellen Gesellschaften in der Wahrung des Generationenzusammenhanges in deutlicher Weise aufeinander abgestimmt. Und die Älteren gingen hierbei nicht leer aus.

Die Schwäche der älteren Generationen gegenüber der jüngeren leitet sich in der Substanz unmittelbar aus dem Zerfall der geschilderten sozioökonomischen Muster, der radikaler nicht gedacht werden kann, ab. Der Begriff der Berufswahl verbreitete sich in Theorie und Praxis und machte den Begriff der Nachfolge obsolet. Die stärkste Waffe ihrer Selbstbehauptung wurde damit den Älteren aus der Hand geschlagen. Die Berufschancen wurden individualisiert und aus den familialen Zusammenhängen gelöst. Mit dem Abschluß der Ausbildung war man alter, generationenübergreifender Verpflichtungen ledig, und mit dem Ausbau des

Stipendienwesens und der Herabsetzung der Volljährigkeitsgrenze fühlen sich die Jüngeren heute noch früher von der Entscheidungsgewalt der Älteren abgenabelt. Es kommt hinzu, daß Initiationsriten, jene vielfältigen Maßnahmen mit Hilfe derer die Älteren den Übergang der Jungen in die Großgesellschaft und Erwachsenenwelt nach strengen Regeln reglementierten und zu einem Ritual machten, das ihnen gestattete, ihre ganze Macht und Selbstsicherheit öffentlich zu demonstrieren, ihre sozialpsychologische Funktion weithin verloren haben. Prüfungen werden immer häufiger im Baukastenverfahren absolviert, und der dramatisierende Akzent, der sich in Begriffen wie Reifeprüfung, Freisprechung u. ä. manifestiert, ebenso wie in den feierlichen Zeremonien, die das generative Gefälle herausstreichen, verflüchtigt sich trotz einiger Wiederbelebungsversuche mehr und mehr. Indem Initiationsriten oder Prüfungen jeglicher Art entmythologisiert und ihres psychologisch wirksamen Dekors beraubt werden, gehen die Prüfenden – und das sind die Älteren – zunehmend ihrer Ansehensmacht verlustig, und es bleibt das Moment der nackten Sanktionierung, das in brutaler Unmittelbarkeit jeder Prüfung im Kern innewohnt.
Schließlich ist noch auf eine weitere wesentliche Schwächung der Position der Älteren hinzuweisen. Das ist die Tatsache, daß es mit zunehmender Technisierung und Verwissenschaftlichung aller gesellschaftlichen Vorgänge speziell in der beruflichen Welt weitaus wichtiger ist, auf der Höhe der Zeit zu sein, als lange Erfahrungen im Metier aufzuweisen. In den handwerklichen Kulturen konnten sich die Älteren mit ihrem kumulierten Wissen und immer ausgefeilteren Fertigkeiten eines hohen Ansehens erfreuen. In den hochtechnisierten Kulturen dagegen, und wir leben bekanntlich in einer solchen, liegt der an der Spitze, der im Rahmen der sich überstürzenden Veränderungen die allerneuesten Techniken oder Organisationsformen beherrscht. Unter diesem Gesichtspunkt hat es für die Älteren einen zynischen Klang, wenn in der Entwicklung von Maschinen von „Generationen" gesprochen wird, die sich kurzfristig ablösen. Der Kult der Innovationen steht unvermittelt gegen den Kult der Kontinuität, den wir weiter vorn erwähnten. Und es ist nur folgerichtig, daß sich das alles in den Usancen des Arbeitsmarktes widerspiegelt. Zum alten Eisen gezählt zu werden beginnt in vielen Sparten bereits mit vierzig.

Die Radikalität unserer Beobachtungen wird jedoch erst dann ganz deutlich, wenn festgestellt werden muß, daß auch auf Gebieten, die nicht dem technischen Zwang zur dauernden Umwälzung unterliegen, gewissermaßen in einem sich selbständig machenden Anpassungsdrang an die Gesetze der technisierten Kultur ganz ähnlich verfahren wird. Man braucht nur an die nicht abreißende Reformsucht im Bildungsbereich zu denken. Die Bewältigung der jeweils neuesten Reform nimmt die Beteiligten so in Anspruch, daß zurückliegende Erkenntnisse und Verfahren oft genug für die Beteiligten nur zum Ballast werden. Dasselbe gilt für alle die Gebiete, vor allem modischer Natur von der Tagesmeinung bis zur Bekleidung, die David Riesman durch „Außensteuerung" und da besonders durch mediale Meinungsmacher vermittelt sieht[1]. Bei der Außensteuerung ist im Gegensatz zur Traditions- und Innenlenkung der dauernde Wechsel das Kontinuierliche. Je verbreiterter in einer Gesellschaft die Außensteuerung ist, so kann man auf unser Thema abheben, um so schwerer haben es die Älteren, ihre Position zu verteidigen. Der dauernde Wechsel ist nicht die Sache älterer Menschen. Ihre Stärke ist die Verbindung von Erfahrung und Gewöhnung. Die Tugend der wendigen Umorientierungen, die dem Modell einer in jeder Beziehung mobilen Gesellschaft entspricht, gilt auf allen Lebensgebieten als Synonym von Jugendlichkeit. Der prinzipiell dynamische Charakter unserer Gesellschafts- und Wirtschaftsordnung, so kann man feststellen, wendet sich in seinen Konsequenzen absurderweise gerade gegen die, die diese Ordnung am stärksten unterstützen, nämlich die Älteren. So gesehen, beruht die Schwächung der Position der höheren Jahrgänge auf einem Systemzwang, der sich gegen die Verteidiger des Systems im Rahmen der Voraussetzungen naturwüchsig wendet.

Das alles sagen wir, ohne uns grundsätzlich gegen Innovationen auszusprechen. Das muß betont werden, um Mißverständnisse zu vermeiden. Innovationsbereitschaft ist eine der Prämissen der menschlichen Gattung, um überleben zu können. Darauf wird noch zurückzukommen sein. Wir schließen uns Konrad Lorenz und anderen an, wenn sie darauf hinweisen, daß Erlerntes zwar die Voraussetzung für alle einsichtigen Lösungsfindungen beim Auftauchen von Problemen bildet, daß aber umgekehrt die Lösungsfindung sehr leicht durch das Kleben an Denkgewohnheiten und erlernten Methoden verhindert werden könne und man sogar die Fähigkeit, einsichtige Problemlösungen zu finden, als die Bereitschaft definieren kann, die Methode von Grund auf zu ändern[2]. Anthropologie und Verhaltensforschung sind sich darin einig, daß das Neugierverhalten und die Selbstexploration mit allen Folgerungen dem Menschen konstitutiv sind. Der Generationsvertrag wird das zu berücksichtigen haben.

Die Angst der Jüngeren

Angesichts aller Zusammenhänge, die bisher beschrieben wurden, könnte man auf den Gedanken kommen, daß die Lage zwar problematisch, aber übersichtlich und eindeutig ist. Die Älteren sind total auf der Verliererstraße, gehen alter Privilegien, die sie sich im Laufe von Jahrtausenden systematisch aufgebaut haben, verlustig und sind einer Zeit ausgeliefert, die nichts als den Triumph der Jüngeren kennt. Bei einer oberflächlichen Beurteilung der Lage würde man den Jüngeren Siegesgewißheit und Optimismus, zupackende Gestaltungslust und Verantwortungsbereitschaft, vor allem aber Angstfreiheit und Zufriedenheit mit der Aufwertung ihrer Position in der Gesamtgesellschaft zuschreiben. Ähnliches wollen uns ja die Werbemanager suggerieren, wenn sie mit einem Victoryzeichen das „Jungsein" als attraktiven Verkaufsschlager vermarkten. Die Macht der Alten, die in manchen Zeiten, ja in vielen, sich geradezu zu einer Gerontokratie auswuchs, ist in den Fundamenten so gründlich unterspült, daß in der Tat viele Argumente für eine solche Annahme sprechen.
Doch die Wirklichkeit sieht hinter dieser Fassade erheblich anders aus. Auf diesem Felde geht es keineswegs wie bei den Schalen einer Waage zu. Die Schwächung der einen hat durchaus nicht automatisch die Stärkung der anderen zur Folge. Bei der Jugend fehlt vielmehr die Siegespose genauso wie bei den Älteren. Das ist der Zustand, mit dem wir in der Theorie wie in der Praxis fertigwerden müssen.
Die Angst der Jüngeren, die wir als Kürzel für vieles im Titel dieses Abschnittes nennen, hat eine Fülle von Ursachen. Alle sind mehr oder weniger miteinander verbunden. Eine der wichtigsten scheint

uns der psychische Druck zu sein, der sich aus der Konstruktion unserer spätaufklärerischen Epoche ableitet[3]. In dieser späten Phase hat die Aufklärung nach langen Verzögerungen schließlich ernst mit den Postulaten ihrer Gründerzeit zu machen versucht und der Begriff der Emanzipation wie der der Mündigkeit ist Gemeingut geworden. Kant sprach bekanntlich vom Ausgang des Menschen aus seiner selbstverschuldeten Unmündigkeit, Schiller von der Selbstherrschaft des mündigen Menschen und später Weitling von einer Zeit, in der das Wissen aller und nicht mehr der Wille des einzelnen über der Gesellschaft herrschen werde. Wir wissen, daß das alles zunächst nur eine kleine Minderheit erreichte, aber es liegt Logik darin, daß man sich Schritt um Schritt daranmachte, und sprunghaft energisch in unserer Gegenwart, alle und alles in diese hochgegriffenen Ideale einzubeziehen. Während bis in unser Jahrhundert hinein auf breiter Basis Institutionen wie Ehe und Familie, Erziehungsanstalten und Gerichtsbarkeit, Kirche und Herrscherhaus kaum ernsthaft in Frage gestellt oder ihres sakralen Schleiers beraubt wurden, ist das nun seit geraumer Zeit ganz anders. Man muß sich auch daran erinnern, daß bis vor kurzem ganze, große Teile der Bevölkerung, wie etwa die Bauern und Handwerker, die Beamten oder das Militär, praktisch aus den geistigen Umwälzungen der Aufklärung ausgeklammert wurden. Doch dann kam das Heer der Hinterfrager, der Entlarver, und machte sich ans Aufdecken, Durchleuchten, Entmythologisieren und in vielen Curricula versuchte man diese Methode als das Hauptprinzip der Erziehung zu etablieren. Gewisse Höhepunkte wurden erreicht, als Habermas schlichtweg erklärte, alle Institutionen der bisherigen Geschichte, die nicht der Herrschaftsfreiheit dienten, müßten als pathologisch eingestuft werden[4], und Arnold Gehlen und andere vor ihm dazu übergingen, den Begriff der Moral nur noch im Plural gelten zu lassen (was wissenschaftlich eine Selbstverständlichkeit ist, aber sich schlecht zum Glaubenssatz für alle eignet)[5]. Damit wurde das Selbstzerstörerische der sich steigernden Gangart unseres aufklärerisch-wissenschaftlichen Zeitalters ebenso evident wie bei der unheimlichen Akzeleration unseres technischen Verstandes, der, in erschreckender Weise immun gegen Selbstkontrollen, immer Unabsehbareres produziert.

Die Totalentfaltung des kritischen Bewußtseins und aller Möglichkeiten des menschlichen Geistes hat, so faszinierend das alles auch ist, zugleich unübersehbar einen ätzenden Beigeschmack. Wer hält alledem stand, wenn die Orientierungen und Maßstäbe dahinschmelzen, die Flüchtigkeit des Augenblickes dominiert und die ontologische Leere nichts zu geprägter Gestalt gerinnen läßt, was Anspruch auf Dauer haben könnte? Das ist die Situation, in der sich die Fundamentalangst der Jüngeren konstituiert, die angesichts ihrer emanzipatorischen Möglichkeiten zunächst so unberechtigt zu sein scheint. Und das Problem schürzt sich noch mehr, wenn wir daran denken, mit welchen vielfältigen Verweigerungs- und Ablösungsparolen die Nachwachsenden versorgt werden, um ihnen einzureden, wie unausbleiblich tief der Graben zwischen den Generationen sein müsse. Selbst anspruchsvolle Autoren argumentieren da fahrlässig, wie eine Studie über die Adoleszenzkrise aus der Habermasschule exemplarisch zeigt. Eine besonders starke derartige Krise ist nach Meinung der Verfasser die notwendige Voraussetzung für die Transformation von konventionellen zu postkonventionellen Strukturen des moralischen Bewußtseins, weil letztere nicht mehr naturwüchsig gelten. „Dieser Prozeß setzt voraus, daß alte Bindungen überprüft und in ihrer unproblematischen Geltung sistiert werden: sie dürfen nicht mehr gelten, weil sie von den Autoritäten vertreten, sondern weil sie als konsensfähig und vernünftig erkannt werden. Die Auflösung der autoritätsgebundenen Geltung fordert eine Auseinandersetzung mit und Distanzierung von der traditionellen Geltungsquelle, ein Prozeß, der durch anomische Teilphasen und Überdistanzierung gekennzeichnet ist und als solcher eben als Krise erfahren wird…“[6] So logisch das Modell auch in sich sein mag, und man könnte sich auch am hier präsentierten Ideal der vernünftigen Mündigkeit erbauen, so liegt die fundamentale Schwäche dieser Anweisung zum Handeln darin, daß sie das Phänomen der Adoleszenzkrise aus der Gesamtproblematik unserer Gesellschaft und deren Bewußtseinslagen herausmontiert.

Worum es geht, hat Margaret Mead mehrfach formuliert. Schon in einem ihrer frühen Werke fügt sie den Ergebnissen ihrer Feldforschung in der Südsee ein abschließendes Kapitel an, in dem sie die Probleme der Nachwachsenden in einer modernen komplexen Gesellschaft beschreibt. Die Hauptursachen der Schwierigkeiten der jungen Menschen, so meint sie, liegen in den einzelnen widersprechenden Normen der Gesellschaft und in der Auffassung, daß jeder einzelne eine eigene Entscheidung treffen muß. Hinzu komme, daß diese Entscheidungen so wichtig genommen werden, daß die Adoleszenz als Beginn einer geistigen und emotionalen Reife zu betrachten sei, die automatisch mit äußersten Konflikten belastet ist: „Eine Gesellschaft, die aus vielen gegliederten Gruppen besteht, von denen jede ihre eigene Heilsform, ihre eigene Wirtschaftsphilosophie propagiert, und die nach Entscheidungen schreit, verweigert so lange jeder neuen Generation den Frieden, bis entweder alle ihre Entscheidung getroffen haben oder untergegangen sind, weil sie unfähig waren, diese Entscheidung zu treffen."[7] Die Unterschiede zu den Autoren der Habermasschule sind deutlich. Doch Margaret Mead verschärft ihre Analyse im Laufe der Jahre noch. Im Vorwort zu ihrem Buch „Der Konflikt der Generationen", das aus dem Jahre 1969 stammt, stellt sie nun das Problem in den Mittelpunkt, inwieweit junge Menschen heute überhaupt bindungsfähig sind. Im Blick auf die Menschheitsgeschichte sieht sie drei große Phasen. In der ersten waren junge Menschen in zugeschriebenen Bindungen fest verankert. Das wurde, so können wir hinzufügen, durch Initiationsriten noch erheblich verstärkt. Die zweite Großepoche brachte dann das mit sich, was die Autorin die „Bindungswahl" nennt. Diesen Zustand hatte sie schon bei der Beschreibung der amerikanischen Jugend Ende der zwanziger Jahre skizziert. Doch nun erläutert sie eine dritte, noch weit beschwerlichere Phase, die wir heute unmittelbar erleben. In unserem Jahrhundert, so heißt es bei ihr, klinge immer eindringlicher und angstvoller ein neuer Ton: „Kann ich mein Leben überhaupt an irgend etwas binden? Bieten die heute bestehenden menschlichen Kulturen irgend etwas, das der Rettung wert wäre und eine persönliche Bindung lohnt?"[8]

Angesichts solcher Bemerkungen schmilzt der laizistische Optimismus, der aus den Vorstellungen der Habermasschule spricht, immer mehr dahin. Eine andere Autorin verstärkt das noch, indem sie davon ausgeht, daß das Gefühl des Ausgestoßenseins in die Gesellschaft bei den jungen Leuten oft heftiger zu spüren ist als das der endlich erreichten Freiheit, ganz einfach deshalb, weil in der modernen Familie die Tendenz vorherrsche, das Kind schon

frühzeitig aus der Familie „herauszusozialisieren“[9]. Erik Erikson gebraucht den Begriff der Identitätsdiffusion, um die Schwierigkeiten der Jüngeren zu verdeutlichen[10]. Dabei erinnert er an einen Ausspruch einer der Figuren in Arthur Millers „Tod eines Handlungsreisenden“: „Ich kann es einfach nicht zu fassen kriegen, Mutter, ich kann das Leben nirgends festhalten ...“ In der zitierten Handlungsanweisung (oder Hypothese) der Habermasschule wird im Gegensatz zu alledem den Jüngeren die Aufgabe und Kompetenz zugesprochen, die konventionellen Strukturen des moralischen Bewußtseins autonom und souverän mit den Mitteln rationaler Beurteilung zu bewerten und sich mit ihnen, nicht zuletzt unter dem Gesichtspunkt des in Familie und Schule als den Sozialisationsinstanzen ersten und zweiten Grades produzierten normativen Angebotes, kritisch reflektierend auseinanderzusetzen.
Der Kern des Problems ist einfach. Er liegt in der Fiktion, als ob die jungen Menschen sich einer moralisch formierten Gesellschaft gegenübersähen, deren Gehalte und Geltungsquellen es nun aufzulösen und zu überprüfen gilt. In Wirklichkeit aber ist dieser Auflösungsprozeß von Beginn des Aufklärungszeitalters an in einer Art Selbstlauf akzelerierend im Gange. Das Licht, das Männer wie Voltaire ausstrahlten, war zugleich zerstörerisch. Dann kamen Kierkegaard und Marx, Freud und Nietzsche, und die überlieferten moralischen Strukturen dröselten sich weiter auf, bis es in unserer Zeit zur Generalkrise kam, die alles und alle erfaßt hat. Da ist das Selbstbewußtsein und die Würde der Repräsentation des Staates abgetakelt. Die Familie übt auf ihrem Weg zur atomistic family, wie die Amerikaner es nennen, eine nicht zu übersehende Normenabstinenz. Die Bildungseinrichtungen sind mit sich selbst beschäftigt und verlieren ihren erzieherischen Auftrag angesichts widersprüchlicher Reformansprüche und unausgegorener Postulate nach strikter Verwissenschaftlichung immer mehr aus dem Auge. Bei den Kirchen ist ähnliches zu beobachten, obgleich sie ihre Chancen hätten, und im Rechtswesen sind mit der Vermehrung der Gutachter und der Tabuisierung des Schuldprinzips alte Ufer verlassen worden, ohne daß neue erreicht sind. Die Mehrzahl der Medien bietet moralische Grundsätze an, die sich gegenseitig aufheben. Es kommt zu einer Halbbildung und, wie in der Kunst mit ihrer Fülle modischer Stilrichtungen, zu Informationskonzentra-

ten, die mit der Bewertungs- und Verarbeitungskapazität des einzelnen Schindluder treiben. Nicht einmal die Entwicklung der Berufe ist mit sicheren Perspektiven und einer überschaubaren Verläßlichkeit, welche Rollenerwartungen auf die neuen Generationen zukommen, ausgestattet.

Angesichts dieser weitgreifenden moralischen Desorientierung können nur Naive erwarten, daß die Jüngeren über die Schwäche der Alten triumphieren und das Steuer in die Hand nehmen. Das ist zwar versucht worden, wovon die Studentenbewegung Zeugnis ablegt. Aber die Radikalität, mit der hier der Bruch des Generationenvertrages betrieben wurde, mußte aus den genannten Gründen in einer Sackgasse enden. Die Folge war, und das ist heute bei der akademischen Jugend von jedem Hochschullehrer mit Händen zu greifen, daß die früher mindestens nach außen hin selbstbewußte Haltung bei nicht wenigen in eine Rückzugsmentalität umschlug, die viele Gesichter hat. Neben Lustlosigkeit, Opportunismus und Verzweiflung ist die Selbstisolation das auffälligste Merkmal dieses Trends. Konsterniert über die Normendiffusion und Normenabstinenz der Erwachsenenwelt, erkennen sie, daß sie sich doch andererseits nicht aus eigener Kraft dieser Welt bemächtigen können. In dieser Situation schließen sich viele jenen Subkulturen an, die ihre Besonderheiten pflegen und einen Schutzraum gegen die Zumutungen der Gesellschaft bilden. Die Ideologien und das andere Drum und Dran sind nur Vehikel, um das persönliche Erlebnis zu produzieren. Es ist der auf längere Sicht untaugliche Versuch, autistisch zu Selbsterfahrung zu gelangen und damit zugleich das Korrelat zu der Angst vor der sinnentleerten und doch in ihren Mechanismen immer noch unberechenbar mächtigen Welt der Apparaturen und gesteuerten Zugriffe. So gesehen, sind alle Gruppen zusammengenommen, die Aggressiven, die Lustlosen und die Subkulturellen in erster Linie durch die Krise unserer Gesellschaft, in die ihre speziellen Probleme des Überganges von einer Lebensphase in eine andere eingebettet sind, gekennzeichnet.

Es stimmt nachdenklich, daß selbst die Habermasschule von der Annahme ausgeht, daß die jungen Menschen aus einer heilen Welt (der konventionellen Normenharmonie) kommen und nach der Krise wieder in eine heile Welt (der postkonventionellen Vernünftigkeit) zurückkehren. Mit diesem Modell, das bei Pädagogen und Psychologen gängig sein mag, kann heute nicht mehr operiert werden. Alexander Mitscherlich kommt in seinem Buche „Auf dem Wege zur vaterlosen Gesellschaft“, das er vor anderthalb Jahrzehnten schrieb, der Wahrheit schon nahe, wenn er darauf hinweist, die Emanzipation habe die jungen Menschen „in ihrer Selbständigkeit – in einer ‚Freiheit zu‘ – nicht um einen Schritt weitergebracht“[11]. Er spricht in diesem Zusammenhang von der großen Enttäuschung, die das 20. Jahrhundert durchlebt. Hans Freyer meint wohl dasselbe, wenn er in dem Essay über das soziale Ganze und die Freiheit der einzelnen unter den Bedingungen des industriellen Zeitalters vermerkt: „Das ist die neue Wendung, die unser Thema gewinnt: diese industrielle Gesellschaftsordnung, die sich aus freien Einzelnen aufzubauen glaubt und das auch tatsächlich tut, trägt die Gefahr der Unfreiheit in ihrem Fortschritt, und wenn die Freiheit das Eigene des Menschen ist, muß man wohl sagen: sie trägt die Entfremdung in sich“[12]. Das alles erinnert an Hannah Arendt, die Margaret Mead, Alexander Mitscherlich und Hans Freyer noch übertrumpft, wenn sie in ihrer Lessingrede nicht ohne Blick auf unsere Gegenwart darauf hinweist, daß die Welt unmenschlich, ungeeignet für menschliche Bedürfnisse werde, wenn sie in eine Bewegung gerissen wird, „in der es keinerlei Bestand mehr gibt“[13].

Wo könnte man ansetzen?

Die Jahrgänge über vierzig sollten nicht bilanzieren, ohne sich über ihren Anteil am Zustandekommen der Misere Gedanken zu machen. Doch sollte mehr noch darüber nachgedacht werden, in welcher Weise man sich daran beteiligen könnte, aus der offensichtlich epochalen Talsohle langsam wieder herauszukommen. Zynische oder auch nur misanthropische Überlegungen, ob man sich dem nicht verweigern solle, weil man selber viele Privilegien verloren hat, wären in einer solchen Situation völlig unangebracht. Was not tut, ist vielmehr das gemeinsame Gespräch mit jenen jungen Menschen, die nicht eine einfache Parteinahme für sie erwarten, da das den Sinn für die über alle Lebensalter sich hinziehenden Möglichkeiten einer Generation als Gesamtheit – Wilhelm Pinder nennt es in seinem kunstgeschichtlichen Werk über das Problem der Generationen „Entelechie" –[14] verschließen würde. Diese Fragestellung sollte allerdings nur zurückhaltend und ohne Rechthaberei thematisiert werden, etwa im Zusammenhang mit der Bewältigung von Vergangenheit. Ein allgemeineres Thema, das die Generationen zusammenführen kann, ist die „Pathologie der Kultur: das Zurückbleiben der Vervollkommnung der Personen hinter der der Dinge". Georg Simmel, von dem diese (sehr aktuelle) Formulierung stammt[15], ist allerdings im Blick auf die Möglichkeit der Veränderung dieser Disparität pessimistischer als wir, da wir davon ausgehen, daß sich zwischen Personen und Dinge Strukturen und Prozesse einschieben, die den Menschen immer wieder die Chance einräumen, den toten Punkt oder die soziale Paralyse gesellschaftlicher Situationen und damit auch personaler Unzulänglichkeiten zu überwinden. Das trifft auch für die Wiederherstellung eines neuen Generationenzusammenhanges zu.

Was in dieser Beziehung in erster Linie zu tun ist, wäre die Förderung der Einsicht, daß im sozialen Miteinander weit besser als bürokratische Maßnahmen der Abgrenzung das grenzüberschreitende, sich selber preisgebende Gespräch zwischen den kontrahierenden gesellschaftlichen Gruppen einen Gewinn für alle Beteiligten mit sich bringt. Doch Gespräche würden schnell zum Austausch von Leerformeln über Allgemeines erstarren, wenn es nicht zu einem kooperativen Paktieren in einem handlungsnäheren Sinne käme. In Anlehnung und im Widerspruch zu Hegel könnten wir sagen, daß erst auf diese Weise gemeinsames, generationenübergreifendes Dasein herausgearbeitet wird, wo vorher Sprachlosigkeit, Unfähigkeit zur Kommunikation und Entfremdung dominierten. Das Paktieren selbst wird zum Ereignis, und es konstituiert sich als neue oder erneuerte Qualität gesellschaftlicher Realität in dem Maße, indem es den Status autistischer Selbstverwirklichung transzendiert und zumindest einer vorderen Gruppe auf beiden Seiten die Gefahr des Scheiterns bewußt ist.

So wie es Glück im Unglück gibt, kann man davon ausgehen, daß gerade die vielen Defizite und Irritationen in unserer Gesellschaft, denen produktiv zu begegnen, ja sie überhaupt in ihrem Rang zu begreifen, weder die bestehenden Großapparaturen des sekundären Systems, wie Parlamente und Behörden, bürokratisierte Sozialorganisationen und Kirchen, Verbände und Parteien, noch ihre Gegenbilder, die sich von der Gesellschaft isolierenden Subkulturen, in der Lage sind. Den einen sind im Zuge ihrer Verkrustung die Sensorien für Zustandsaufnahme und Therapie abhanden gekommen, die anderen sind aufgrund ihrer hypertrophen Sensibilität, Emotionalität und sozialen Dichte wenig geeignet, den Weg zurück in die Gesellschaft anzutreten.

Angesichts dieser doppelten Malaise wird alles in unserer Zeit darauf ankommen, und zwar auch und gerade im Hinblick auf eine Erneuerung des Generationenvertrages, ob genügend erkenntnisbewußte Menschen aus allen Altersklassen die Lage erkennen und gemeinsam in diese Lücke zwischen den bürokratischen Zwingburgen und subkulturellen Fluchtburgen mit dem Willen zu sozialen Entwürfen, Experimenten und Rekonstruktionen, die vom „Bürger" ausgehen und doch den harten Bedingungen der Moderne standhalten, einzudringen entschlossen sind. Solche Unternehmungen müssen sich in die große Tradition genossenschaftlichen Handelns einreihen, die weder von bloßem Gerede noch von trockenem Praktizismus geprägt ist. Wir können auch von gesellschaftlicher Demokratie sprechen, wobei nicht an große Gesetzeswerke oder institutionalisierte Egalisierungsmaschinerien zu denken ist, sondern an das, was unter Begriffe wie Selbsthilfeorganisationen, Bürgerinitiativen oder Notgemeinschaften zu subsumieren ist. Und die Aktionspakte müssen mehr auf die Idee des Gemeinwohls ausgerichtet sein und nicht in erster Linie Interessenkoalitionen darstellen, so legitim diese auch sind. Nachdem die Überfülle von Polarisierungen unsere Gesellschaft zugrunde zu richten beginnt, muß dieser Aspekt besonders eindrücklich betont werden. Schließlich geht es auch darum, zu neuen Formen sozialer Verhaltensweisen zu gelangen, oder verschüttete zu erneuern, die den menschlichen Bedürfnissen in einer größeren Breite entgegenkommen, als das z. B. in ertragsorientierten Zweckverbänden möglich ist. Vor allem ein gesteigertes moralisches Bewußtsein muß seinen Raum finden. Mit Prüderie hat das allerdings nichts zu tun.

Wie einstmals die Entstehung des Roten Kreuzes eine solche zusätzliche und doch zugleich zentrale, auf die allgemeinere Gesinnung abzielende Wirkung hatte, kann heute gleiches beispielsweise von Amnesty International gesagt werden. Das Leben von Johann Hinrich Wichern, der das Rauhe Haus gründete und dann mit Werk- und Gesinnungsgenossen zusammen die Diakonie und die Konzeption der Inneren Mission auf den Weg brachte, ist hier genauso zu nennen wie der Gedanke der SOS-Kinderdörfer. Der ursprünglichen Idee des Jugendherbergswerkes, des Volkshochschulwesens, der Landerziehungsheime, der Naturschutzparks oder der Gesellenvereine Adolf Kolpings sind die in unserer Zeit entstandenen Stiftungen, von der Robert Bosch Stiftung bis zur Stiftung Die Mitarbeit, aber auch solche Unternehmungen wie die Aktion Gemeinsinn, Bürgervereine zur Rettung der Innenstädte oder Hilfswerke zur Betreuung von Suchtkranken, zum Schutze des Kindes, zur Hilfe von Behinderten zur Seite zu stellen. Alles das siedelt in dem Freiraum zwischen den hoheitsrechtlich organisierten Institutionen und den sektenhaften Refugien, den wir bereits genannt haben. Neben den sachlichen Erfolgen, die auch zu quantifizieren sind, ist vor allem zweierlei wichtig. Das ist einmal die Tatsache, daß sich in den Menschen, die sich solchen Arbeiten ernsthaft und mit Engagement widmen, ein fortdauernder Prozeß der Auseinandersetzung mit jenen Werten, Normen und Handlungsidealen, die der entsprechenden Arbeitsrichtung zuzuordnen sind, vollzieht. Auf diese Weise kommt es zur Partizipation der einzelnen an der ideellen Wertschöpfung der Unternehmungen und von hieraus zu einer neuen Qualität im Leben der Beteiligten. Wir wollen es noch einmal ausdrücklich unterstreichen: dieser Zuwachs geht nicht zuletzt darauf zurück, daß diese Form des öffentlichen Handelns mehr Investitionen an Zeit, Bemühung und Unanfechtbarkeit verlangt, als auf der anderen Seite für den einzelnen an persönlichen Vorteilen abfällt. Daß hier die übliche Nutzen-Kosten-Rechnung außer Kraft gesetzt ist, ist von ganz besonderer Bedeutung.

Vor allem aber ist das auch einer der Gründe, warum solche Sozialexperimente geeignete Orte für die Kooperation von Menschen verschiedenen Alters und Geschlechtes, d. h. divergierender Startbedingungen sind. Von der Natur der Sache her herrscht nicht in erster Linie das Klima des Konkurrenzkampfes und des Mißtrauens. Wenn nicht Ruhmsucht oder politische oder auch nur vereinsinterne Auseinandersetzungen das Bild verdunkeln, ist die Bündigung alters- und geschlechtsspezifischer Gruppen selbstverständlich. Schließlich will man einen neuen Gedanken durchsetzen, und da bleiben Gegner oder sogar Feinde nicht aus, was in der Form eines kybernetischen Zirkels integrierend wirkt. Ähnlich gemeinschaftsfördernd ist es, in einer Welt administrativer Reglements und bürokratischer Zuständigkeiten, die den Anspruch erheben, flächendeckend zu arbeiten, Schritt um Schritt den Gedanken der Partizipation und bürgerunmittelbaren Hilfe unter die Leute zu bringen sowie Menschen und Mittel für die eigene Sache zu mobilisieren. Man muß bedenken, daß in Deutschland, im Gegensatz etwa zur Schweiz oder den angelsächsischen Ländern, immer noch mit Mißtrauen verfolgt wird, was sich außerhalb des behördlichen und kommerziellen Rahmens abspielt. Alles das hat eine größere Durststrecke der Bewährung zurückzulegen, aber gerade das stärkt in der Regel das Wirgefühl beträchtlich. Auf der anderen Seite kann jeder in die Idee und die Handlungsabläufe im Sinne einer Arbeitsteilung seine Erfahrungen und Fertigkeiten einbringen. Auf diese Weise realisieren sich in solchen Unternehmungen mechanische und organische Solidarität, wie es Émile Durkheim genannt hat, gleichermaßen.

Das alles kommt, wenn sich die Altersklassen dabei nur ungezwungen zur Kooperation zusammenfinden, selbstverständlich unmittelbar dem Generationenvertrag zugute. Ja, man kann davon ausgehen, daß sich der Pakt der Altersheterogenen nur so oder ähnlich regenerieren wird. Programmieren oder emphatisch öffentlich postulieren läßt sich das alles freilich nicht. Leicht ist dann schon der Mißerfolg sicher. Das muß alles doch mehr implizit verlaufen. Man kann auch von funktionalen Selbstverständlichkeiten sprechen, die im Zusammenbringen von Getrenntem heilsam wirken. In dieser Beziehung wäre wieder an den Funktionalisten Durkheim anzuknüpfen, wobei über spezifische, sachbezogene Teilkontakte hinausweisende personale (diffuse) Begegnungen mehr oder weniger die Konsequenz funktionaler Rahmenbedingungen sind. Das klassische Beispiel hierfür ist bekanntlich die Kirchengemeinde oder die professionelle Rolle des Pfarrers. Wir beanspruchen den Zusammenhang, wie gesagt, auch für die von uns beschriebenen sozialen Aktivitäten.

Im übrigen ist das wieder ein Beleg dafür, daß der Diskurs nicht immer als der entscheidende Impulsgeber und Auslöser gesellschaftlicher Wandlungen fungiert. Auch das kommunikative Handeln, in dem „die Geltung von Sinnzusammenhängen naiv vorausgesetzt" wird, wie sich Habermas ausdrückt[16], hat seine Funktion und seinen Ort im Gang des gesellschaftlichen Progresses. Schon Marx hat bekanntlich, auf Hegel fußend, erkannt, daß sich vieles hinter dem Rücken der Handelnden abspielt und doch dem Fortschritt dient. Die für die Wiederherstellung des sozialen Zusammenhanges objektiv nützliche, jedoch in einer Art Naturwüchsigkeit oder Naivität sich erneuernde Kooperation zwischen den Altersklassen ist paradigmatisch hierfür. Das schließt allerdings nicht aus, daß Eliten – und dazu rechnen wir in unserer Epoche gerade auch die Initiatoren gesellschaftlicher Hilfen und Selbsthilfen – zumeist vorzüglich das Paradoxon handhaben, intuitiv die Kontaktsperren zwischen Menschen und Menschengruppen in ihren Unternehmungen aufzuheben. Handlungseinheiten mit Freiwilligkeitscharakter und einer nur begrenzten organisatorischen Verfestigung sind dabei durch eine besondere Chance ausgezeichnet. Man kann es auch als das Glück der Pionierzeit oder eines sich immer wieder regenerierenden Pioniergeistes bezeichnen: das Syndrom von Kreativität, sozialer Phantasie und Zielorientierung macht es ihnen möglich, sich zugleich tatkräftig und beispielgebend an der Überwindung der Deformation und Desintegration unserer Gesellschaft zu beteiligen, die in bürgerferne Großorganisationen und subkulturelle Zirkel, aber auch in entfremdete, aneinander vorbeilebende Generationen zu zerfallen droht.

Was wäre dem Generationenvertrag noch dienlich?

Man braucht die Schritte, die zu neuen Annäherungen führen, gar nicht zu idealisieren. Die Beispiele, die gewählt wurden, könnten zu diesem Mißverständnis führen. In Wirklichkeit geht es in erster Linie um sozialpsychologische Zusammenhänge. Deshalb sollte man auch noch ein Feld erwähnen, auf dem Zuwendungen und eine erneuerte Verschränkung der Generationen ganz besonders wichtig wären. Die Welt des spielenden Menschen: das weite Feld der

Liebhabereien, die Aktivitäten in den Künsten, das auf dem Spieltrieb aufbauende Vereinswesen, die Chöre und Theatergruppen, die nicht zu zählenden Aktiven in den Sportarten, der Kosmos der Bilder und Rituale, Feste und Feiern – diese sinnliche Welt ist, entgegen allem Anschein in der heutigen Zeit, ein besonders geeigneter Ort des simultanen Auftrittes der Altersklassen, in welcher Zuordnung und Kooperation auch immer. Man müßte hier, nachdem das Miteinander im Diskurs und in der Arbeit nur streckenweise trägt, viel bewußter auf uralte anthropologische und kulturgeschichtliche Erfahrungen zurückgreifen. Der Verrat an der Freude unter dem spätere Jahrhunderte gelitten haben und durch den sie steril wurden, meint Gerhard Nebel[17] einmal, sei unter den Griechen niemals eine wirkliche Gefahr gewesen. Hier knüpft Nebel an Nietzsches dionysischen Gedanken an: „Ein Drang zur Einheit, ein Hinausgreifen über Person, Alltag, Gesellschaft, Realität, über den Abgrund des Vergehens ...“[18] Der amerikanische Theologe H. Cox aktualisiert alles: „Warum konnten die Tugenden der Nüchternheit und der Sparsamkeit, des Fleißes und der Strebsamkeit ein solches Ansehen auf Kosten anderer Werte erlangen? Warum verfielen Heiterkeit, Spiel und Festlichkeit im protestantischen Zeitalter einer so ätzenden Kritik?“[19] Er erinnert daran, daß Dante als einer der vielleicht größten christlichen Dichter sein Stück nicht umsonst „Die göttliche Komödie“ überschrieb, und die Figur des Don Quichotte bezeichnet er als eine Schöpfung der vollkommenen katholischen Phantasie eines Cervantes. Auf die Wasserspeier an den Kathedralen weist er hin und er sieht im Gotteskind, das im Arm seiner Mutter sitzt und mit dem Erdenglobus spielt, wie es die Künstler gemalt haben, den Deus ludens oder den spielenden Gott, der den Menschen zublinzelt. Demgegenüber die Spielferne eines Zwingli und Calvin, die in ihrer Konzentration auf den Ernst, den Logos und das Wort den Vergleich mit den diskursorientierten Moralisten vom Charakter eines Habermas oder Adorno herausfordern.

Nun gehört es sicherlich zu den großen Hoffnungszeichen unserer Zeit, daß im Augenblick das spielerische Moment, das sich in Happenings und Feten, Verkleidungen aller möglichen Art und einer neuen Zuwendung zum Dekorativen niederschlägt, wieder weithin an Boden gewinnt. Man könnte auch sagen, daß hier ein katholischer Akzent sich bemerkbar macht, nachdem der Protestantismus und die sich aus ihm entwickelnde Aufklärung in eine Sackgasse geführt haben. Nicht von ungefähr gibt es ja auch im protestantischen Bereich seit langem Versuche der Auflockerung, man denke nur an die liturgische Bewegung. So erfreulich es auch immer ist, daß der homo ludens wieder als eine wichtige Macht im Lebensvollzug jedes Menschen erkannt ist, so schmerzlich ist es doch auch, daß sich dieser Prozeß in der Praxis zunächst eher noch generationentrennender als vieles andere auswirkt. Selbstverständlich kann man nicht die Vorliebe der Jüngeren für einen ganz auf die Jugend abgestellten Stil der Diskotheken, Shows und Festivals pauschal diskriminieren, und wer wollte und könnte wohl über Phonstärken und den richtigen Sound streiten? Und doch gibt es Annäherungen, die genutzt werden müssen. Bach ist eine solche Brücke, geistliche Musik der frühen Zeiten, Spirituals und Jazz, Theatermacher wie Peter Stein, filmische Festwochen, Regisseure wie Bergman, Visconti oder Kluge, die großen Ausstellungen von Caspar David Friedrich bis zu den Sumerern, Brecht und die Bachmann, Hermann Hesse im besonderen, der Enthusiasmus für den Jugendstil, und selbst die Oper wird, wie eine große Zeitung berichtet, von der Avantgarde wiederentdeckt. Gewiß, die Feste in den Familien, einst generationenübergreifende Unternehmungen par excellence und in dieser Beziehung sozialpsychologisch ausgeklügelt, haben ihre verbindende Funktion weithin verloren. Und dasselbe gilt von den Staatsakten oder ähnlich gravitätischen Feierlichkeiten. Aber auch hier ist die Lücke zu beobachten, die sich im sogenannten Kulturbetrieb hoffnunggebend zeigt. Von Bach bis zur Bachmann ist da doch eine ganze Menge zusammengekommen, manches ist genannt worden und das könnte noch fortgesetzt werden. Alles Felder, wo sich Interessierte und auch Engagierte aus allen Jahrgängen treffen. Und das sollte auch in der gesellschaftlichen Konzeption von morgen, in der es um die wieder anlaufende Integration des immer mehr sich gegeneinander Isolierenden geht, in der gehörigen Weise ins Bewußtsein der Bürger gehoben werden. Schließlich sollte man vorsichtig und doch zielbewußt auch wieder Feste und Feiern und ganz allgemein Rituale nicht allein in jugendlicher (oder altväterlicher) Manier, sondern in Formen zelebrieren, mit denen sich alt und jung zu identifi-

zieren vermögen. Schützenfeste oder sportliche Zeremonien genügen da allerdings nicht.
Müssen die Generationen nach dem hier vorgelegten Konzept in den Werken sozialer und demokratischer Selbsthilfe sowie auf dem Felde des Spiels, der Künste und der Feiern ihre Chance wahrnehmen, zu einem neuen Miteinander zu gelangen, so ist das schließlich auch im Rahmen eines neuen, gemeinsamen geschichtlichen Bewußtseins zu praktizieren. Wir können das hier nur noch kurz festhalten. Dabei kann davon ausgegangen werden, daß Ansätze für eine solche Haltung durchaus vorhanden sind. Andererseits ist auch hier, wie im Falle des homo ludens, die eigentliche Arbeit erst noch zu leisten. Man muß daran erinnern, daß sich das Verhältnis der jungen Menschen zur Geschichte heute in den allermeisten Fällen als ein reines Vakuum erweist. Wo das nicht der Fall ist, können wir von der jugendlichen Unbekümmertheit ausgehen, wahllos im Zuge der auf geheimnisvolle Weise entstandenen Nostalgie Fragmente aus dem Ablauf der Geschichte herauszubrechen, diese systematisch zu verfremden, ihnen den Charakter eines exotischen Dekors zu verleihen und damit gerade den Gedanken der generationenübergreifenden Kontinuität, der alle berühren müßte, zu pervertieren.
Geht diese Verhunzung der Geschichte vor allem von den Jüngeren aus, so muß freilich auch die Verkrüppelung des Geschichtsbewußtseins bei jenen festgehalten werden, die in einem schlechten Stil, wie man so sagt, Vergangenheitsbewältigung betreiben. Und diese gehören, wie es nicht anders sein kann, in der Regel den älteren Jahrgängen an. Es gilt also für alle: gerade weil die Geschichte in ihren Zusammenhängen so schicksalsmächtig ist, will man sie sich mit Persiflage oder Verdrängung vom Halse halten. Doch darauf ist produktiv gegenzuhalten. Wer in unserer Zeit den 17. Juni als Feiertag abzuschaffen und dafür einen abstrakten, gänzlich unanschaulichen Verfassungstag einführen möchte, anstatt ihn beizubehalten, und außerdem den 20. Juli als gleichwertigen Gedenktag auszubauen und aufzuwerten, hat allerdings nichts von der Notwendigkeit begriffen, den geschichtlichen Zusammenhang mit Hilfe von Bildern und Vorbildern, die mit Händen zu greifen sind, in großer eidetischer Anstrengung in den Herzen und Köpfen sowohl der Jüngeren als auch der Älteren lebendig werden zu lassen.

Bei uns ist die Geschichtswissenschaft nach wie vor in der Gefahr, ein Hilfsorgan der Soziologie zu werden. Ohne die Bedeutung sozialer und gesellschaftlicher Fragestellungen zu verkleinern, muß doch dem Pathos der Geschichtlichkeit des Menschen, die sich in seiner Teilhabe an den Höhen und Tiefen der Jahrhunderte ebenso niederschlägt wie in seiner Einfügung in die generative Gleichzeitigkeit des Ungleichzeitigen, ein neuer Rang nicht zuletzt in der Erziehung und den Medien eingeräumt werden. Das Gespräch über Geschichte zwischen den Generationen findet heute entweder gar nicht statt oder erschöpft sich in Rechthaberei. Hier einen neuen Ansatz für den Generationenvertrag in einem tieferen Sinne zu finden gehört zu den dringendsten Forderungen, die zu stellen sind. Daß es sich dabei nur um ein trockenes Pathos handeln kann, wie man es vielleicht umschreiben könnte, ist allerdings eine Selbstverständlichkeit.

Anmerkungen

[1] David Riesman et al.: Die einsame Masse. Eine Untersuchung der Wandlungen des amerikanischen Charakters. Hamburg 1958.

[2] Konrad Lorenz: Die Rückseite des Spiegels. Versuch einer Naturgeschichte menschlichen Erkennens. München 1973, S. 179ff.

[3] Vgl. hierzu W. Hildebrandt: Die konservative Revolution der Aufgeklärten oder die Freiheit, Grenzen zu setzen. In: Die Gehäuse des Menschen. Herderbücherei INITIATIVE Bd. 9, S. 145ff.

[4] Jürgen Habermas: Erkenntnis und Interesse. Frankfurt am Main 1968, S. 343.

[5] Arnold Gehlen: Moral und Hypermoral. Eine pluralistische Ethik. Frankfurt am Main 1970. Vgl. auch die Besprechung hierzu von Karl Heinz Gehrmann in Deutsche Studien H. 33 (1971) sowie Hermann Wein: Kentaurische Philosophie. München 1968.

[6] Gertrud Nunner-Winkler, Rainer Döbert: Zum Zusammenhang von Adoleszenzkrisenverlauf, moralischem Bewußtsein und Wertorientierung. Voruntersuchung innerhalb des Projekts „Konflikt- und Rückzugspotentiale in spätkapitalistischen Gesellschaften". In: Zwischenbilanz der Soziologie. Verhandlungen des 17. Deutschen Soziologentages. Stuttgart 1976, S. 297.

[7] Margaret Mead: Jugend und Sexualität in primitiven Gesellschaften. Bd. 1: Kindheit und Jugend in Samoa. München 1970, S. 191.

[8] Margaret Mead: Der Konflikt der Generationen. Jugend ohne Vorbild. München 1974, S. 8.

[9] Barbara Fülgraff: Fernsehen und Familie. Die Rolle des Fernsehens im Prozeß des strukturellen Wandels der Familie. Freiburg im Breisgau 1965, S. 43.

[10] Erik H. Erikson: Identität und Lebenszyklus. Frankfurt am Main 1974, S. 109f.
[11] Alexander Mitscherlich: Auf dem Weg zur vaterlosen Gesellschaft. Ideen zur Sozialpsychologie. München 1969, S. 279.
[12] Hans Freyer: Das soziale Ganze und die Freiheit der Einzelnen unter den Bedingungen des industriellen Zeitalters. Göttingen 1957, S. 15.
[13] Hannah Arendt: Von der Menschlichkeit in finsteren Zeiten. Rede über Lessing. München 1960, S. 18.
[14] Wilhelm Pinder: Das Problem der Generation in der Kunstgeschichte Europas. Köln 1949, S. 22.
[15] Georg Simmel: Das individuelle Gesetz. Philosophische Exkurse. Frankfurt am Main 1968, S. 234.
[16] Jürgen Habermas/Niklas Luhmann: Theorie der Gesellschaft oder Sozialtechnologie – Was leistet die Systemforschung? Frankfurt am Main 1971, S. 115ff.
[17] Gerhard Nebel: Griechischer Ursprung. Bd. I. Wuppertal 1948, S. 303.
[18] Friedrich Nietzsche: Der Wille zur Macht. In: Werke in zwei Bänden. Bd. 2. Leipzig 1930, S. 530.
[19] Harvey Cox: Das Fest der Narren. Das Gelächter ist der Hoffnung letzte Waffe. Stuttgart 1970, S. 194ff. (Engl. Originaltitel: The Feast of Fools. A Theological Essay on Festivity and Fantasy.)

Sonst ward der Schwärmer doch ans Kreuz geschlagen,
Jetzt mordet ihn der sanfte kluge Rat.

Friedrich Hölderlin: der Jüngling an die klugen Ratgeber.

HANS SANER

Der Kindermord zu Bethlehem

Über die Zerstörung der kindlichen Phantasie durch die Erwachsenen

Als Herodes vernommen hatte, daß der König der Juden geboren worden sei, schickte der die Weisen aus dem Morgenland nach Bethlehem, damit sie das Kind aufsuchten und ihm danach mitteilten, wo es zu finden sei. Er aber wollte es töten. Die Weisen fanden, von einem Stern geleitet, das Kind und brachten ihm ihre Geschenke dar. Sie kehrten jedoch nicht zu Herodes zurück. Als dieser merkte, daß er hintergangen worden war, ließ er in Bethlehem alle Kinder unter zwei Jahren töten, um damit dasjenige zu treffen, von dem vielleicht einst eine neue Ordnung ausgehen könnte. Jesus aber entkam dem Massaker durch die Flucht der Familie nach Ägypten. Als ein Davongekommener wuchs er heran.
Wir wissen nicht, ob dieser Geschichte eine historische Begebenheit zugrunde liegt. Sie ist sofort erkennbar als eine Legende von den wunderbaren Vorkommnissen um die Geburt eines heiligen Kindes, wie es in der Geschichte der Religionen sehr viele gibt. Der gläubige Christ mag sie etwa deuten: Der „*Menschensohn*“, verheißen durch die Propheten, entgeht als Auserwählter der bösen Macht und der Macht des Bösen und manifestiert sich eben darin als Erlöser. – Dem nicht christlich Glaubenden kann diese Geschichte vielleicht mehr sein: ein Gleichnis nämlich über die „Menschenkinder“ und die herrschenden Erwachsenen. In dieser

säkularisierten Form scheint sie mir wahr zu sein – auf eine für alle Erwachsenen ganz und gar unangenehme Weise: Der Kindermord ist das normale Erziehungsgeschehen, dem einige Wenige entgehen, auf denen unsere Hoffnung ruht.

Diese Auslegung scheint vorerst eine absurde Provokation zu sein, eine maßlose literarische Übertreibung, die man verärgert oder belustigt von sich schieben möchte.

Zwar ist man bereit einzuräumen, daß in der Menschheitsgeschichte der Kindermord stellenweise eine verbreitete Ausnahme oder gar ein schichtenspezifisches Normalverhalten war: so etwa in der Aussetzung der schwachen Neugeborenen in fast allen frühen Hochkulturen; im Recht des Familienvaters über Leben und Tod der Kinder; in der sorgfaltlosen Pflege der Kleinkinder durch die Jahrhunderte, die eine sehr hohe Sterblichkeit mit sich brachte; im Verschleiß der Kinder als billige Arbeitskräfte zur Zeit des frühen Industrie-Kapitalismus; im Ruin ganzer Generationen durch den Hunger in der 3. und 4. Welt; in der Kindsmißhandlung, die auch für sogenannte zivilisierte Länder ein Problem ist; in der Peinigung der Kinder durch Schule und in anderem mehr. Niemand wird in der Geschichte der Kindheit ein Beweisstück für die Menschenliebe der Erwachsenen sehen wollen.

Aber all das scheint gerade für das Zeitalter der allgemeinen Kinderbildung nicht mehr symptomatisch zu sein. Es ist, so versichert man, kinderfreundlicher als alle früheren, ja es ist das Zeitalter des Kindes schlechthin.

Im Gegensatz zu dieser euphorischen Einschätzung möchte ich die These vertreten, daß unsere Zivilisation bloß ihre spezifische Art des Kindermordes hat, daß diese nicht der brachiale und blutige Tod ist, den eine Person einer anderen gibt, und auch nicht die Ausbeutung einer Altersklasse durch eine andere, sondern die langsame, geduldige, stille, wohlorganisierte *symbolische* Exekution des Kindes durch seine zwangsweise Integration in eine Welt, die es nicht geschaffen hat, die es nicht mitbestimmt und die seinen Zwecken nicht dient. Diese Integration aber wird erreicht nicht allein durch die Abtötung des spezifisch *Kindlichen* im Kinde, das ja vielleicht auch von selber absterben würde, sondern durch die bis zur Liquidation reichende Eindämmung basaler humaner Fähigkeiten und Werte, deren Entfaltung gerade das Kennzeichen menschlicher Bildung wäre. Weil im Kind also etwas zentral Menschliches, zerstört wird, sprechen wir von einem Kindermord. Um nun nicht länger in Bildern zu verharren, möchte ich die präzisen Fragen stellen:

1. *Was* ist dieses zentral Menschliche, das im Kind zerstört wird?
2. *Wodurch,* wenn nicht durch das Instrumentarium des personalen Tötens, wird da zerstört? und
3. *Warum* wird zerstört?

1. Was wird zerstört?

Um das, was im Kind zerstört wird, einzukreisen, mache ich vorerst auf drei Befunde aufmerksam, die Eltern an ihren Kindern und Lehrer an ihren Schülern feststellen können:
Wohl jedes Kind ist in gewissen Phasen seines Lebens ein unermüdlicher *Frager.* In seiner Naivität befragt es Personen über das Wie und Warum beliebiger Gegenstände; alles und jedes scheint, nahezu gleichgewichtig, seiner natürlichen Neugierde wissenswert zu sein: die letzten Existenz-Probleme ebenso wie die kleinen Nebensächlichkeiten und Alltäglichkeiten. Dieses Befragen verharrt nicht im verbalen Akt. Es geht mit der Neugierde des homo faber an die Dinge selber heran: öffnet sie, nimmt sie auseinander, pröbelt mit ihnen und erkundet so, was sie eigentlich sind, über die Erfahrung, was man mit ihnen anfangen kann. Es dringt schließlich im Haus, im Quartier, in der Umgebung als gleichsam vagabundierendes, schweifendes, entdeckendes Fragen in die Welt, macht sie als erlebte zur vertrauten und darin zur Heimat. Dieses fragende Offensein des Kindes scheint sich, und dies ist der erste Befund, allmählich zu schließen. Das ursprüngliche Fragen-Müssen verkehrt sich in ein lethargisches Nicht-mehr-fragen-Mögen. Eine früherwachsene Stumpfheit legt sich wie Mehltau über die Neugierde, und darunter wächst allmählich die Bereitschaft zu den Gehäusen der Vorurteile.
Ein ähnlicher Befund zeigt sich im Bereich kindlicher Praxis: Obwohl das Kind von früh auf am Muster der Erwachsenen Verhalten erlernt und den instrumentalen Umgang mit den Dingen nachahmt, entwickelt es doch Verhaltensweisen und scheinbar dis-

funktionale Gebrauchsformen, zu denen Erwachsene entweder nicht mehr fähig oder nicht mehr willens sind. Die Basis dazu ist meist das Spiel – ein nicht primär instrumentaler Gebrauch der Vernunft in der Weite des Möglichen und oft darüber hinaus. Da werden die Spiele denn allererst erfunden: Spiele mit Verhaltensweisen, mit übernommenen Rollen, mit Materialien, mit Funktionen, mit Wörtern. Praxis spielt sich in großer Weite ein: als Elastizität und Originalität des Verhaltens und als polytechnische Fähigkeit zum Herstellen und Verwenden von Dingen. All das mag in einer gewissen Roheit und technischen Unvollkommenheit geschehen; aber es ist eine Form der unverkalkten, lebendigen und produktiven Arbeit, die selber plastisch ist wie ein junger Mensch.
Die Erfahrung stellt sich auch hier ein: Mit zunehmendem Alter normieren sich die Verhaltensweisen, der Umgang mit den Dingen beschränkt sich auf die anerkannte Funktionalität, die Produktivität im Hervorbringen neuer Dinge geht verloren – man spielt bestenfalls die bereits erfundenen Spiele. In der genormten Tätigkeit bringt sich ein genormter Mensch hervor.
Der wohl augenfälligste Befund zeigt sich in jenem Gebiet, das die Erwachsenen so gerne als die alleinige Domäne ihrer Eliten verstehen: in der künstlerischen Artikulation einer Subjektivität. Ich spreche nicht von Wunderkindern, die als Ausnahmen die Regel der überlegenen Fähigkeit der Erwachsenen bestätigen, sondern von der natürlichen Fähigkeit und vom natürlichen Verlangen aller Kinder, sich im Medium von Symbolen auszudrücken, ohne jemals den Anspruch auf Kunst zu erheben. Was sich in der Kinderzeichnung offenbart und zunehmend auch in der Fähigkeit zur musikalischen Improvisation und was sich vielleicht ebenso im Umgang mit Sprache zeigen könnte, wenn er nicht so stupid nach vermeintlicher Richtigkeit und Falschheit beurteilt würde, ist nichts Geringeres, als daß es kindliche Formen der sensorischen und gestalterischen Genialität gibt, ja daß Genialität im Kindesalter nahezu allgemein ist. Kinder sind Genies; aber wir sind darauf eingeschworen, es ihnen abzusprechen.
Der Befund in diesem Zusammenhang ist: Der gleiche Mensch, der mit fünf oder zehn Jahren wie selbstverständlich ein Kunstwerk schafft, ist in der Regel mit fünfzehn in diesem Bereich verlegen und mit dreißig, wie man dann sagt, amusisch, nämlich nicht so

sehr ungeschickt als spröde und verdorrt. Die sensorische Originalität und jedes gestalterische Verlangen scheint ihn verlassen zu haben. Der öffentliche Kunstbetrieb wird zum konsumtiven Ersatz.

Was in diesen drei Bereichen zum Teil gezähmt, zum Teil verengt und zum Teil abgetötet wird, sind verschiedene Äußerungsformen *eines* Grundvermögens des Menschen: der *Phantasie*. Ich verstehe also, und das ist die erste Konkretion des Gleichnisses, unter dem Kindermord zu Bethlehem die durch die Erwachsenen als Träger der Gesellschaft und der Macht an den Kindern vollzogene Abstumpfung und Vernichtung der Phantasie.

Was aber ist Phantasie? – Herder hat sie – in seinen „Ideen zur Philosophie der Geschichte der Menschheit“ – „die unerforschteste und vielleicht die unerforschlichste aller menschlichen Seelenkräfte“ genannt. Sie ist in der Tat schwer faßbar, höchst zwiespältig, beängstigend in ihren Möglichkeiten und trotzdem vielleicht das Humanum par excellence. Ich will versuchen, sie in ihrer Aktivität zu umgrenzen, dann ihre wichtigsten Tätigkeitsfelder zu charakterisieren und schließlich in Modell-Vorstellungen ihre Arbeitsweise rational verständlich zu machen:

Die Aktivität der Phantasie erschöpft sich keineswegs in künstlerischen Gestaltungen bildnerischer, fabulatorischer und musikalischer Art und auch nicht in der Vielfalt der regelhaften oder der spontan verspielten Spiele. Sie ist ebenso wirksam im ursprünglichen Fragen-Können, in wissenschaftlichen Einfällen und philosophischen Entwürfen, im Planen und spontanen Ausführen von Handlungen, in der Konzeption von Utopien und Hoffnungen, im Ausschweifen der Sehnsüchte und im Verklären des Seienden. Sie ist tätig in der unmittelbaren sensorischen Lebendigkeit, in den Tag- und Nachtträumen, in der Umsetzung und Sublimation der Triebenergien. Und sie wirkt in vielen patho-psychischen Erscheinungen: in den illusionären Umweltverkennungen, in halluzinatorischen Erlebnisweisen und im Einbruch phantastischer Verhaltensstörungen. Sie ist so, und das scheint mir wesentlich zu sein, nicht allein im Reich der Realitäten und aus ihm tätig. Sie hat zugleich eine Tiefendimension, die auch dann nicht im Rationalen aufgeht, wenn sie dieses durchdringt. Die Grenzen ihrer Spielweite sind so einerseits der ingeniöse Kalkül und andrerseits die Phan-

tastik der psychischen und pathopsychischen Bilderwelten, und dazwischen gibt es vielleicht keine Form menschlichen Tuns – ich spreche jetzt nicht von den durch Arbeitsteilung *inhuman* gewordenen Arbeitsprozessen –, in die sie nicht eingehen könnte.
Wenn Phantasie dergestalt die ganze Weite menschlichen Tuns umgreift, kann man ihre wichtigsten Tätigkeitsfelder und dadurch ihre Formen vielleicht wie folgt kennzeichnen:
Phantasie durchdringt als *sensorische* Phantasie die Bereiche der Sinne, schafft in ihnen die subjektiven Bilderwelten und gestaltet *in* und *mit* diesen objektive Werke.
Phantasie stellt als *theoretische* Phantasie die Fragen, entwirft die Konzepte und Ideen, sieht die Analogien, schafft die Modelle und stiftet schließlich die Systeme des Wissens und Denkens.
Phantasie durchdringt als *praktische* Phantasie die menschlichen Kommunikationsformen, erfindet die Möglichkeiten des Umgangs mit den Dingen, stiftet die großen Lebensordnungen und darin die Ziele unseres Hoffens und Wollens.
Eben das sind die drei Bereiche, in denen wir jene Befunde gemacht haben.
Vielleicht hat die Phantasie als *sensorische* Phantasie eher einen *schweifenden* Charakter, als *praktische* eher einen *pragmatischen* und als *theoretische* eher einen *suchenden*. Deshalb ist sie innerhalb möglicher Dualitäten selten nur das eine – nicht bloß das schweifende Denken *gegen* das gerichtete, nicht bloß das sinnliche Vermögen *gegen* das intellektuelle und nicht allein das träumerische Element *gegen* das pragmatische. Sie umgreift vielmehr je beide.
Auch können wir sie in ihrem *Zeit-Charakter* nicht fixieren. Sie speichert und repräsentiert in der *Vorstellung* auch *Vergangenes;* sie entwirft in der *Einbildung Künftiges,* noch-nicht-Seiendes, und sie überläßt sich im *Spiel* und in der *Spontaneität* der reinen *Gegenwart,* jener Querzeitlichkeit, die keine Dauer mehr hat. Vergangenes aber kann sie sich vorstellen, um in der Abwandlung ein Künftiges aus ihm zu machen, und auf das Künftige kann sie in der Gegenwart bezogen sein. Sie ist zeitlich fast immer mehrdimensional und nicht unbedingt auf Dauer angelegt.
Diese Hinweise ermöglichen es uns, zwei Modell-Vorstellungen ihrer Arbeitsweise zu umreißen:
Wir können uns erstens denken, Phantasie sei tätig durch die Stif-

tung neuer Synthesen aus bekannten Elementen. Danach müßten ihr etwa folgende Vermögen zugrunde liegen:

- das Gedächtnis, welches eine Vielzahl von Gegebenheiten und Bildern speichert und zur Verfügung hält;
- die Vorstellungskraft, welche dieses Gespeicherte bildhaft zu repräsentieren vermag;
- eine Disjunktionskraft, welche diese Bild- und Begebenheitskomplexe in Elemente aufteilen kann;
- eine Kolligationskraft, welche die Elemente in neue Relationen zueinander setzt, und schließlich
- die Einbildungskraft, welche dieses neu Kombinierte bildhaft werden läßt.

Das Innovatorische dieser Phantasie läge demnach allein in der unbegrenzten Kombinatorik. Die Frage aber bliebe offen: Woher stammen die alten Elemente ursprünglich? Gibt es einen Urbestand von Bild- und Begebenheits-Elementen, eine Archetypie des Sensorischen, Theoretischen und Praktischen, ähnlich etwa dem begrenzten Bestand chemischer Elemente, deren Kombinatorik jede uns bekannte Stofflichkeit ermöglicht? Dieses „chemische" Modell der Phantasie endet in einer Grundannahme, die wir jedenfalls nicht belegen können.

Es ließe sich zweitens denken, Phantasie sei nicht bloß die Produktion von Synthesen aus bereits reproduzierten Elementen, sondern unmittelbare Innovation: Stiftung des noch Ungesehenen, Ungehörten, Ungedachten, Ungewollten, kurz: eine Form der Schöpfung *ex nihilo*. Demnach müßte sie auf zwei Vermögen beruhen: auf einem weiter nicht ableitbaren Schaffensvermögen und auf der Einbildungskraft, die dieses ganz und gar Neue bildhaft in die Welt zu setzen vermag.

Es ist klar, wo in diesem Modell der fragliche Punkt liegt: Phantasie wird begriffen als eine absolute Kraft des Schöpferischen aus dem Nichts. Man kann aber bestreiten, daß sie darin noch als menschliche Fähigkeit verstanden ist. – Sollen wir uns demnach an das erste Modell halten?

Vielleicht müssen wir die beiden Modelle gar nicht gegeneinander ausspielen. Sie sind Grenzkonstruktionen, innerhalb deren die Phantasie ihre Aktivität entfaltet. Phantasie wäre dann, als jeweils geschichtliche Phantasie, zwar mit der Geschichte einer Kultur, einer Gesellschaft und eines Individuums eng verknüpft, und sie lebte auch aus ihnen; aber sie wäre selbst dann noch das dieser Geschichte vorausgreifende, schöpferische, irreduzible Vermögen, das es ausmacht, daß die Geschichte des Menschen eben nicht allein Naturgeschichte ist, sondern Geschichte seiner Freiheit und damit sinnhafte Entwicklung.

Unsere etwas provokative These kann nun weiter konkretisiert werden: Indem wir die kindliche Phantasie vernichten, vernichten wir die in den Bereichen des Sensorischen, Theoretischen und Praktischen tätige Vorstellungs- und Einbildungskraft und die Fähigkeit zur Erneuerung. – Was dies aber bedeutet, ahnen wir erst, wenn wir nach der individuellen und gesellschaftlichen Funktion der Phantasie fragen.

Wozu also Phantasie? – Die Frage ist oft aufgeworfen worden. Bevor ich sie selber zu beantworten versuche, möchte ich an einige Thesen aus diesem Jahrhundert erinnern:

Freud glaubte zu wissen, daß der Glückliche nie phantasiert, sondern immer nur der Unbefriedigte: „Unbefriedigte Wünsche sind die Triebkräfte der Phantasien, und jede einzelne Phantasie ist eine Wunscherfüllung, ein Korrektiv der unbefriedigten Wirklichkeit" (X, 173f.). Unbefriedigt aber sind wir nach Freud entweder im „ehrgeizigen" oder im „erotischen" Verlangen. Phantasie ist damit das der Macht oder dem Eros entspringende Vermögen, die nicht korrigierbare Realität in erlebbaren Vorstellungen ersatzweise zu korrigieren. Ihre Funktion ist die individuelle Entlastung durch Realitätsersatz.

Bergson hat in der Phantasie die Gegenfunktion zur Intelligenz, wir müssen wahrscheinlich übersetzen: zum Verstand, gesehen. Phantasie ist ein Vermögen, das die ganz und gar nicht weise Intelligenz vor Abwegen bewahrt. So hat sie Mythen, Religionen, Weltanschauungen als Dämme geschaffen. Sie ist damit so etwas wie ein „virtueller Instinkt", der, wie alle Instinkte, der Lebenserhaltung dient. Phantasie ist für die Gesellschaft lebensnotwendig, weil ohne sie der entfesselte Verstand als nackte Intelligenz vernichtend würde.

Gehlen beurteilt die Phantasie von seiner anthropologischen Grundannahme her, daß der Mensch ein „Mängelwesen" sei. Die Phantasie ist ein Vermögen des Menschen, durch das er die Män-

gelbedingungen seiner Existenz „eigentätig in Chancen" der Kultur und der individuellen Lebensführung zu wandeln vermag. Sie wird so selber zur Existenzbedingung: Ohne Phantasie müßte der Mensch an seinen Mängeln zugrunde gehen.
Wir finden schließlich in der *sozialistischen Märchendeutung* ein gesellschaftlich-politisches Modell der Phantasie. Sie ist das Vermögen, die Glücksansprüche des Menschen zu versinnlichen. In der Antizipation des Glücks aber deckt sie zugleich den Widerspruch auf zwischen dem, was ist, und dem, was sein soll. Sie wird nun, als Gegenbild des Seienden, zum Anlaß der Kritik an ihm und als Vor-Bild des Künftigen zum Wegweiser des Aufbruchs. Sie ist so der Ansporn zur gesellschaftlichen Veränderung.
Es geht mir nun nicht um eine Kritik dieser Auffassungen im einzelnen. Wesentlich scheint mir vielmehr zu sein, daß alle, wenn auch auf ganz verschiedene Weise, von der Existenz-Notwendigkeit der Phantasie reden. In allen wird Phantasie als Bedingung der Chance verstanden, das primär unglückliche oder gefährdete Dasein individuell oder gesellschaftlich ertragbar zu machen. Wer die Phantasie vernichtet, so müßte das Verdikt dieser Deutungen lauten, stößt das Dasein zurück in seine nackte Notdürftigkeit und Unerträglichkeit.
Gesamthaft aber würde ich alle diese Versuche in zwei Punkten kritisieren: Sie deuten die Phantasie bloß instrumental als ein *um-zu*. Ihr Wesen muß aber, so scheint mir, vor aller Mittel-Zweck-Relation angesetzt werden, wenn auch ihr Gebrauch ganz verschiedenen Zwecken dienen mag: ebenso der Wunscherfüllung als der Peinigung, ebenso der Eindämmung des Verstandes als seiner Herrschaft, ebenso der Emanzipation der Gesellschaft als ihrer Unterdrückung, ebenso der Vernichtung des Menschen und der Kultur als ihrer Erhaltung. Daß aber, weil Phantasie dieses Janus-Gesicht hat, das Heil in ihrer Vernichtung liegen könnte, wäre der schwerwiegende Trugschluß, der in jedem Fall die Vernichtung des Menschseins mit sich brächte.
Kritisieren möchte ich zugleich: Keine dieser Deutungen hat das *lebensgeschichtliche Faktum* berücksichtigt, daß Phantasie in der Kindheit meist wacher, lebendiger ist als später. Es sind typische Deutungs-Versuche von Erwachsenen, denen das Kindsein nicht mehr zum Problem wird.

Eine Deutung der Phantasie müßte *zwei* Anforderungen gerecht werden: Sie müßte vor jeder Mittel-Zweck-Relation ansetzen und sie müßte die Dominanz der Phantasie in der Kindheit erklären können. Beides aber wird nur möglich, sofern wir die Phantasie in einer *anfänglichen* Daseins-Struktur gründen.

Diese Struktur ist die *Geburtlichkeit.* – Was ist damit gemeint? So wie der Mensch im Tod nicht nur ein Ende hat, sondern ein endliches Wesen ist, so nimmt er in der Geburt nicht nur einen Anfang, sondern er *ist* ein *anfängliches Wesen.* Anfang ist aber die Geburt nicht als Anfang von Leben. Den Lebensbeginn werden wir nie ermitteln. Die Geburt ist, als Eintritt in die Ding- und in die Sozialwelt, Anfang, weil sie die Beziehungen zu Sachen und zu Menschen und damit die Rückbeziehung auf sich selber allererst möglich macht. Allein durch diese Beziehungen fängt der Mensch an, ein Erkennender, Verändernder, ein Liebender und sich selbst Befragender zu werden. Die Geburt ist der Anfang dieses Anfangens, und der Neugeborene der Anfänger in all diesen Beziehungen: der Anfangende schlechthin.

Dieses Anfänger- und Anfangend-Sein nun nennen wir die *Geburtlichkeit* des Menschen. Sie ist das Wesensmerkmal des Geborenen, durch das er *initiativ* (das kommt von *initium* = Anfang) sein kann. Sie ist die Offenheit zum Neuen: zum Erkennen durch den Versuch, zum Auskundschaften durch das Schweifen, zum Schaffen durch das Spiel, zum Wissen durch die Befragung. Denn in allem Anfangen liegt, im Unterschied zum bloßen Einsetzen, ein Spontanes, Neues. Der Geburtliche ist wortwörtlich „der *Genius*". Deshalb richtet sich, wie Vergil gesagt hat, auf den Anfänger, das Kind, die Hoffnung, daß mit ihm „die große Ordnung der Zeiten neu entspringt" (Ed. IV). Darum aber auch die Angst des Herodes vor dem Kind.

Weil das Kind ein geburtliches Wesen von Anfang an ist und dieses nicht erst durch Erziehung werden muß, ist in ihm die Phantasie von Geburt auf, und sie ist gar nichts anderes als der Drang und die Fähigkeit, in der Selbsterfahrung, in der Erfahrung mit Dingen und im Umgang mit Menschen den Anfang, das Neue, zu setzen und sich darin als ein geburtliches Wesen zu manifestieren. Phantasievoller aber ist das Kind in der Regel, weil die Offenheit des Anfängers immer größer und sein Drang zum Neuen das eigentlich „Selbstverständliche“ ist, nämlich der Weg, sich und das Andre im Anfangen zu verstehen.

Phantasie als die dem Kind von Anfang gemäße Manifestation ist ursprünglich nicht gebietsspezifisch. Sie ist gleichzeitig in allen Bereichen des Manifestierens da. In dem Maße aber, wie diese Manifestationen durch Arbeitsteilung bestimmt werden, teilt sich auch die Phantasie. Sie spezialisiert sich nun als sensorische, theoretische, praktische, planende, ausführende, interpretierende Phantasie, oder sie konzentriert sich außer der Arbeit auf die Muße oder zieht sich ganz zurück in das Unbewußte der Träume und der Phantasien.

Was wird also im Kind zerstört, wenn seine Phantasie abgetötet wird? – Umfassend die Möglichkeit der ihm gemäßen Manifestation seiner selbst. Diese Möglichkeit aber ist die Bedingung der Selbstentfaltung. Zerstört wird demnach nichts Geringeres als „die positive Bedingung für die Verwirklichung seiner Existenz“ (Jaspers). Eben das kann man in einem strengen Sinn als den *Mord ohne Tötung* bezeichnen.

Da aber nicht das Kind allein, sondern der Mensch als solcher ein geburtliches, ein anfangendes Wesen ist, hat die Zerstörung der Phantasie über den individuellen Horizont hinaus eine gesamtgesellschaftliche Dimension. In dem Ausmaß nämlich, wie Phantasie abgebaut wird, verliert nicht allein die einzelne Existenz die Dignität der Ursprünglichkeit, sondern alle Arbeit die der Schöpfung und die Geschichte die der Emanzipation. Gesellschaftliches Handeln wird zur statischen Reproduktion. Sein vorausgreifender Charakter: die Tendenz, das Noch-nicht-Seiende in die Wirklichkeit überzuführen, erschlafft oder wird unterdrückt. Die Systeme schließen sich oder gaukeln eine Pseudo-Offenheit vor, in der doch die Statik herrscht. Die Diktatur des Seienden bringt dann die Möglichkeiten des Utopischen zum Schweigen. Die Gesellschaft vegetiert, ohne große Hoffnung, ohne große Vision, dahin: einem Termitenstaat ähnlicher als einer Republik.

2. Wodurch und wie wird die Phantasie zerstört?

Diese Zerstörung der Phantasie nun ist nicht allein eine „Leistung" der Schule, obwohl das Entscheidende in der Schulzeit zu geschehen scheint, sondern eine gesamtgesellschaftliche Einwirkung, in der die Erziehung durch die Eltern, die Arbeit der Schule und die Manipulation der Phantasie durch die Gesellschaft verhängnisvoll einander verstärken. Dabei mag es nicht immer um die Vernichtung der Phantasie gehen, sondern oft bloß um ihre Zähmung und, in der Gesellschaft, um ihre Bemächtigung. – Vielleicht fängt dieser Zerstörungs-Prozeß sehr leise an, als Notwendigkeit und ganz ohne böse Absicht:

Der Mensch weist praktisch allen Dingen, mit denen er sich umgibt, Funktionen zu. Seine Dingwelt hat die Struktur des *um-zu*. Sie ist, um mit Heidegger zu sprechen, primär nicht *vor*handen, sondern *zu*handen. Das gilt ebenso für die Dingwelt der Kinder wie für die der Erwachsenen. Der Unterschied liegt aber darin, daß Erwachsene den Dingen meist eine bestimmte Funktion zuweisen, während Kinder die Funktionalität der Dinge weit offenhalten. Ein Stuhl kann auch mal ein Haus sein oder ein Podest, oder ein Hindernis, oder ein Schlitten, kurz: eben das, was die Phantasie mit ihm nun „anfängt". Der Erwachsene sieht darin einen Mißbrauch und einen Fall von Disfunktionalität. Er lehrt das Kind nun den „richtigen" Gebrauch der Dinge. Erziehung wird so, schon beim ganz kleinen Kind, Unterricht von der eingeschränkten Funktionalität aller Dinge für *alle* Menschen. Die spielerisch-funktionale Phantasie wird aus dem Umgang mit den Dingen sukzessive eliminiert, bis schließlich der ususgemäße Gebrauch allein bleibt, der keine Spielräume in den Dingen mehr zuläßt und kein Spielfeld im Umgang mit ihnen.

Eine ähnliche Entwicklung zeigt der Umgang mit den Symbolen. Unter „Symbol" verstehen wir hier jedes Zeichen, das auf etwas hinweist. Die üblichsten Symbole sind die Wörter und die bildhaften Zeichen: sie weisen auf Sachen oder Sachverhalte hin, indem sie diese nennen oder bildhaft vorstellen.

Es ist nun charakteristisch für jedes Kind, daß es, halb nachahmend, halb schaffend, im Umgang mit Menschen und mit Dingen, eine Symbolwelt hervorbringt, welche die vorgegebene umspielt und die Bedeutungen der einzelnen Symbole offenläßt. Erwachsene könnten vermutlich ihre strikt funktionale Welt in der Offenheit dieser Symbole gar nicht funktionsfähig erhalten. Sie sehen sich genötigt, die Bedeutungen der Symbole zu definieren und damit zu fixieren und den Umgang mit den Symbolen bestimmten Regeln zu unterwerfen. Sie erklären dann alles für falsch, was diese Bedeutungen sprengt und die Regeln verletzt. Also wird Sprach- und Denkerziehung eine Einübung in die verengten Bedeutungen – man nennt das Präzision – und in die strikten Regeln – man nennt dies Logizität. Woraus aber präzisiert man die Bedeutungen? Viele Symbole sind gar nicht eindeutig. Überall dort wird die Tendenz einsetzen, sie von bestimmten Interessen her zu klären. Das aber sind immer die Interessen der Erwachsenen; denn sie verwalten ja die Welt. Die Fixierung der Symbole tritt nun in den Dienst der Macht. Ein freier Umgang mit ihnen käme dem Ungehorsam gleich. Damit wird die symbolische Phantasie zwar nicht geradezu eliminiert, aber doch in den Bereich der Kombinatorik verbannt: sie ist jenes Spiel mit anerkannten Bedeutungen aufgrund anerkannter Werte und nach anerkannten Regeln, das vielleicht noch unerwartete Zusammenhänge zu stiften vermag.

Stabilisiert und fixiert wird schließlich das *Verhalten* der Kinder in der Familie und in der Gesellschaft. Durch Sitten, pragmatische und moralische Normen, die man alle in Symbolen fixiert, wird das gesellschaftliche Ritual des „Das macht man so“ bei Strafe zur Herrschaft gebracht. Das gesittete und gezähmte Kind aber zeichnet man aus als das wohlerzogene. In Wirklichkeit hat man ihm die Originalität des Verhaltens gestutzt. Es ist berechenbar geworden. Man weiß, was man von ihm zu erwarten hat.

Diese drei Prozesse laufen längst vor dem Schuleintritt. Die Schule führt sie bloß mit zunehmend begründender Argumentation und mit Methode fort. Ihr Dilemma liegt in der Verbindung einer *Notwendigkeit* mit einem fast unvermeidlichen *Schaden:* Da Dinge gefährlich und zerstörbar sein können, ist eine gewisse Eindämmung des Umgangs mit ihnen notwendig; da Sprache mißverständlich sein kann, erfordert die Kommunikation eine gewisse Regelung ihres Gebrauchs; da Verhalten unzumutbar und feindlich sein kann, sind Normen notwendig. Wo liegt nun das Maß, durch das Norm, Ordnung und Anleitung die Phantasie nicht so zurückdrängen, daß sie selber wieder schädlich werden? Daß es ein Zuwenig an Norm und Anleitung geben kann, sei eingestanden. Denn wer den Anderen ganz seiner Erfahrung überlassen möchte, gibt darin die Solidarität mit ihm auf und wird auch kaum seine Solidarität wecken. Daß aber die Fixierung der Symbole und des Verhaltens meist in symbolische und ethologische Gewalt münden, scheint mir ebenso gewiß zu sein. Sie sind dann Instrumente jenes leisen, unvermerkten Abtötens der kindlichen Spontaneität, deren sich vielleicht alle Eltern bedienen, ohne sich ihrer Gewalttätigkeit bewußt zu werden. Dieses Zuviel an Norm und Gewöhnung wird schließlich in der Schule vorherrschend, weil diese nahezu all ihre Arbeit auf Grundwerte aufbaut, die meist phantasiefeindlich sind.

Diese Grundwerte sind Ordnung, Gehorsam, Fleiß und Leistung. Sie sind nicht allein die tragenden Säulen unserer Schulen, sondern unserer gesellschaftlichen Institutionen schlechthin. Denn auf Gehorsam gründen die Familie, die Armee und die Religion, auf Ordnung die Organisation wohl aller Institutionen und auf alle Werte zugleich, aber mit dem Schwergewicht von Leistung und Fleiß, das wissenschaftlich-technisch organisierte Arbeits-System. Mit der Integration des Kindes in den Gesamtkomplex dieser gesellschaftlichen Institutionen ist indes die Schule beauftragt. Sie tut es u. a., indem sie die Grundwerte weitgehend gegen Kritik immunisiert, sie also zu *Selbstwerten* macht – der „gute“ Schüler ist immer der leistungsstarke Schüler; der „liebe“ ist der folgsame und ordentliche – und indem sie die Symbolsysteme auf die Interessen der Gesellschaft ausrichtet.

Was nun Ordnung und Gehorsam als Selbstwert betrifft, so mag eine Lebensbeschreibung unserer Zeit zu denken geben:

„Von meinen Eltern war ich so erzogen, daß ich allen Erwachsenen und besonders Älteren mit Achtung und Ehrerbietung zu begegnen hätte, ganz gleich, aus welchen Kreisen sie kämen. Überall, wo es notwendig ist, behilflich zu sein wurde mir zur obersten Pflicht gemacht. Ganz besonders wurde ich immer darauf hingewiesen, daß ich Wünsche und Anordnungen der Eltern, der Lehrer, Pfarrer usw., ja aller Erwachsenen bis zum Dienstpersonal, unverzüglich durchzuführen bzw. zu befolgen hätte und mich durch nichts davon abhalten lassen dürfe. Was diese sagten, sei immer richtig. Diese Erziehungsgrundsätze sind mir in Fleisch und Blut übergegangen." Der Schreiber dieser Zeilen, der übrigens auch wußte, was Leistung bedeutet, war Rudolf Höss, der Kommandant von Auschwitz. Ganz ähnliche Passagen finden sich in den Aussagen von Eichmann. – Natürlich soll damit *nicht* gesagt sein, daß Gehorsam und Ordnung an sich böse sind und immer dort enden, wo sie bei Höss geendet haben, sondern nur: *Sie sind auch nicht an sich gut.* Wir müssen ein kritisches Verhältnis zu ihnen gewinnen, aus dem heraus wir für die Kinder und auch mit ihnen fragen: Fleiß, Leistung, Ordnung, Gehorsam wozu? Oder auch: Was ist ihr Preis?

Übrigens müßten weder Leistung noch Fleiß als solche phantasiefeindlich sein. Erst der Hang zur bloß reproduzierenden, im Grunde genommen das industrielle Herstellen imitierenden Leistung hat diesen phantasiefeindlichen Zug. Ihre Durchsetzung mit den Methoden des Wettbewerbs – vor allem durch die Vereinzelung des Schülers – und mit den Methoden der Bestrafung – vor allem durch Demütigung und Relegation – ist selber schon das Resultat einer durch Phantasielosigkeit zerstörten Pädagogik. Da hilft es denn wenig, im Sinn einiger Pädagogen plötzlich einzusehen, daß Erziehung Phantasie „braucht", und deshalb auf die phantasievolleren Stoffe oder phantasiefördernden Fächer zurückzugreifen. Entscheidend ist vielmehr, daß der Lernprozeß in jedem Fach, auch in Mathematik und Geschichte, ein entdeckender, ein fragender, ein suchender und auch ein schweifender werden darf, in dem alles Lernen wieder produktive Aneignung wird. Dazu braucht es ein Moment der Muße *im* Fleiß, das man nur zugleich mit dem Mut finden wird, den sinnlosen Ballast abzuwerfen. Zu diesem Lernen gibt es übrigens vielerorts Ansätze. Aber es ist der pädagogische Schandfleck unserer Gesellschaft, daß sie den Mut zur didaktischen Vernunft meist erst findet, wenn sie die Leistungsfähigkeit der Schüler aufgegeben hat. Oft haben die Hilfsklassen an unseren Schulen das pädagogisch höchste Niveau.

Ein in hierarchischen Strukturen verlaufender Unterricht; Lehrer, die durch das lebenslange Einerlei in ihrem Getto auch nicht phantasievoller geworden sind; Kinder, die bereits durch das Elternhaus unterdrückt und verengt sind; der Einzug des extremen Leistungszwanges in die Schule: all das könnte es verstehbar machen, daß Phantasie in der Schule und durch sie zugrunde gehen muß. – Aber

vielleicht erinnere ich damit eher an eine Pädagogik des vorigen Jahrhunderts. Denn Schule hat heute, zumindest verbal, oft auch methodisch, doch ein anderes Verhältnis zur Phantasie! Sie schließt sie nicht aus, sondern weiß um ihre Wichtigkeit und möchte sie, zuweilen auch gegen den Leistungsdruck, pflegen. Hat sie sich also von Herodes getrennt? Wird sie doch wieder zum Instrument der Emanzipation der Völker, wie dies die Pädagogen des 18. Jahrhunderts erhofft haben?
Vielleicht spiegelt das zwiespältige Verhältnis der Schule zur Phantasie nur die paradoxen Interessen wider, welche die Gesellschaft an der Phantasie nimmt. Als mobiles Produktions-System ist sie ständig auf Phantasie angewiesen als Quell der Erneuerung. Als konsumierendes Verschleiß-System braucht sie Phantasie als permanentes Stimulans und das Phantastische als Glücksersatz. Im ersten Fall bemächtigt sie sich der rudimentären Phantasie, setzt sie unter fremde Zwecke und macht sie ihnen dienstbar. Im zweiten Fall versetzt sie Phantasie in die Rolle der Konsumentin, hält sie als genüßliche und genießende am Leben und macht sie zum verschlingenden Magneten jener Produkte, die sie zuvor erzeugt hat. Phantasie ist nun zugleich besinnungslos geschäftig und gefräßig, temperiert genug, um nicht als unbefriedigte gesellschaftlich aktiv zu werden. Wo sie diese Sattheit nicht hat, wartet ihr das entweder unbemerkte oder dann das goldene Getto der Kunst, in dem sie nun bis zur Unschädlichkeit als das Übermenschliche verehrt wird. So läßt sich vieles zugleich erreichen: Die Phantasie wird brauchbar, in Industrie und *als* Industrie schamlos vernutzt und verwertet, im Konsum selber ein Verwerter und im Kult ein Götze und ein Statussymbol jener Snobs, die sie zuvor erniedrigen. Vieles deutet so darauf hin, daß ihre Aufwertung nur ein neuer Anschlag gegen sie ist: die Konzilianz der Händler, die entdeckt haben, daß es nützlicher ist, sie auszubeuten als sie abzutöten.

3. Warum wird Phantasie abgetötet?

Da die Gesellschaft offenbar auf die Innovation aus der Phantasie angewiesen bleibt: Warum dann diese feindliche Zwiespältigkeit im Verhältnis zu ihr? Warum wird eher auf ihre Zerstörung, ihre Zähmung, ihre Ausbeutung gesetzt als auf ihre Kultur und ihre freie Entfaltung?

Es mag dafür verschiedene Gründe geben, die einander gegenseitig stützen: pragmatische, existentielle und politische.

Phantasievolle, ob Erwachsene oder Kinder, sind meist unbequem: kaum je zufrieden mit dem Erreichten, fordernd, über das Bestehende hinausgreifend, unstet, die Konzepte störend, kaum zum Gehorsam geeignet, wenig fähig zur Disziplin, mit einem alles in Frage stellenden anarchischen Zug. Die durchschnittliche Hausordnung verträgt vielleicht solche Menschen nicht; der häusliche Unverstand kommt mit ihnen nicht zurecht; sie sind in einer Gemeinschaft auf die Dauer einfach zu lästig.

Zudem fürchtet man sich irgendwie vor der Phantasie, und das nicht ganz zu Unrecht; denn zu ihr gehört auch das Pathopsychische und das unkontrolliert Phantastische. Und da jeder Mensch ihm in seinen Träumen begegnet und zumindest von dorther etwas über seine Abgründe weiß, möchte er sich in den Tag retten: in die scheinbare Verläßlichkeit des Rationalen und der vernünftigen Ordnung.

Vielleicht gehört in den Bereich der Phantasie überdem das Erlebnis der Angst selber. Denn wenn Angst, im Unterschied zur Furcht, nicht mehr auf etwas Bestimmtes gerichtet ist, sondern Angst ist gleichsam ins Nichts hinaus, dann ist Phantasie, im Augenblick vor der Gestaltung, eben diese Angst: die Offenheit ins Nichts hinaus, das sie freilich auszufüllen vermag.

Politisch aber möchte man sie kontrollieren, weil sie das schöpferische Potential ist, eine Gegenwelt zu entwerfen und auf sie hinzuarbeiten. Wenn es zutreffen sollte, daß Phantasie eigentlich die dem Geburtlichen adäquate Manifestation seiner selbst ist, dann wird sie im Bereich des Politischen nicht beliebige Gegenwelten entwerfen, sondern Ordnungen, in denen *jeder* Mensch das sein darf, was er von seiner Geburtlichkeit her ist: ein hervorbringendes, schaffendes Wesen, das wird, indem es sich und die Welt ver-

ändert. Diese Ordnung aber wäre die eigentlich revolutionäre, schöpferische. Vielleicht hat das jener unbekannte französische Student gemeint, als er im Mai 68 an eine Mauer schrieb: „L'Imagination au pouvoir!" – die Phantasie an die Macht.
Im Kampf zwischen Phantasie und Macht scheint die Phantasie unterliegen zu müssen. Denn die Macht hat die Strukturen, an denen Phantasie, sie mag noch so viele Einfälle haben, sich wie Wasser an den Felsen bricht. Trotzdem ist in diesem Verhältnis letztlich die Macht zur Sisyphus-Arbeit verdammt. Aus drei Gründen:
Etwas in jedem Menschen kommt nämlich bei *jedem* Herodes davon, sofern Menschen geburtliche, anfangende Wesen sind und bleiben. Und bei jedem Herodes kommen, so scheint es jedenfalls die Geschichte zu lehren, einige fast ganz davon, zwar nicht als Verschonte, aber als Ungebrochene, trotz allem. Selbst wenn indes die Macht mit solchem Raffinement vorginge, daß ihr kaum einer entwischen könnte, so würde doch auf jeden Zerstörten wieder ein Neuer, noch Unzerstörter geboren, einer, der anfänglich ist, darin ein Hervorbringender und Erzeuger – eben ein *Genius*.
Jean Paul sagt einmal: „Man kann überall geboren werden, z. B. in Bethlehem, aber nicht überall gepflegt; die Erhaltung des Genius … ist die zweite Schöpfung" (WW V, 887). Eben diese zweite Schöpfung, so scheint mir, müßte sich alle Erziehung zur Aufgabe machen.

Für die Erziehung von Kindern, die keine Angst vor dem Leben haben, brauchen wir Alte, die keine Angst vor dem Tod haben.

Erik H. Erikson: Childhood and Society. 1950

EDITH EUCKEN-ERDSIEK

Jugend im schwierigen Heute

Unsere Jugend hat es heute in mehr als einer Hinsicht so gut wie noch keine Generation vorher. Doch läßt sich mit gleichem Rechte sagen, daß sie es viel schwerer hat. Auf den ersten Blick: Wann war für eine Jugend der Tisch des Lebens je so reich gedeckt? Wann gab es für sie so viel Freizeit? So frühe Rechte? Wann so geringen Widerstand bei der Durchsetzung eines neuen Lebensstils? Und wann eine so selbstverständliche Hinnahme ihres Aufbegehrens? Gewiß, nicht wenig davon ist fragwürdig. Manch scheinbare Wohltat erweist sich am Ende als Danaergeschenk. Schön bleibt für sie trotz allem die Eröffnung ungeahnter Horizonte und der ganzen Weite der Welt.

Demgegenüber: Diese so begünstigte Jugend, um die nicht nur die Mode wirbt, sondern der Zeitgeist selbst, auf deren Beifall es in der Politik, der Kunst, der Literatur so entscheidend ankommt, daß man fast nur noch fragt: Was kommt bei *ihr* an? – dieses Idol ist in Wahrheit ratlos, zutiefst verunsichert. Und das nicht nur, weil neuerdings die Verdüsterung der beruflichen Aussichten Anlaß zu großer Sorge gibt. Hier geht es um etwas anderes, Grundsätzliches. Die Verwöhnten sind zugleich die Überforderten. In eine schwierige Zeit gestellt, ohne sichere Wegweisung, müssen sie sich zurechtfinden, gleichsam am eigenen Schopf aus der Problematik

ziehen. Gezwungen, sich zu orientieren, wissen sie nicht, wie und woran.
Ein solches Problem gab es für die Früheren nicht. Die hatten, wie immer es ihnen im übrigen ging, von vornherein ihren festen Platz. Nicht wie die Heutigen herumgewirbelt, da und dorthin verstreut, lebten sie zumeist noch am gleichen Ort, an dem schon die Vorfahren gesessen hatten. Familie, Beruf, Sitte und Brauch, die engere Heimat und das große Vaterland: Alles war vorgegeben. Das Leben verlief in gewohnten Bahnen. Einordnung ergab sich von selbst. Sie wußten, wo sie hingehörten, und auch was sich gehörte, war für sie kein Problem. Die religiöse Überlieferung, die Normen des Zusammenlebens waren noch nicht in Frage gestellt. Sicherlich stand nicht alles für sie zum besten, doch sie hatten, was ihnen Halt und Maßstäbe gab: Tradition.
Für unsere Jugend ist es damit vorbei. Aus zwei Gründen, die auf verschiedenen Ebenen liegen. Der erste bedarf keiner weiteren Darlegung. Zwölf Jahre des nationalsozialistischen Regimes haben einen solchen Berg von Untaten aufgetürmt, daß die Sicht auf ganze voraufgegangene Jahrhunderte verstellt wurde. Ungeduldig, wie Jugend einmal ist, hat sie zumeist keine Lust, noch einen Blick dahinter zu werfen. Und große Ermunterung dazu erfährt sie hierzulande auch nicht. Im anderen Teil unserer zweigeteilten Nation steht dafür die kulturelle Vergangenheit hoch im Kurs, obwohl es keinen eklatanteren Gegensatz zum Geist des dortigen Systems gibt als diese Tradition. Alles in allem: die Bilanz ist traurig.
Der zweite Grund für den Traditionsverlust hat mit der heutigen deutschen Lage nichts zu tun. In allen Industrieländern hat das rasende Tempo der technischen Entwicklung den Alltag der Menschen innerhalb weniger Jahrzehnte von Grund auf verändert. Eine gar nicht sehr weit zurückliegende Vergangenheit erscheint dadurch in einem fast unwahrscheinlichen Abstand zur Gegenwart. Und das hat wieder zur Folge, daß selbst größte Schöpfungen einer tiefgreifenden Verfremdung nicht entgehen. Unter sehr anderen Verhältnissen entstanden, verleugnen sie diese Spuren nicht. Und so scheinen sie mit ihrem Wollen für das Bewußtsein der Jugend an den Fragen der Zeit vorbei ins Leere zu gehen. Ihre Zeitbedingtheit verhindert ein Interesse – ihre Zeitüberlegenheit

ragt in eine schwer erfaßbare Sphäre. Nun ist von jungen Menschen nicht ohne weiteres die Fähigkeit zu erwarten, zwischen Zeitbedingtem und zeitlos Gültigem zu unterscheiden. Schlimm ist nur, daß viele in der Jugend, eisern zur Zeitgenossenschaft entschlossen, nicht einmal ahnen, daß es so etwas wie Zeitüberlegenheit gibt.

Die Lage wird dadurch auch für Lehrer schwierig, insofern sie es noch als Aufgabe betrachten, einen Zugang zu den großen Werken der Vergangenheit zu eröffnen. Eine Verständnisbarriere ist zu überwinden, die es vorher nicht gab. In der Tat „reißt sich kein Knabe mehr stolz" von einem Mädchen, das heute, selbständig geworden, einem Beruf entgegengeht. Und kaum ein Vater wird noch im Zeitalter der Kleinfamilie „die Häupter seiner Lieben zu zählen" haben. Aber kann das der Macht Schillerscher Dichtung, ihrem hinreißenden Feuer, ihrer aufrüttelnden Kraft ernstlichen Abbruch tun? Muß man mit dem Überlebten auch das Unverzichtbare wegwerfen?

Man darf es nicht. Um so weniger als das Leben heute die jungen Menschen schon früh vor Entscheidungen stellt, denen sie auch im besten Fall nur gewachsen sein werden, wenn sie etwas besitzen, woran sie sich ausrichten können: Normen. Zu ihnen gelangt man nicht ohne Tradition. Sie hat vieles zu vermitteln: die Erfahrungen vieler Jahrhunderte, große Vorbilder, grundlegende und weiterführende Ideen.

Karl Steinbuch zitiert einmal den Kybernetiker D. M. Kay: „Es ist unmöglich, nach einer Erkennungsmarke zu segeln, die an den Bug unseres eigenen Schiffes genagelt ist." Um im Bilde zu bleiben: Das Lebensschiff der Jugend gerät schon bald in die Strudel zwischen Skylla und Charybdis. Skylla – die eine Klippe: der unser Leben immer mehr beherrschende technische Fortschritt. Charybdis – die andere: der verführerische Traum von einem neuen Menschen und einer Zukunftswelt, die nun wirklich verdiente, die beste aller Welten zu heißen. Skylla, das ist der Bereich, wo in menschenleeren Hallen die Maschinen rattern, wo lautlos anonym in immer bedrängender Mächtigkeit der Computer waltet, wo neue Entdeckungen und Erfindungen für ein stetig rascheres Tempo der Entwicklung sorgen. Hier wird in imponierender Leistung alles erarbeitet, was für die Existenz einer enorm gewachsenen Bevölkerung notwendig ist – aber erkauft mit allen Risiken und Gefahren, den ungewünschten und unabsehbaren Folgen einer rein durch Technik bestimmten Zivilisation. – Und nun Charybdis, das ist die Gegenseite, wo diese Schwächen gesehen werden, der Widerstand herausgefordert wird, wo die Anklage aber nicht, wie billig, der Kehrseite der technischen Zivilisation, sondern einem verhaßten Gesellschaftssystem gilt, wo humane Impulse sich mit unkontrollierten Emotionen mischen und das Streben nach einer von allen Nöten befreiten Menschheitszukunft sich einer nicht zu verwirklichenden Utopie verschreibt. Sirenenklänge, trügerische Verlokkungen also hier wie dort: Auf der Fortschrittsseite: die Verheißung immer größerer, immer schönerer Möglichkeiten – auf der utopischen das Versprechen einer endgültigen Lösung unserer schwierigsten Probleme. Fortschritt und Utopie – im äußersten Gegensatz dennoch der gleiche starre Blick nach vorwärts. Tradition ist nicht gefragt.

Zwischen diesen beiden Klippen muß der junge Mensch seinen Weg suchen. Zu erkennen ist, was auf der einen Seite nicht so bleiben, was auf der andern nicht zerstört werden darf. Angesichts einer so schweren Aufgabe wird es entscheidend darauf ankommen, in welch allgemeinem geistigen Klima er steht, welchen Einflüssen er unterliegt. Was für Einflüsse braucht er? Das versteht sich von selbst: aufbauende – ermutigende – positive. Und was bekommt er? In der Haupttendenz – *Negativität.*

Niemand sage, daß das eine Verleumdung sei. Es herrscht heute großer Stolz auf eine unerbittliche Negativität. Nicht nur als Ausdruck gebotener Skepsis oder als Bekundung eines vor nichts zurückschreckenden Wahrheitswillens. Negativität hat, davon abgesehen, ihre großen Vorteile. Nichts ist für die Darstellung schwieriger als das Gute, Gesunde, Normale interessant zu machen. Große Dichter haben das zwar vermocht, doch, auf solche Herausforderung an das eigene Können nicht gestimmt, verwenden die Neuerer lieber alle Anstrengung darauf, die Wirkung eines Shakespeare etwa durch ausgefallene Gags zu übertrumpfen: Tragödie als Kabarett. Gewagtes ist schon lange kein Wagnis mehr. Ein nackter Hamlet, durch einen aus dem Sarg gesprungenen Vater verprügelt, eine über das Springseil hüpfende Ophelia: Das heißt doch, die Dinge einmal von einer anderen Warte aus zu sehen – wobei wohl weniger an das Gefallen einer seriösen Zuhörerschaft als an eine stärkere Beachtung in der Presse gedacht ist. Oft entspringen die absurdesten Einfälle auch nur einem unwiderstehlichen Bedürfnis nach „Originalität".

In anderen Sparten des Kulturlebens erweist sich Negativität wiederum als materiell gewinnbringend. Skandalumwittertes, Schokkierendes zahlt sich immer aus. Kino, Massenmedien, auch manche Verleger lassen sich das nicht zweimal sagen. Grausamkeit, Perversion, Obszönität überbieten sich allmählich bis zu einem solchen Grade, daß es vielen Jungen schon anfängt, langweilig zu werden. Aber auch da, wo die Spekulation auf niedere Masseninstinkte ausscheidet, ist ein deutlicher Trend zur Negativität insoweit spürbar, als pathologische Seelenzustände, in den Mittelpunkt gerückte Randerscheinungen, ausgesucht extreme Situationen die bevorzugten Themen bilden. Hier stellt sich die Frage: Wie kommt es zu soviel Negativität?

Auch dafür gibt es zwei Erklärungen: die Hitler-Ära hat es fertiggebracht, uns den Geschmack an gesunder Normalität so weitgehend zu vergällen, daß man nach dem Anblick so viel trutziger Jungmannen, knorriger Alter, holdselig-biederer Jungfrauen von dergleichen für das ganze Leben genug hat, obwohl die „heile Welt", von den Nationalsozialisten zur Karikatur herabgewürdigt, an sich solchen Spott nicht verdient. Doch das heftig angeschlagene Pendel schlägt nun mit entsprechendem Schwung in die Gegenrichtung. Die treuherzig-verlogene Sittsamkeit hat ausgespielt. Es triumphiert die absolute Ungeniertheit.

Für das Aufkommen einer negativen Einstellung gibt es aber noch einen ideologischen Grund. Mehr und mehr hat sich die Neigung durchgesetzt, die großen Probleme unseres Lebens rein unter gesellschaftlichen Gesichtspunkten zu sehen – eine Einengung, die in ihrer ganzen Negativität offenbar gar nicht zum Bewußtsein kommt. Danach sind Herrschafts- und Produktionsverhältnisse die Faktoren, die unser Dasein im Letzten bestimmen. Es geht nur um Macht und Konflikt. Man hört marxistische Glocken läuten – auch da, wo der Standpunkt des Dogmas nicht unbedingt eingenommen wird. Gesellschaftliche Fragestellungen gleiten schon bald ins Politische ab. Erstes Gebot: Es muß alles „ganz anders" werden. Und das sicherste Mittel dazu ist die Bildungspolitik. Mit der Indoktrination der Jugend kann demzufolge nicht früh genug begonnen werden. Denn lang ist der „Marsch durch die Institutionen".

Mit das Wichtigste, was die Schule zu leisten hat, ist die Durchsetzung der „Chancengleichheit". Wichtig – könnte man fragen – für eine „neue Gesellschaft" oder wichtig in erster Linie für die Jugend? Wichtig im Sinne einer „Systemüberwindung" oder für eine Bewältigung der Daseinsprobleme, denen die Jugend sich einmal in ihrer ganzen Fülle gegenübersehen wird? Man höre dazu einen unserer einflußreichsten Pädagogen, Hartmut von Hentig: „Die ‚Lehren' der Schule sollen politisch sein. Die Kinder sollen lernen, wie sie sich gegen Systemzwänge behaupten können, gegen rohe und sanfte Gewalt ... und daß sie auch Sachzwängen sich nicht einfach ausliefern müssen." Und: „Die Schule muß dafür sorgen, daß sich der Mensch rechtzeitig die Mittel und die Bereitschaft aneignet, den politischen Kampf um seine Chancen zeitlebens zu führen."

Im Zuge solcher Auffassung liegt dann zwangsläufig die radikale Abkehr von dem, was die alte Schule zu vermitteln suchte. Fertigkeiten erhalten dabei den Vorrang, die man unschwer später erwirbt (Maschineschreiben, Autofahren). Vieles geht dafür lautlos unter, was, jung versäumt, in Zukunft kaum mehr wieder geboten wird. Die Folge: Entzug der Grundlagen, auf die ein ganzes Leben aufbauen kann.

Trübe Aspekte. Sind es die einzigen? Unwillkürlich regt sich Widerspruch gegen eine solche Trostlosigkeit. Man fühlt, daß so viel Verkehrtheit keine Aussicht auf Dauer hat. Negativität negiert am Ende sich selbst.

Aber ergibt sich schon daraus – Positivität? Leben ohne Hoffnung ist nicht möglich – am wenigsten für die Jugend. Doch woher soll Hoffnung kommen? Eine Antwort – vielleicht nicht unmittelbar einleuchtend – könnte lauten: Eben aus der Größe der Schwierigkeiten, aus dem Ernst einer Gefahr, mit der auch das Rettende wächst. Außerordentliche Probleme harren der Lösung, und Probleme – das heißt: Aufgaben. Denken wir nur an die innere Situation. Da sind die Probleme der Industriegesellschaft: die Übervölkerung, die Umweltgefährdung, die Energieversorgung – und die Probleme des Wohlstands: auf der einen Seite immer steigende

Ansprüche, auf der anderen verantwortungslose Nachgiebigkeit mit allen unseligen Folgen besonders für die junge Generation; schließlich die Probleme unserer geistigen Lage: die Schwächung der religiösen und moralischen Bindungen, der große Kahlschlag im Bereich der Werte, die Zerstörung der Tabus. Eine so ungeheure Herausforderung muß Gegenkräfte wecken, und in der Tat, schon regt es sich da und dort. Es wird nicht so schnell gehen. Es wird nicht alle ergreifen. Aber wo noch ein gesunder Kern in der Jugend lebt, ist Hoffnung erlaubt, daß Mut sich regen, daß wieder zugepackt werden wird.

Die Kraft dazu kann nur aus den Wurzeln unserer Tradition gezogen werden. Doch muß noch eines hinzukommen: Große Ziele, die innerlich bejaht, unserer Jugend voranleuchten. Eine Pflanze, die nur noch halb in den Wurzeln hängt, sucht über neue Wurzeln den nährenden Boden zu erreichen. Jede Pflanze kehrt sich zum Licht. Dem allgemeinen Lebensgesetz kann auch der junge Mensch sich nicht entziehen. Die Wendung zur Tradition kann ihn ahnen lassen, worauf es ankommt – der Blick auf die ernsten Aufgaben der Zeit zeigen, wieviel zu tun ist.

In zehn, zwanzig Jahren könnten wir es inmitten unserer europäischen Zivilisation mit einem Menschentyp zu tun bekommen, der nicht nur aus dem christlichen Lebensraum, sondern aus unserer Kultur überhaupt herausgefallen sein wird. Was das bedeutet, ist in der technisch manipulierbaren Welt jedem Einsichtigen klar. Der Prognosen haben wir seit Jahrzehnten genug. Wir haben es nicht mit Spezialproblemen der Bildungseliten zu tun. Wenn das Kind und der Jugendliche nicht mehr in Gemeinde und Kirche erfahren, daß die christliche Tradition die Basis unserer sittlichen Existenz ist, dann wird die Wüste wachsen. Wie immer der erwachsene Mensch unseres Kulturkreises schließlich zum Christentum steht, der Durchgang durch die Kirche in der Jugend kann allein ihm den Bezugspunkt und Standort, sei es in Bejahung, sei es in Verneinung, geben. Als Europäer kommen wir vom Christentum nicht los, es sei denn um den Preis unserer selbst.

Karl Korn in der Frankfurter Allgemeinen Zeitung,
Nr. 98, 13. Mai 1978, S. 25.

HEINZ-DIETRICH ORTLIEB

Klassenkampf der Generationen

oder

Wie Wohlstand eine Gesellschaft verdirbt

Um zu verstehen, weshalb ausgerechnet in den modernen Wohlstandsgesellschaften, die, verglichen mit allen anderen Gesellschaften in Geschichte und Gegenwart schon so etwas wie „klassenlose Gesellschaften“ sind, eine neue Form von Klassenkampf aller gegen alle entsteht, müssen wir uns gewisse menschliche Eigentümlichkeiten vergegenwärtigen. Wir Menschen sind durchaus nicht immer distanziert rational handelnde Wesen; vielmehr neigen wir dazu, meist in vereinfachenden gegensätzlichen und mit emotionalen Wertungen behafteten Bildern zu denken. Die emotionale Aufladung unserer Vorstellungen, d. h. unser Vorprogrammiertsein, stammt für den einzelnen und seinen Jahrgang in erster Linie aus dem, was wir persönlich unter Leiden und Freuden – häufig schon in frühester Kindheit – erlebt haben. Von dem, was wir im Laufe des Lebens aus zweiter Hand vom Hörensagen oder aus einstudiertem Wissen kennen, lassen wir meist nur das gelten, was das Sieb unserer Voreingenommenheiten passieren konnte. Daraus erklärt sich, daß die historische Erfahrung oder zunehmende Kenntnisse über den Menschen, über die wir bereits verfügen könnten, sich als weitgehend nutzlos erweisen, weil sie für einen haltbaren Fortschritt in Wirtschaft und Gesellschaft aus irrationalen Gründen nicht angewadt werden. Das macht auch die un-

terschiedliche Reaktion von verschiedenen Generationen auf gleiche Situationen verständlich.
Jahrgänge, die als Kinder den Ersten Weltkrieg, als Erwachsene die Nazizeit und den Zweiten Weltkrieg erlebt haben, verfügen über eine ganz andere Erlebniswelt, leben auf einer ganz anderen Realitätsebene als ihre Kinder und Enkelkinder, die nichts als Wohlstand gekannt haben. Reine Wohlstandskinder aber werden besonders leicht zu verschiedenen logischen Kurzschlüssen verführt:

a) Da die Entwicklung des Wohlstandes mit dem Abbau traditionalen und autoritären Verhaltens verbunden war, glaubt man, Tradition und Autorität wären beliebig abbaubar.
b) Da der Wohlstand für jeden mehr oder weniger größere Unabhängigkeit gebracht hat, verwechselt man nicht selten Ursache und Wirkung und glaubt, daß mehr Freiheit und Gleichheit auch ohne weiteres mehr Wohlstand brächten oder doch etwas, was man heute verquollen mit „mehr Lebensqualität" umschreibt.
c) Und schließlich, weil mehr Wohlstand heute auch solchen Menschen zufällt, die immer weniger leisten, erkennt man immer weniger den Zusammenhang zwischen Leistungsbereitschaft und -fähigkeit der einzelnen einerseits und der Effizienz der Gesellschaft insgesamt andererseits.

Die wachsende Abneigung gegen jede Art von Unbequemlichkeiten führt dann dazu, daß unser System immer unbeweglicher wird und sich unsere Wirtschaft und Gesellschaft immer schwerer an veränderte Existenzbedingungen anzupassen vermögen.
José Ortega y Gasset zielte wohl ebenfalls auf die unterschiedlichen Wirklichkeitsebenen der Generationen, als er schrieb: „Die Generation ist mit der Struktur des menschlichen Lebens in einem bestimmten Augenblick identisch. Man kann nicht versuchen zu erfahren, was wirklich in diesem oder jenem Zeitpunkt geschah, wenn man nicht vorher feststellt, welcher Generation dieses geschah, d. h., innerhalb welcher Formen menschlicher Existenz es sich ereignete. Ein und dasselbe Ereignis, das zwei verschiedenen Generationen zustößt, stellt eine ganz verschiedene vitale und deshalb historische Tatsache dar" (Das Wesen gesellschaftlicher Krisen. In: Signale unserer Zeit, Stuttgart – Salzburg o.J.).

Nun ist es sicher nicht bloß das „Nichts-als-Wohlstandserlebnis" der jüngeren Generation gewesen, welches die heute vorherrschenden problematisch einseitigen Wirklichkeitsvorstellungen geprägt hat. Sicherlich noch bedeutsamer war die Reaktion der älteren Generation auf den wachsenden Wohlstand. Der bekannte amerikanische Diplomat und Historiker G. F. Kennan hat aus Anlaß der Jugendrevolte in den USA einmal geschrieben: Der junge Intellektuelle von heute „ist das getreue, aber – wie der Schatten an der Wand – ins Überdimensionale gesteigerte Abbild der Verwirrungen und Schwächen seiner Eltern, Lehrer, Arbeitgeber, Meinungsmacher und politischen Führer" (Rebellen ohne Programm, Stuttgart 1968).

Jede Generation hat als Teenager oder Twen ihre Entwicklungs- und Anpassungsprobleme. Besonders bei Intellektuellen kann es dabei leicht zu Entwicklungsneurosen kommen. Das gilt besonders für hochdifferenzierte Gesellschaften, in denen während einer langen (vielleicht unnötig langen) Ausbildungszeit das Umwelterlebnis fast ausschließlich aus zweiter Hand stammt. Junge Menschen reifen aber vor allem dadurch, daß sie selbst praktische Verantwortung tragen und sich dabei an Vorbildern orientieren können. Die gemeinsame Überwindung von Notsituationen bindet die Menschen aneinander, zwingt die Eltern, erkennbares Vorbild zu geben, und die Kinder, in Gestalt von Verzicht und Leistung an der Situationsbewältigung teilzunehmen. Vom Wohlstand absorbierte Eltern verhalten sich anders.

Je weniger sie selbst noch Vorbild sein können oder sich um die Entwicklungsprobleme ihrer Kinder kümmern mögen, desto mehr pflegen sie aus bösem Gewissen diese viel zu früh, übertrieben und ohne Gegenleistung an ihrem Wohlstand zu beteiligen. Noch schlimmer ist es, wenn Eltern aus einer Überbewertung der Jugend und aus einer Mißdeutung von Selbstverwirklichung am liebsten selbst noch Teenager sein und keinerlei Verantwortung tragen möchten. Und selbst wer von den Eltern noch seine Pflichten ernst nimmt, kann am schlechten Beispiel der Umwelt mit seinen Kindern Schiffbruch erleiden. Diese Gefahr muß sich unvermeidlich vergrößern, wenn junge Menschen schon mit 18 Jahren für mündig erklärt werden, *ohne* daß sie damit auch schon alle Verantwortung für sich selbst übernehmen müssen und können, und wenn Gesetzgebung und Rechtsprechung die Eltern sogar zwingen, unverantwortliches Handeln der Kinder zu finanzieren.

Gleichzeitig finden junge Menschen bei ihren Eltern und Lehrern heute immer weniger eine zeitgemäße Orientierungshilfe; sei es, daß man in Schule und Elternhaus dem verwirrenden Wandlungstempo der Umwelt selbst nicht mehr zu folgen vermag; sei es, daß man unter nachhaltig wirksamen Zeiterlebnissen, etwa der eigenen nazistischen oder antinazistischen Vergangenheit, für vieles blind oder scheelsehend geworden ist – was unbefangenen jungen Menschen auffallen muß. (Übrigens nach dem Ausbruch der Jugend- und Intellektuellenrevolte unter den von ihr angerichteten Verwirrungen noch mehr als je zuvor.)

So mußten Schule und Elternhaus schnell die Autorität verlieren, die der junge Mensch zum Erwachsenwerden heute mehr denn je braucht. Er benötigt sie, um mit den so verwirrend vielfältigen und widerspruchsvollen Erscheinungen, in denen er die Umwelt überwiegend aus zweiter Hand erlebt, fertig zu werden. Die emotional bestimmten Vereinfachungen, zu denen er dann seine Zuflucht nimmt, müssen unvermeidlich mehr von kritisch abwertender als von anerkennender oder überhöhender Natur sein.

Auf diese Weise ist in der Jugend ein kontaktarmer, aber gleichzeitig kontakthungriger Typus vorherrschend geworden, der – egozentrisch, geltungsbedürftig und verwöhnt – nie gefordert worden war. Er hat zu seinem Playboy-Dasein ein ambivalentes, wenn nicht gar feindliches Verhältnis, kann sich jedoch ohne emotionalisierende Anlässe nur schwer zu Aktivitäten aufraffen. Es ist leicht zu begreifen, daß dieser Typ – sei es in der Ausbildung oder in der Berufstätigkeit – systematische Arbeit und disziplinierte Pflichterfüllung, die bald zur Routine werden, ablehnt und sich nur dann zu Anstrengungen aufzuschwingen bereit ist, wenn es um die emotionalisierende Kritik oder Umwälzung des Bestehenden durch besondere Aktionen geht.

Dieser Typus stellt zwar nur eine Minderheit dar, doch mußte er schon darum tonangebend werden, weil die fehlerhafte Reaktion des Establishments, wie der älteren Generation überhaupt, auf die Jugendrevolte die Berechtigung der rebellischen Haltung zu bestätigen schien.

Die Motive für die hilflose Verwirrtheit in der Reaktion der älteren

Generation sind vielfältig. Motivationen sind fast immer komplexer Natur. Hier seien nur die wichtigsten erwähnt. Da sind zunächst die „sentimentalen Alten" zu nennen, die in Erinnerung an die eigene vermeintlich goldene Jugend Familienkonflikte um jeden Preis vermeiden wollen und die Kinder idealisieren. Sie halten Unverdorbenheit und an hohen Idealen sich orientierende Einsatzfreudigkeit für selbstverständliche Eigenschaften junger Leute. Jedoch: selbst der Nationalsozialismus hätte ohne ehrenhafte Motive und dementsprechende Opferbereitschaft vieler seiner jungen Anhänger nichts in der Weltgeschichte bewegen können. Und weil er so großes Unheil anrichtete, sind wir heute in billiger Schwarzweißmalerei bereit, seine Anhänger schlechthin als Bösewichte anzusehen. Den umgekehrten Fehlschluß machen viele im Hinblick auf unsere heutigen Revoluzzer. Weil deren Motive für höchst ehrenwert gehalten werden, glaubt trotz der Erfahrungen mit dem Terrorismus immer noch mancher, daß auch ihre Aktionen zu einem positiven Ende führen müssen.
Mit jenem sentimentalen Wunschdenken der Alten verbindet sich paradoxerweise häufig der zeitgemäße Glaube an die Wunderwirkung sozialer Disharmonien und Konflikte. Am gefährlichsten erweisen sich aber jene Opportunisten, die für ihren Verband und ihre persönliche Karriere Vorteile erhoffen, wenn sie den intellektuellen Wortführern eines angeblichen Progressivismus zustimmen. Dazu gehören viele Politiker und Pastoren, aber auch andere Verbandsheilige, deren Hauptsorge darin besteht, nicht für geistig rückständig gehalten zu werden.
Der Hauptfehler, der bisher bei der Reaktion auf die antiautoritären und pseudorevolutionären Aktionen gemacht worden ist, besteht aber darin, daß die Begründung dieser Aktion bis heute viel zu oft ernst genommen und nicht in erster Linie als *Vorwand* für etwas ganz anderes erkannt wurde. Von Anfang an hätte auffallen müssen, daß sich hier eine Pseudorevolution von fast ausschließlich aus Intellektuellen bestehenden Kreisen zu Worte meldete, deren Anklagen nicht eigentlich die soziale Lage der breiten Massen, sondern die seelischen Nöte der Intellektuellen selbst zum Gegenstand hatten. Mit anderen Worten: das Gesellschaftsbild, das dieser „Revolution" zugrunde lag, entsprang ausschließlich der persönlichen Erlebniswelt ihrer Wortführer, die mit ihrer eigenen

„papiernen" Existenz nicht fertig wurden. Es fand die beste Resonanz bei Jugendlichen, die, allzu alleingelassen, „wie herrenlos herumlaufende Hunde" (Schumpeter) nach neuer Orientierung und neuen Autoritäten suchten, um nun die eigenen vorgefaßten Meinungen nicht widerlegt, sondern bestätigt und begründet zu bekommen. Damit kam mit der aus Erlebnisunterschieden stammenden Verschärfung der Generationsgegensätze auch die Gegensätzlichkeit psychologischer Typen in unserem Gesellschaftsleben verstärkt zur Wirkung.

Schon immer ist die Gegensätzlichkeit des spekulativen Ideologen zum empirisch urteilenden Pragmatiker oder des Gesinnungsethikers zum Verantwortungsethiker in allen Gruppen mehr oder weniger von Bedeutung gewesen. Nun sind Gesinnungsethiker und Ideologen eher eine Jugenderscheinung, Pragmatiker und Verantwortungsethiker hingegen mehr unter älteren Menschen zu finden. *Beide* Typen können entarten: der Ideologe zum neurotischen Gesinnungsfanatiker, der Pragmatiker zum korrupten Opportunisten. Im Gesellschaftsleben pflegt die eine Entartung die andere provokatorisch zu fördern. Ganz schlimm wird es, wenn der Opportunist entdeckt, daß er im Pelz des fanatischen Ideologen am besten reüssiert, wie wir es im letzten Jahrzehnt häufig genug erlebt haben.

So war es wohl unvermeidlich, daß der korrumpierenden Wirkung des Wohlstandes die Jugendrevolte folgte und daß anarchistisch und nihilistisch gesonnene Intellektuelle diese Revolte dazu benutzen konnten, ihre geistigen Führungs- und politischen Herrschaftsansprüche mit Hilfe des „Lautverstärkers" Jugend zur Geltung zu bringen. Dabei gelang es ihnen, einen Teil der jungen Jahrgänge in ihrer Rebellionsphase zu fixieren und ihnen das moralische Alibi für terroristische Handlungen zu liefern. Waren der Wunsch, sich an der eigenen Familie zu rächen, und die Abneigung gegen die Langeweile eines spießbürgerlichen Lebens stark genug, reichten physischer Mut und Belastbarkeit aus, um an einem abenteuerlichen Leben des Jagens und Gejagtwerdens Gefallen zu finden. Und war erst einmal der Rubikon der ersten schweren Untat überschritten, dann ließ der Terrorist nicht mehr lange auf sich warten. Er bedurfte der Rechtfertigung durch seine Mentoren um so dringender, je weniger für ihn eine Umkehr noch möglich war.

Ob nun geistiger Wegbereiter oder Praktiker des Terrors, für solche ideologischen Adepten der Macht, die meist über eine Proselyten machende Palawer-Intelligenz verfügen, erweist sich Wahrheit nicht aus dem gelungenen Werk und der Bestätigung durch praktischen Erfolg, sondern schon daraus, daß sie in der theoretischen Diskussion die Überlegenen sind. In die sich dabei ergebende Gefahr, die Wirklichkeit falsch zu interpretieren, geraten besonders „jugendliche" Gemüter *aller* Altersklassen, die über zu geringe oder einseitige Erfahrungen verfügen – vor allem, wenn sie sich einreden, gerade ihnen, der „frei schwebenden Intelligenz", gebühre es, eine bessere Welt zu schaffen. So wird bei ihnen ein Sendungsbewußtsein gefördert, das sie nicht veranlaßt, sich der schwierigen Faßbarkeit der modernen Welt bewußt, nun mit Intensität und Ausdauer Wissen und Erfahrung zu sammeln und mit Bedacht an jenes mühevolle Vorhaben zu gehen, sondern sie glauben macht, noch in den vagesten Vorstellungen befangen, sofort mit Aktionen beginnen zu müssen.

Diese Leute, bei denen die Entwicklungsneurose sich zur Charakterneurose festigt, von denen also viele in eine pubertäre Dauerphase geraten, projizieren ihre persönlichen Schwierigkeiten in die Gesellschaft, um sich wegen ihrer eigenen Neurose vor sich und der Welt zu rechtfertigen und aus dem daraus gewonnenen missionarischen Auftrag die bisher so sehr vermißte Selbstbestätigung erlangen zu können. Die Unvermeidlichkeiten und Unzulänglichkeiten der Welt werden dann von ihnen meist als Krankheiten ausschließlich unserer Gesellschaft mißdeutet; ihre eigenen Neigungen preisen sie hingegen als eine neue Form der Gesundheit an und machen sie nicht selten sogar zum Leitbild des sozialen Fortschritts.

Nicht der gesunde, kontaktfähige, sich konstruktiv-kritisch für seine Mitmenschen einsetzende, um sachliche Information, Wahrhaftigkeit und Kooperation bemühte Mensch, der seine soziale Funktion in erster Linie an dem Platz sucht und erfüllt, wo er beruflich steht und persönliche Verantwortung trägt, sondern das sich selbst krankmachende Individuum, das sich der Gesellschaft und seinem Nächsten verweigert, ist die Figur, für die zunehmend anerkennende Beachtung verlangt wird.

Da dieses Ansinnen mit dem Hinweis begründet wird, die gesell-

schaftlichen Verhältnisse seien an allem schuld, ist Asozialität stets „entschuldigt". Das erlaubt aber Gruppen und Individuen einen umweltfeindlichen Rückzug auf sich selbst, der die beklagten Verhältnisse häufig selbst verursacht, immer verschlimmert und ihre Besserung auf jeden Fall unmöglich macht.
Auch die neomarxistische Wiedergeburt alter Klassenkampftheorien hat nichts mit einer angeblichen Wirklichkeitsnähe oder rationalen Überzeugungskraft zu tun. Sie erhält vielmehr Auftrieb aus ihrer auf Wunschdenken ausgerichteten irrationalen Anziehungskraft, die solche Ideologien heute auf die gleichgestimmte Haltung vieler junger und älterer Intellektueller auszuüben vermögen. Die totale Pauschalablehnung der „bürgerlichen Gesellschaft", die Behauptung, daß dieses System seinen Leistungsbeitrag erfüllt habe und daß man nun unter Beseitigung des Privateigentums und der Leistungsverpflichtung für den einzelnen an die Verteilung der Früchte gehen könnte, daß die Zeit der Selbstbestimmung aller durch alle gekommen sei, die Überzeugung, daß dies wissenschaftlich beweisbar sei, wenn auch nicht durch eine Wissenschaft, wie sie die bürgerliche Gesellschaft verstehe, sondern eben durch eine marxistische – dies alles entspricht nicht nur pubertären Emanzipationsansprüchen junger Menschen. Es weckt auch unrealistische Freiheits- und Bequemlichkeitsvorstellungen sowie den Neid immer anspruchsvollerer Wohlstandsbürger. Als neues „Opium des Volkes" ist eine solche Gesinnung überaus geeignet, von linksintellektuellen Verführern machtpolitisch mißbraucht zu werden.
So entwickelt sich eine steigende Tendenz zur Libertinage und Permissivität. Sie bringt immer mehr eine lebenswichtige Grunderkenntnis zum Verschwinden, die für *alle* Gesellschaften gilt: daß nämlich den Ansprüchen, welche die einzelnen Mitglieder einer Gesellschaft auf Freiheit, Gleichheit, Wohlstand und auf „Glück durch Genußmaximierung" erheben, nicht auf Kosten der Erfüllung ihrer gesellschaftlichen Funktionen stattgegeben werden darf. Das heißt, daß die *Rechte* des einzelnen nicht von seinen *Pflichten* losgelöst werden dürfen.
Man ist dann auch nicht mehr fähig zu erkennen, daß es für die dauerhafte Existenz einer Gesellschaft weniger gefährlich ist, wenn diejenigen, die ihre Funktionen erfüllen, mehr erhalten, als ihnen vielleicht zustände, als wenn diejenigen, die nichts oder fast nichts

leisten wollen und können oder sogar das Funktionieren und den Zusammenhalt des ganzen zu unterminieren suchen, keinerlei Einbuße erleiden dürfen. Geht diese Einsicht verloren, so muß der gesellschaftliche Fortschritt in Rückschritt umschlagen, weil dann an die Stelle der Ausbeutung von oben die Vorherrschaft des Neides von unten und die Ausbeutung aller durch alle und vor allem die Ausbeutung der Leistungsfähigen und -willigen durch die Leistungsunfähigen und -unwilligen tritt.

Wir haben in dem verständlichen Bemühen, unseren Kindern das Leben so angenehm wie möglich zu machen, nicht daran gedacht, daß sie irgendwie auch einer spielerisch eingeübten Abhärtung gegen die Furcht bedürfen, die sie vor einer lebensgefährlichen Überforderung durch die Angst bewahren soll.

Peter R. Hofstätter (1978)

WOLFGANG STRAUSS

Väter und Söhne

Ein Versuch über den terroristischen Generationenkonflikt am Beispiel Rußland

Fünf Jahre alt war der spätere Zar Nikolaus I., als Offiziere der kaiserlichen Leibgarde in der Nacht vom 11. auf den 12. März 1801 seinen Vater im Michaelspalast erdrosselten – mit Wissen des ältesten Bruders und Thronfolgers Alexander. Der Vatermord und das Attentat vierundzwanzig Jahre später, am 14. Dezember 1825, auf dem Senatsplatz von St. Petersburg – abermals von Gardeoffizieren inszeniert, Abkömmlingen der ältesten Adelsgeschlechter Rußlands –, erwiesen sich als düstere Schlüsselerlebnisse in der Entwicklung jenes Monarchen, der als „Gendarm Europas" in die Geschichte einging, als Schöpfer des modernen „Polizeiregimes" (Günther Stökl), als Befehlshaber der „mächtigsten Polizei der Welt" und als „größter weltlicher Potentat" (Edward Crankshaw). Den frühen Verlust des ebenso tyrannischen wie unglücklichen Vaters, dessen Haupterbe in der Errichtung eines ganz Rußland umschlingenden Gefängnisses bestanden hatte, konnte der junge Nikolaus nie vergessen, wenngleich dynastische Morde in der Tradition Rußlands nichts Außergewöhnliches darstellten.

Die Gesellschaft – wie ein Regiment auf dem Paradeplatz

Im Schatten des Vatermordes verbrachte Nikolaus (in dessen Adern wie bei allen Romanows der letzten 150 Jahre mehr deutsches als russisches Blut rollte) seine glücklose Kindheit. Das Imperium, aufgebaut nach den militärischen Regeln des Befehlens und Gehorchens, formte und deformierte den blutjungen Zarensproß, der folgerichtig seinen Staat mit einer Kaserne oder Kadettenanstalt gleichsetzte. Rußland – ein gigantischer Exerzierplatz. Die eigene seelische Vergewaltigung gebar die Lust an der Vergewaltigung anderer. 1812, als Rußland von der Invasion des Korsen erschüttert wurde, trat er in die Armee ein; zum Fronteinsatz kam der Sechzehnjährige nicht – man konnte doch nicht kaiserliches Blut auf dem Schlachtfeld der Bauernsoldaten opfern.
Mit 22 befehligte Nikolaus als Generalinspekteur die Pioniertruppe des Reiches. Sein erster Tagesbefehl begann mit den Worten: „Die geringste Mißachtung der Vorschriften wird mit aller Härte des Gesetzes bestraft: es gibt kein Pardon.“ Sieben Jahre später wiederholte der Autokrat, nun als Nachfolger des älteren Bruders auf dem Zarenthron, die Kernthese seines Herrschaftsprinzips: „Ich kann nicht dulden, daß jemand es wagt, sich meinen Wünschen zu widersetzen, sobald er diese kennt.“
Nikolaus verkörperte den Absolutismus in seiner grausamsten Form. Auf der Suche nach einem Spiegelbild totaler Ordnung und Symmetrie, fand er dieses beim Anblick seiner bis zur Perfektion gedrillten Leibregimenter auf dem Paradeplatz. „Er kannte jeden Knopf, jeden Faden der Goldlitzen auf jeder Uniform (viele hatte er selbst entworfen)“, schreibt Crankshaw. Seine ästhetische Befriedigung empfand der Zar auf dem Exerzierfeld. „Die Armee mit ihrer starren Befehlsfolge und ihrem absoluten Gehorsam war nicht nur der sichtbare Ausdruck dieser Harmonie; sie war auch das Vorbild, dem die bürgerliche Gesellschaft nacheifern sollte.“[1]
Über den Kindheitsschock hat Nikolaus sich öffentlich nie geäußert, doch unterliegt es keinem Zweifel, daß die Wunde nie vernarben konnte. Der Unglückliche erbte mehr als nur neurotisches Leid und das halluzinatorische Wissen um ein Verbrechen durch die Hand adliger Freunde. Nikolaus verhängnisvollste Erbschaft bestand in der Brutalität und im Größenwahn des Ermordeten.

Zu einem Straflager hatte Paul I. während seiner kurzen Regierungszeit Rußland gemacht, zu einem Zuchthaus, in dem er, der gebürtige Holsteiner, keine Ausländer duldete, keine Gedankenfreiheit. Ein Kasernenhofreglement ersetzte Treue, Anhänglichkeit, Pflichtbewußtsein. Minister, Generäle und Adlige behandelte Paul wie Leibeigene, und der materiellen Knechtschaft der Bauern fügte er noch grenzenlose seelische Demütigung hinzu. Das Vieh genoß mehr Freiheit als der Viehhüter. Bücherverbrennungen waren unter Paul I. an der Tagesordnung.

Der Sohn veränderte vieles, was Vater und Bruder hinterlassen hatten. Doch es war eine Veränderung zum Bösen, im Sinne einer Perfektionierung der Knechtschaft. „Tote Seelen", zu Tode gedemütigte Seelen, Lakaienseelen wünschte dieser Neurotiker um sich zu sehen – nur keine lebenden Seelen, erfüllt von Gewissen, Mut, Liebe, Verehrung. Am Ende seiner Regierungszeit bekannte solch ein Speichellecker, der Unterrichtsminister Fürst Schirinskij-Schichmatow, voll Stolz: „Sie sollten wissen, daß ich weder einen eigenen Verstand noch einen eigenen Willen besitze. Ich bin lediglich ein blindes Werkzeug des Zarenwillens."[2] Ein Ausspruch, der Unsterblichkeit erlangte – in Stalins Finsternis feierte er Auferstehung.

Der Zar wollte Gott spielen

Skrupellose, Schurken, Bürokraten, Schinderseelen wie Benckendorff, von Vock, General Dubbelt dirigierten die berüchtigte „Dritte Sektion" der kaiserlichen Privatkanzlei, die erste politische Geheimpolizei Rußlands, das Urmodell für die bolschewistischen Schöpfungen Tscheka, GPU, NKWD, MWD, KGB. Überzogen wurde das Moskowiterreich mit einem Netz von Informanten, Denunzianten, Henkern, Folterexperten, Verhörspezialisten. Die Psychologie der Verfolgungstechniker war die gleiche wie im Rußland von heute.

Im Gendarmeriekorps der Exekutive der Dritten Sektion erstanden die ersten Sicherheitsstreitkräfte Europas, auch ein Vorbild für jene Diktatoren, die der zusammengebrochenen Monarchie folgten. Dieses Inquisitionsinstrument war ein Spiegelbild der kranken Seele des Monarchen, eines unheilbrütenden Komplexes von Todesangst und Lebensangst, Sadismus und Byzantinismus, Selbstmitleid, Dummheit, Arroganz, Machtbesessenheit, Irrsinn, Unsicherheit, Verfolgungswahn, Mangel an Selbstachtung. Es war dieser Nikolaus, der 1849 das grausige Drama mit den verurteilten Petraschewzen inszenieren ließ, als der junge Dostojewskij und seine Freunde mit verbundenen Augen vor die Gewehrläufe gestellt wurden. Der Sadist auf dem Kaiserthron hatte die Verschwörer längst begnadigt. Der Zar wollte nur Gott spielen.

Durch Gewalt die Schuld der Väter sühnen

Thronloyalen Familien entstammten oft die Todfeinde des Zarenthrons. Was Söhne und Töchter des Adels in die dunkle Gasse der Verschwörung trieb, war das abstoßende Beispiel der Väter (und vielleicht das christliche Gefühl für Schuld und Sühne). Aus dem Haß gegen gewissenlose Väter – bestechlich, grausam, kriecherisch – kroch der Haß gegen eine Ordnung, die solche Stützen brauchte. Oberst Pawel Pestel, Seele und Motor des Dekabristenaufstandes, ein russischer Jakobiner mit deutscher Schulbildung (Puschkin 1821: „Einer der originellsten Köpfe, die ich kenne, ein Weiser in der vollsten Bedeutung des Wortes"), kam aus einer verrufenen Familie; verrufen, weil sein Vater, General Pestel, als Gouverneur von Westsibirien den Autokraten in Petersburg an Bösartigkeit, Arroganz, Gnadenlosigkeit noch übertraf, berüchtigter und systematischer als alle Provinzunterdrücker und Bauernausplünderer seiner Zeit. Aus Adelshäusern, die sich ihren Dorfuntertanen gegenüber nicht gerade durch Menschlichkeit auszeichneten, stammte eine Vielzahl der Dekabristenanführer – Fürst Sergej Trubetzkoj, Fürst Eugen Obolenskij, Alexander Jakubowitsch, Oberst Bulatow, die beiden Apostol Burajew[3].

Rußlands genialster Publizist des 19. Jahrhunderts und Vater der sozialliberalen Ideenkoalition, Alexander Herzen (1812–1870), war der Sohn eines mit dem Zarenhaus verwandten reichen Adeligen, verheiratet mit einer Deutschen. Die Ehe wurde von der orthodoxen Kirche nie legalisiert. Der berühmte Sproß dieser „Her-

zensverbindung“ verzichtete auf seinen russischen Familiennamen und wählte den deutschen Symbolnamen[4].
Selbsthaß, der in Vernichtungswillen und revolutionäre Askese umschlug, mögen im psychischen Untergrund als Triebfeder – oder als auslösendes Moment – bei Michail Bakunin und Sophia Perowskaja eine nicht unerhebliche Rolle gespielt haben. Der junge Aristokrat und Offizier Bakunin, der als Übersetzer Fichtes, Linkshegelianer und Bewunderer Marxens seine Laufbahn begann und als Erzvater des nihilistischen Anarchismus und Widersacher des Jugendidols Weltberühmtheit erlangte – die Wiege dieses Barrikadenabenteurers stand 1814 in einem Adelsnest bei Twer, dem späteren Kalinin.

Terroristin mit roten Bäckchen und blauen Augen

Die Chefattentäterin in der Alexander II.-Ära (die Ermordung des Monarchen am 1. März 1881 war ihr Werk) – eine Generalstochter. Sophia Perowskaja (1854–1881), das Urbild der modernen Terroristin, Mitglied des Exekutivkomitees des Volkstümlerbundes „Narodnaja Wolja“ (Volkswille), war die Nachfahrin von Zarengünstlingen aus einer uralten Adelsfamilie. Graf Leo Perowski, ihr Vater, residierte bis 1866 als Generalgouverneur von Petersburg, ein Produkt des degenerierenden Beamtenadels: Alkoholiker und Hasardeur, dem Glücksspiel verfallen, von geistiger Beschränktheit, faul und korrupt, ein Rohling gegenüber der sanftmütigen Gattin und den Kindern. Sophias Urgroßvater, Graf Kyrill Rasumowskij, war Feldmarschall gewesen, ihr Großvater hatte auf der Krim geherrscht, natürlich auch als Generalgouverneur. In dieser mit Haß, Brutalität, Verstellung aufgeladenen Atmosphäre wuchs Sophia heran, beseelt von einem Drang: zu rächen. Schuld und Sühne abzugleichen. Durch die Tat, die direkte Aktion, mit Bombe und Revolver. „Klein und zart, fast wie eine Puppe, mit strohblondem Haar, roten Bäckchen und hellblauen Augen, war sie eine Revolutionärin bis auf die Knochen. Sophie haßte und verachtete das ganze gesellschaftliche und militaristische Milieu, in das sie hineingeboren worden war. Sie haßte ihren tyrannisierenden Vater“ (Edward Crankshaw).

27 Jahre alt war Sophia Perowskaja, als sie starb. Als „gemeine Kriminelle" öffentlich gehängt am 4. April 1881 in Petersburg. Die erste Frau, die im untergehenden alten Rußland als „Staatsverbrecherin" exekutiert wurde. Etwa 80000 Gaffer zählte man. Die Verschwörer – der jüngste war 18 Jahre alt – hatten einen qualvollen Tod. Die Schlingen rissen oder glitten ab. „Es gab keine Falltür, nur Hocker, die man wegstoßen mußte, und die Hocker waren zu niedrig für einen schnellen Tod… Bei allen dauerte es einige Minuten, bis sie tot waren. Noch immer hatte Rußland nicht einmal gelernt, wie man henkt" (Crankshaw).
1871 hatte ein anderer Systemzerstörer aus fürstlichem Elternhaus die Perowskaja kennengelernt: Peter Kropotkin. Der Jungaristokrat gehörte zu jenen Leidenschaftlichen im „verrückten Sommer" 1873, die Herzens Ruf „Geht ins Volk" befolgten und einen gewaltlosen Massenaufbruch in die Dörfer inszenierten: Narodniki der ersten Stunde. Begründer und Chefideologe des Bauernanarchismus unter dem schwarzen Banner wurde Fürst Peter Kropotkin.

„Gott ist tot", sagten Popensöhne

Der Organisator der „Gesellschaft für Volksjustiz", Freund und Jünger Bakunins, Sergei Netschajew, war der Sohn eines Priesters, was ihn nicht daran hinderte, der Kirche, Gott, allen Heiligen und Popen den heiligen Krieg der Atheisten zu erklären[5]. Popensöhne waren N. G. Tschernischewskij (1828–1889) und N. A. Dobroljubow (1836–1861), Hauptfiguren der geistigen Nihilistenszene, leidenschaftlich politisierende Literaten („Schreibtischtäter" würde man heute sagen), die für ihre Überzeugung in Gefängnisse und Verbannung wanderten – und dort zerbrachen. Die ersten weltanschaulichen Materialisten Rußlands, gelehrige Schüler der Deutschen Ludwig Büchner und Ludwig Feuerbach – eingeschreint als Vorkämpfer, Märtyrer, als Säulenheilige im Pantheon und Parnaß bolschewistischer Geschichtsdeutung. Ihr Mitkämpfer D. I. Pissarew (1840–1868), nach Strafverbüßung auf mysteriöse Weise ertrunken, hatte Aristokratenblut in den Adern.
Boris Sawinkow (1879–1925), bekannt geworden unter dem

Schriftstellerpseudonym V. Ropschin, einer der schillerndsten Akteure im Terroristendrama während der Regierungszeit des letzten Romanowzaren, Kaderfunktionär der Sozialrevolutionären Partei, zwischen 1903 und 1905 persönlich beteiligt an Sprengstoffanschlägen gegen Minister, Senatoren, Generalgouverneure, entstammte einer privilegierten Familie der Großbourgeoisie; der Vater des Attentäters war Staatsanwalt Seiner Majestät des Kaisers. Sawinkow – politischer Fanatiker, talentierter Dichter, philosophischer Zyniker – beschrieb sein Desperadoleben in der immer noch lesenswerten Autobiographie „Erinnerungen eines Terroristen" (dt. 1919) und im Psychothriller „Kon blednyj" (Das fahle Pferd, dt. 1909). Während der Februarrevolution im Regime Kerenski eine Schlüsselperson, beschloß dieser romantische Terrorist sein Leben wie in einem Roman: der glühende Bolschewikenhasser kehrte 1924 illegal aus dem Exil zurück, um eine Widerstandsorganisation aufzubauen, wurde gefaßt, von der GPU gefoltert, zum Tode verurteilt, zu zehn Jahren Haft begnadigt, aus einem Fenster der Lubjanka gestoßen – hinterhältig ermordet, wie Solschenizyn bezeugt[6].

„Die Brüder Karamasow" – ein Spiegelbild

„Väter und Söhne": der Titel des berühmten Romans von Iwan Turgenjew (1862) kennzeichnet ein Leitthema russischer Geschichte der letzten zweihundert Jahre. Turgenjews Romanfigur des Basarow, der literarische Urtyp des Nihilisten, wurde zum Schreckgespenst oder zum Idol nachgeborener Generationen, bis auf unsere Tage. Der Realist Turgenjew, ein begüterter Landadeliger, wollte mehr zum Ausdruck bringen: den untergründigen, erbarmungslos geführten kalten Krieg zwischen Vätern und Söhnen. Er schildert den Aufstand der Söhne gegen die Väter, die Absage der Söhne an die Väter, die Loslösung und Trennung für immer – die unüberbrückbare Kluft zwischen Vätern und Söhnen, die zwei ganz verschiedene Lebensprinzipien verkörpern. Die Mutigsten einer Generation, von hoher Bildung und überschäumendem Idealismus, zerrissen das Band zu ihren Vätern. Eine vaterlose Generation, die es so sein wollte, bewußt, um zu sich selbst und den Weg in die vermeintlich bessere Zukunft zu finden. Sämtliche Eruptionen in der russischen Gesellschaft seit 1812, seien sie geistiger, sozialer oder politischer Natur, entstanden aus diesem Ur-Konflikt, im Schoß einer „vergangenheitslosen" Generation. Die Abkehr von den Generationen der Eltern bedeutete automatisch die Nichtanerkennung einer Identität, die von den Eltern herstammte.

Der Verlust dieser Identität wurde als Akt der Befreiung empfunden. Die Trennung trug absoluten Charakter. Die russischen Revolutionen, ob im kulturellen oder sozialen Bereich, waren das Werk von Elternlosen, von „idealistischen" Vatermördern. Sie alle, die bizarren, so widerspruchsvollen Umstürzler des 19. Jahrhunderts – Pestel, die Perowskaja, Bakunin, Tschernischewskij –, waren sich einig nicht nur im Ziel der Schaffung einer neuen Gesellschaftsordnung; es beseelte sie stärker noch der prometheische Wille zur Schaffung eines anderen, eines „neuen" Menschen. Nichts sollte an die Vergangenheit der Väter erinnern; man mußte diese überwinden und auslöschen. Nicht nur geistig, sondern auch physisch. Schrecklich werde die russische Revolution sein, prophezeite der Verbannte Bakunin in einem Brief an Herzen 1860. „Sie wird vielleicht lebendige Leute hervorbringen, die Mehrzahl der jetzt bekannten Leute aber ist nur des Beiles würdig." Nicht eine Konstitution, nicht ein Parlament käme für Rußland in Frage, „sondern eine eiserne Diktatur"[7].

Dostojewskijs „Brüder Karamasow" spiegeln diese fundamentale Auseinandersetzung wider; jeder der drei Brüder – der stille Heilige, der eiskalte Nihilist, der nach Leben und Glück gierende Zyniker – verdammt auf seine Weise das Gestern, verkörpert im Vater.

Die Entsittlichung des Volkes beginnt bei der Generationsentfremdung, im Generationshaß: eine Entdeckung Dostojewskijs. Die Kette der Geschichte, das Band des Lebens, wird zerrissen. Doch Verderben verbirgt sich schon in der Vätergeneration. Der tierische Fjodor Karamasow hat drei Söhne: den amoralischen Skeptiker und niederreißenden Zweifler Iwan; den von Lebensgier, Ichsucht, Laster zerfressenen, innerlich verbrennenden Dimitri; und schließlich Aljoscha, einen sanften Rebellen allmenschlicher Liebe und Demut. Vor dem Gottesknecht der Brüderlichkeit und Hingabe bekennt der Bruder Dimitri: „Ich will dir jetzt von dem Wurm erzählen, von der Schlange, der ein Gott die Wollust gegeben hat, der Schlange – die Wollust! Denn ich, Bruder, bin ja dieser Wurm… Und wir alle, wir Karamasows, sind ja darin ganz ähnlich, und auch in dir, du winziger Heiliger, lebt dieser Wurm und gebiert gierige Ströme in deinem Blut.“ Und Aljoscha, der Heilige, widerspricht nicht. Das heißt: Dostojewskij widerspricht nicht.

Im Gespräch mit seinem nächtlichen Gast, dem Teufel, sagt Iwan Karamasow: „Du bist die Lüge, du bist die Verkörperung meiner selbst.“ Es ist der Gedanke eines Iwan, wenn Dostojewskij den Teufel sagen läßt: „Man soll unter der Menschheit die Idee Gottes vertilgen, gerade damit soll man ans Werk gehen.“ (Ähnliches formulierte eine Generation später Wladimir Iljitsch Uljanow, genannt Lenin.) Der Vatermörder entlarvt sich als Gottesmörder. Aus dem vulgären Triebleben des Vaters, der seinen Söhnen die unersättliche Gier, die Wollust der Seele und des Fleisches vererbt hat, steigen die großen Möglichkeiten des leidenschaftlichen Menschen auf: der glühende Liebende, der an seinem unwandelbaren Ich wie eine Fackel verbrennt; der geistige Umstürzler, der zu seiner Selbstverwirklichung der Selbstvernichtung bedarf; und der selbstlose Heilige, dessen Selbstverwirklichung sich in der Selbstaufopferung für andere vollzieht. Nur *eine* Inkarnation des leidenschaftlichen Menschen fehlt in der Sippe der Karamasows: der okzidentale Typ. Der abendländische Kämpfer, Schöpfer, Tatmensch. Dostojewskij selbst fehlt in diesem Pandämonium Dostojewskijscher Gestalten im Aufstand gegen den Vater.

Aufstand gegen die „russische Seele“

Dostojeskij weilte 1871 in Dresden, als er von der Ermordung des Studenten Iwanow durch die Netschajew-Gruppe hörte. Netschajew war in die Schweiz geflüchtet. Sofort stürzte sich der Dichter in die Arbeit an den „Dämonen“. Ein politischer Tendenzroman entstand, der von seiner moralischen Aktualität nichts eingebüßt hat. Dostojewskij, der ehemalige Rebell und Sträfling, begriff den russischen Nihilismus nicht nur als einen Aufstand gegen die Welt der Väter; er erkannte im Nihilismus die Negation der „russischen Seele“ und des russischen Wesens. Der Netschajewsche Nihilismus erschien ihm als das Produkt verfaulender Familien, einer zu Tode kranken Gemeinschaft und einer Gesellschaft, die nicht einmal am eigenen Überleben Interesse zeigte. Zum „russischen Ich“ gehörte nach der Überzeugung des Dichters die Religion. Die Dostojewskij-Biographin Eva Marianne Saemann schildert den Entstehungsprozeß der Dämonen:

„Seherisch begriff Dostojeswkij den Nihilismus der Intellektuellen seiner Zeit als die Tragödie der Gottesferne, deren späteres Ausmaß er prophetisch vorausfühlte. Er spürte das Übel an der Wurzel auf: die von Gott Gesonderten, die zu Sündern werden mußten. Wie leicht wurden sie dann auch zu Mördern: an anderen und an sich selbst! Unter welchen Umständen, so fragte er sich, war es möglich, daß ein gescheiter junger Mann wie Netschajew heranwuchs und eine große Zahl von intelligenten Jünglingen aus guten Häusern in Netschajewzen verwandeln konnte? Wie ging es zu, daß sie ohne Besinnen, um eines ihnen hochgepriesenen Zieles willen, zu Mordgesellen wurden?... Waren diese jungen Menschen wirklich alle verderbt und schlecht? Aus Gott entwurzelt, geboren aus Familien, die im Kern zerfielen, dem Ur-Instinkt des Volkes entfremdet, wurden sie allzu leichte Beute des großen Verrats. Die Jagd nach Erfolg und Fortschritt, die Preisgabe des innigsten Geheimnisses der russischen Seele, würde sich eines Tages bitter rächen!“[8]

Als Dämonenbesessene, Liquidatoren des „Bildes des göttlichen Ideals“ handelten die Nihilisten, schrieb Dostojewskij. „Im Namen des Neids, der Bauchdienerei und der Gleichheit“ würden Menschen wie Netschajew die Umkehrung aller Werte anstreben, als Vorkämpfer einer sklavenlosen Gesellschaft selbst „Sklaven und Lakaien“ eines menschenfeindlichen Prinzips. Dostojewskij entdeckte – in Rußland vielleicht als erster – die satanische Hintergründigkeit im Fortschrittsfetischismus der atheistischen Sozialisten. Wo Gott nicht da ist, wird der Mensch zum Faktum, trotz Selbstvergötzung.

Vom wölfischen oder luziferischen Gesetz

Der Symbolist Maximilian Woloschin (1878–1932), befreundet mit Marina Zwetajewa, die in diesem aristokratischen Abkömmling Saporoger Kosaken und deutscher Einwanderer „einen Franzosen an Kultur, Russen in Seele und Wort, Deutschen im Geist und Blut" erkannte, im Pariser Exil zur Anthroposophie gestoßen, erlebte die Bürgerkriegsgreuel auf der Krim, sah in Lenins Revolution die Vollendung des Netschajewschen Terrorismus und in den Bolschewiken vom Teufel (nicht von Dämonen!) Besessene, die Rußland in Anarchie und Tod stürzten. In seinen Gedichten schildert er, wie „der Mensch dem anderen Menschen gegenüber zum Teufel wurde"[9]. Da realisierte es sich, das wölfische oder luziferische Gesetz, vom Satiriker Saltykow-Schtschedrin auf die Formel gebracht: „Will ich, so fresse ich dich auf, und will ich es anders, so kann ich dich auch begnadigen." Den Zeitpunkt, da das „progressive" Lager vom „Rußland der Väter" abfallen und Luzifer zu Füßen fallen und ihn offen anbeten würde (Maxim Gorki: „Ich werde mich kundgeben? Wie? Das weiß nur der Teufel allein. Soll alles zum Teufel gehen! Der Bauch im Menschen ist die Hauptsache. Jede menschliche Handlung kommt vom Bauch"), hatte Dostojewskij vorausgesehen, als er Stepan Werchowenskij die Worte einer prophetischen Vision in den Mund legte über jenen „gemeinen Sklaven, gemeinen Lakaien, der als erster eine Leiter mit einer Schere in der Hand besteigen wird, um das Antlitz des göttlichen Ideals zu verstümmeln, im Namen der Gleichheit, des Neids und der Verdauung".

Der Zerstörung des Ideals (wie bei Belinskij), des geschichtlichen Bewußtseins, des kulturellen und nationalen Erbes folgt die Selbstvergöttlichung des Liquidators. Iwan Karamasow: „Es ist für mich unverständlich, wie man sagen kann, es gibt keinen Gott, ohne im selben Augenblick zu sagen: Ich bin Gott." Erkenntnisse, die in diesem Jahrhundert ein Leszek Kolakowski wieder aufgegriffen hat.

Es sollten nur knapp vierzig Jahre nach der Apokalypse von 1917 und nur zehn Jahre seit dem Tod des Großen Diktators vergehen, bis eine neue Generation die russische Bühne betrat – das Dissidententum –, voll Leidenschaft entschlossen, Abschied zu nehmen von der Welt der Väter nihilistischen Revolution, mit dem eisernen Willen, die Götzenbilder der Selbstvergötterung zu zerschlagen. Dieselbe politische Radikalität, der gleiche moralische Rigorismus – Befreiung von der „Elternschaft", vom überkommenen „Erbe", doch war diesmal das Ziel ein anderes, und die Motivation dieser Umstürzler unterschied sich fundamental von denen des 19. Jahrhunderts. Gott ist nicht tot: sagten die Protagonisten der „moralischen Revolution" (Solschenizyn), und sie schlußfolgerten aus dem Irrweg der früheren Intelligenzija: Die Entfremdung von Gott ist der Urgrund aller Entfremdung des Menschen, auch der Entfremdung der Menschen untereinander.

Swetlana, die heimatlose Tochter Stalins

Das menschlich erschütterndste Beispiel der Abkehr und Umkehr einer wahrhaft elternlosen Persönlichkeit stammt von der Tochter Stalins, jenes Mannes, von dem Milovan Djilas behauptet, bei ihm sei *jedes* Verbrechen möglich gewesen, denn es gebe kein einziges, das er nicht begangen hätte. „Ich glaube, daß jetzt, in unserer Zeit, der Glaube an Gott der Glaube an das Gute ist, der Glaube daran, daß das Gute mächtiger ist als das Böse und früher oder später über dieses triumphieren, es besiegen wird ... Zur Zeit kann man die Menschen in solche einteilen, für die Gott existiert, und in jene, denen die Existenz Gottes überhaupt unnötig erscheint. Als ich fünfunddreißig wurde und bereits manches erlebt und erfahren hatte, reihte ich mich, die ich von Kindheit an durch Gesellschaft und Familie zum Materialismus und Atheismus erzogen worden war, dennoch unter diejenigen, für die es sinnlos ist, ohne Gott zu leben. Und ich bin glücklich, daß es mit mir so gekommen ist", bekennt Swetlana Allilujewa in ihren „20 Briefen an einen Freund", geschrieben im Sommer 1963 in dem Dorfe Schukowka unweit von Moskau, veröffentlicht 1967[10].

Swetlana liebte ihren Vater mit der Inbrunst einer nach Geborgenheit und Hingabe Lechzenden. Im Menschlichen blieb der Menschenverächter immer „mein lieber Papi", der seine Lieblingstochter mit „mein teurer Privatsekretär", „liebe Hausfrau", „meine Herrin Setanka" anzureden pflegte („Ich küsse Dich, mein

Spätzchen", in einem Brief vom 8. August 1939). Die Handlungen ihres vergötterten Vaters verstand Swetlana nie, billigte sie nicht – verdammte sie, im Bewußtsein dessen, „daß ich eine schlechte Tochter und mein Vater ein schlechter Vater gewesen war". Aber man habe auch gewußt, „daß mein Vater mich und daß ich ihn geliebt hatte". Unrealistische Schuldangst, Gedächtnisverdrängung, Sinnlosigkeitsgefühl – Grundphänomene einer atheistischen Gesellschaft, in der Swetlana Allilujewa aufwuchs.

Wie in einem Dostojewskij-Roman liest man die Schilderung vom Sterben Stalins an jenem 5. März 1953.

„Das Sterben des Vaters war furchtbar und schwer... Den Gerechten gibt Gott einen leichten Tod. Der Bluterguß im Gehirn verbreitete sich allmählich über alle Zentren; bei einem gesunden und starken Herzen erfaßt er das Atemzentrum nur langsam, und der Mensch stirbt durch Ersticken. Die Atemzüge wurden immer kürzer und kürzer... Das Antlitz verfärbte sich, die Gesichtszüge entstellten sich bis zur Unkenntlichkeit, die Lippen wurden schwarz. In den letzten zwei Stunden erstickte er einfach... Die Agonie war entsetzlich, sie erwürgte ihn vor aller Augen. In einem dieser Augenblicke – ich weiß nicht, ob es wirklich so war, aber mir schien es jedenfalls so –, offenbar in der letzten Minute öffnete er plötzlich die Augen und ließ seinen Blick über alle Umstehenden schweifen. Es war ein furchtbarer Blick, halb wahnsinnig, halb zornig, voll Entsetzen vor dem Tode und den unbekannten Gesichtern der Ärzte... dieser Blick ging im Bruchteil einer Sekunde über alle hin, und da – es war unfaßlich und entsetzlich, ich begreife es bis heute nicht, kann es aber nicht vergessen –, da hob er plötzlich die linke Hand (die noch beweglich war) und wies mit ihr nach oben, drohte uns allen. Die Geste war unverständlich, aber drohend, und es blieb unbekannt, worauf oder auf wen sie sich bezog... Im nächsten Augenblick riß sich die Seele nach einer letzten Anstrengung vom Körper los. Ich glaubte, ersticken zu müssen...

Man brachte eine Bahre herein, legte die Leiche darauf. Zum erstenmal sah ich den Körper meines Vaters nackt, einen schönen, ganz und gar nicht gebrechlichen oder greisenhaften Körper. Und da erfaßte mich ein eigenartiger Schmerz; es war wie ein Messerstich ins Herz, und ich spürte und begriff, was es bedeutet: ‚Fleisch vom Fleische'. Und ich erfaßte, daß dieser Körper zu leben und zu atmen aufgehört hatte, der Leib, der mir das Leben geschenkt hatte, mir, die ich da stand, und daß ich weiterleben würde ... Das alles kann man nicht verstehen, bevor man nicht mit eigenen Augen den Tod eines Elternteiles erlebte, wie man denn überhaupt nicht verstehen kann, was der Tod ist, ehe man ihn nicht gesehen hat; man muß sehen, wie die Seele entflieht und der verwesliche Leib zurückbleibt ...

In jenen Tagen aber, als er auf seinem Sterbelager endlich zur Ruhe gekommen und sein Gesicht schön und ruhig geworden war, da fühlte ich, wie es mein Herz zerriß vor Schmerz und vor Liebe. Einen so heftigen Ansturm einander widerstreitender, starker Gefühle habe ich weder früher noch später an mir erlebt. Als ich in diesen Tagen während der Aufbahrung der Leiche im Säulensaal stand, wortlos, gleichsam versteinert ..., da begriff ich, daß eine gewisse Befreiung eingetreten war. Ich war mir noch nicht bewußt, von welcher Art sie sein und worin sie sich ausdrücken würde, doch erkannte ich, daß dies für alle und auch für mich die Befreiung von einem Druck bedeutete, der mit dem Gewicht eines einzigen riesigen Klumpens auf allen Seelen, Herzen und Gemütern gelastet hatte. Und zugleich blickte ich auf dieses schöne, ruhige, ja sogar traurige Gesicht, hörte die melancholischen Weisen (ein altes georgisches Wiegenlied, ein Volkslied mit ausdrucksvoller, trauriger Melodie), und es zerriß mir das Herz vor Leid. Ich fühlte, daß ich eine ganz und gar untaugliche Tochter, daß ich nie eine gute Tochter gewesen war, daß ich zu Hause wie ein fremder Mensch gelebt und dieser einsamen Seele, diesem alten, kranken, von allen abgelehnten, einsam auf seinem Olymp lebenden Manne nie die geringste Hilfe geschenkt hatte, der doch immerhin mein Vater war und mich geliebt hatte, so gut er es vermochte ...“[11]

Wie man Tyrann wird

Heimatlosigkeit, Versagensangst, Elternentfremdung erzeugen eine schmerzhafte Sensibilität. Mit einer Liebeserklärung an einen Traum schließt Swetlanas Brief, mit einem Bekenntnis zum Zauber unwirklich schöner Jugend im Haus des Tyrannen. „Vergeßt niemals das Gute! Menschen, die den Krieg, die Wunden, die Konzentrationslager, die Kerker – die der Zarenzeit wie unsere heutigen – überlebt und die alle Schrecken, die den Menschen dieses 20. Jahrhunderts vorbehalten waren, erlitten haben, werden die guten und vertrauten Personen ihrer Kindheit nicht vergessen, die kleinen sonnigen Winkel, wo die Seele sich dann ein Leben lang ungestört erholen kann, wie immer sie auch sonst leiden muß. Es ist arg, wenn ein Mensch überhaupt keine solchen Winkelchen besitzt, wo seine Seele wieder zu sich kommen kann. Selbst die härtesten und grausamsten Menschen bewahren, vor der Welt verborgen, in den Tiefen ihrer verkrampften Seelen solche Winkelchen voller Kindheitserinnerungen, die noch von einem winzigen Strahl Sonne erleuchtet sind ...“[12]

Swetlanas Vater hatte solche Winkelchen niemals besessen. Das Böse wurde dem Bösen mit in die Wiege gelegt, die Jugend – ein Albtraum. Nikolaus I. und Stalin: Menschenhaß, Furcht, Befriedigung durch Qual hießen ihr Erbe. Der Vater des Josif Wissariomowitsch Dschugaschwili – ein geborener Leibeigener, dem es niemals gelang, sich als selbständiger Schuhmacher über Wasser zu halten. Der Sklave blieb sein Leben lang Sklave. Der Trunkenbold, Rohling, Outcast ging in das nahe Tiflis als Arbeiter in die Fabrik. „Unverdiente und grausame Schläge machten den Knaben so hart und herzlos, wie es sein Vater war“, berichtet ein Jugendfreund Stalins. Der Vater starb, als der Sohn elf Jahre alt war. Als Wäscherin mußte die Mutter die kinderreiche Familie ernähren. 1894 kam Josif in das Theologische Seminar nach Tiflis, die bedeutendste höhere Schule in Georgien. Eine Hölle auf Erden war diese Anstalt zur Vorbereitung von Priestern – eine Gulagkaserne mit Körperzüchtigung, Leibesvisitation, Arrestzellen, Zuchthausessen und Stäflingsgeist, mit Spitzeln und Schlägern. Stalin selbst sprach von „harter Unduldsamkeit und jesuitischer Disziplin, die so erbarmungslos im Seminar auf mir lastete“.

„Die Atmosphäre, in der ich dort lebte, war bis zum Bersten geladen mit Haß gegen die zaristische Tyrannei und Unterdrückung.“ Was der blutjunge Popenzögling mit ins Leben mitnahm, waren Intoleranz, Verstellung, Heimtücke, Herrschsucht, Sadismus. Ehe das Jahrhundert zu Ende ging, war der kommende Tyrann geboren. Man kann genau feststellen, ab wann sich der Schuhmachersohn aus Gori nicht mehr weiterentwickelte: 1899, mit zwanzig

Jahren. Ausgestoßen aus dem Seminar, ein Deklassierter, auf Vergeltung und Zerstörung Sinnender, der „böse Mann mit gelben Augen und feindseligem Blick“ (Trotzki nach einer Begegnung 1913). Der Berufsrevolutionär Stalin betrat die kaukasische Bühne, als Initiator der „Expropriationen“, ein Meisterdirigent des Terrorkrieges aus dem Untergrund; zwischen 1905 und 1908 wurden in Georgien 1150 terroristische Akte gezählt – Banküberfälle, Raub, Geiselmord, Attentate. Stalinismus in Aktion lange vor Lenins Oktoberputsch. „In ihm gesellte sich zur verbrecherischen Gefühllosigkeit eines Caligula die Raffinesse eines Borgia und die Brutalität eines Zaren vom Format Iwans des Schrecklichen“, charakterisiert Milovan Djilas das Monstrum in seinen „Gesprächen mit Stalin“.

Letzter Versuch der Selbstrechtfertigung

Als er von der Weltbühne abtrat, hinterließ er eine geköpfte Revolution auf einem Knochengebirge von 66 Millionen, gemeuchelt während nur einer Generation (Solschenizyns Schätzung). Nicht weniger furchtbar war das seelische Chaos. Stalins Errungenschaft über seinen Tod hinaus war der Nihilismus in den Herzen der Menschen. Die Überwindung des Nihilismus konnte nur gelingen, wenn man sich von der ideologischen Elternschaft lossagte, vom Marxismus-Leninismus, Materialismus, vom „Oktober“, vom Kommunismus überhaupt – wie es Solschenizyn und andere taten: Abschied von der Sinnlosigkeit, die bis vor kurzem noch Lebensinhalt bedeutete. Daß dies nicht ohne Wehmut, Schmerz geschah, nicht ohne einen letzten Versuch der Selbstrechtfertigung vollbracht werden konnte, bezeugen die Worte von Stalins Lieblingstochter, Offenbarung einer Enttäuschten und Verratenen. Swetlana Allilujewa im letzten ihrer Briefe:
„Was waren das doch für Menschen! Was für ganze, vollblütige Charaktere! Wieviel romantischen Idealismus haben sie mit sich ins Grab genommen – diese frühen Ritter der Revolution, ihre Troubadoure, ihre Opfer, ihre verblendeten Vorkämpfer und Märtyrer... Und die Millionen sinnloser Opfer: Tausende früh verschollener, nicht mehr zur Reife gelangter Talente, vorzeitig ge-

löschter Leuchten des Verstandes … Das Gericht der Geschichte ist streng, es hat noch nicht sein Urteil darüber gefällt, wer im Namen des Guten gedient hat – und wen nur Ehrgeiz und Eitelkeit trieben. Uns steht es nicht zu, uns zum Richter aufzuwerfen, auch mir nicht, ich habe keine Berechtigung dazu … Mögen diejenigen zu Gericht sitzen, die nach uns kommen werden und die nichts wissen von den Jahren und Menschen, die wir erlebt und gekannt haben. Mögen junge Eiferer erscheinen, denen diese Jahre vorkommen wie etwa die Regierungszeit Iwans des Schrecklichen – ebenso fern und unverständlich, ebenso absonderlich und furchtbar. Sie werden unsere Zeit wohl kaum eine ‚fortschrittliche' nennen und auch kaum sagen, daß sie dem großen Rußland ‚zum Heile' gewesen sei … Wohl kaum. Sie selbst aber werden endlich auch ihr eigenes neues Wort zu sagen haben; das neue, wirksam zielführende Wort – ohne Murren und Verzagen … Nur das eine mögen sie dann nicht vergessen: daß das Gute ewig ist, daß es gelebt und geglüht hat in den Seelen, selbst da, wo man es nicht vermutet hätte, – daß es niemals abgestorben und nie ganz verschwunden war …"[13]

Rußland dürstet nach einem klugen Wort

Und erschienen sind die „jungen Eiferer", die zu Gericht sitzen, im Gefängnis, Exil, in Irrenhäusern, der Illegalität, und sie haben „endlich auch ihr eigenes neues Wort" gesprochen: Solschenizyns Kinder. Auf ihr Erscheinen hat Swetlana Allilujewa gehofft, das Erscheinen der Elternlosen und doch nicht Heimatlosen. In ihrem „Geleitwort an den Freund" erinnert sie sich an die Generation ihrer Altersgenossen. Sie, „die wunderbarsten Menschen, die ich kenne", zogen 1941 „mit heißem Kopf und glühendem Herzen" in den Krieg. „Wenige sind unversehrt geblieben und heimgekehrt, doch die, welche heimgekehrt sind, die sind die Blüte der Gegenwart. Das sind unsere künftigen Dekabristen – sie werden uns alle einmal lehren, wie man leben muß. Sie werden einmal ihr Wort sagen, davon bin ich überzeugt – und Rußland dürstet so sehr nach einem klugen Wort, hat sich so sehr danach gesehnt, nach dem Wort und nach der Tat."[14]

Als im Spätsommer 1948 – fünf Jahre vor der deutschen Juni-Erhebung – im nördlichsten Kohlenrevier der Sowjetunion ein Aufstand ausbricht, an dem sich 60 000 Zwangsarbeiter und „Politische“ beteiligen, ist ein Name in aller Munde: Metschtejew. Nachkriegsrußland hat seinen Dekabristen! Einer aus dem kommunistischen Militäradel erhebt seine Faust gegen die Autokratie Stalins und ruft zum Krieg auf. Der Sträfling Metschtejew symbolisiert Dekabristengeist, denn die Garde rebelliert. „Er war ein mohammedanischer Kaukasier, ein großer, starker und kühner Mann, Regimentskommandeur bei Stalingrad und Held der Sowjetunion“, berichtet ein Deutscher, ein Überlebender der Hölle von Workuta, der Zeithistoriker Bernhard Roeder. „Er gehörte zu jenen zahlreichen Offizieren und Soldaten, die geglaubt hatten, daß mit dem Sieg auch die Reform im Inneren erkämpft werden könne, und die aus ihrer Enttäuschung kein Hehl machten, als alles beim alten blieb.“[15] Ähnliche Motive hatten die Gardeoffiziere des Zaren, die, als Sieger aus den Feldzügen gegen Napoleon heimgekehrt, Reformen verlangten, die innere Befreiung. Als alles beim alten blieb, putschten die Enttäuschten.

Im Anfangsstadium verlief der Metschtejew-Aufstand erfolgreich. Waffen konnten in die Straflager geschmuggelt werden. Am Tage X brachen die Stoßtrupps aus der Lagerzone aus, entwaffneten in blutigen Gefechten die Wachmannschaften, kämpften die Garnison nieder und befreiten alle KZ. Workuta war in ihrer Hand. Aus Polithäftlingen, Freien, Verbannten und übergelaufenen Soldaten organisierte der „Held der Sowjetunion“ eine Armee, 60 000 Mann stark, die gen Südosten aufbrach, den Uralbergen zu, wo man in der Taiga untertauchen wollte. Vom Partisanenkrieg im Urwald zum Volkskrieg in den Metropolen – das Ziel dieses Stalingradhelden. Sie kamen nicht weit, Jagdbomber hetzten die Ausgebrochenen auf der flachen baumlosen Tundra, wo es keine Dekkung und Rettung gab. Im Maschinengewehrfeuer schmolz die Metschtejew-Armee zusammen, Tage und Nächte dauerte das Gemetzel. Vierzig Verstümmelte überlebten, man stellte sie vors Kriegsgericht, das Todesurteile fällte.

Auf Befreiungsreformen nach dem Krieg hoffte ein anderer Rotarmeeoffizier – Proletarierkind, dekoriert, geehrt, ein todesmutiger Verteidiger des Sowjetstaates. Nach der Siegesparade auf dem

Roten Platz zeigte Stalin Siegern wie Besiegten die stählerne Faust. Die Unterdrückung wuchs und wurde unerträglich. Gregory Klimow revoltierte als Einzelkämpfer; er desertierte und rechnete mit dem Stalinismus in einem aufsehenerregenden Buch ab, das unter dem Titel „Berliner Kreml" auch in deutscher Sprache erschien (1953).

Hoffnung der neuen Dekabristen – das Volk

Soldatenruhm bei Stalingrad erwarb sich ein anderer Dekabrist des 20. Jahrhunderts: Generalmajor Pjotr Grigorjenko, nach dem Krieg Lehrer an der Frunse-Akademie, der angesehensten Militäruniversität des Rotarmeeadels. Im Unterschied zu den Aristokraten von 1825, die durch eine Palastrevolution die Befreiung herbeiführen wollten, setzt dieser moderne Dekabrist auf die Kraft des „Volkes", eines Aufstands von unten, eines neuen „Pugatschowschen Volkssturms" (Solschenizyn). „Die Massenhaftigkeit der Bürgerrechtsbewegung hat zugenommen", erklärte der Siebzigjährige im Mai 1978. „Das Volk reagiert immer empfindlicher auf staatliche Willkürakte. Das Volk fühlt immer mehr seine Rechtlosigkeit gegenüber der Partei- und Gewerkschaftsbürokratie. Man darf nicht vergessen, daß die Bürgerrechtsbewegung die Sympathien der Bevölkerung auf ihrer Seite hat. Die Zahl der Sympathisanten wächst von Tag zu Tag... Obwohl sich die Bürgerrechtsbewegung schon so ausgebreitet hat, daß sie nur durch Massenrepression vernichtet werden könnte, scheut die Führung davor zurück."[16]

Und noch etwas hat sich gegenüber 1825 geändert: die Einstellung zu den nichtrussischen Völkern. Waren die adeligen Verschwörer großrussisch orientiert („Chauvinisten" aus der Sicht der Nichtrussen), keineswegs gewillt, das nationale Selbstbestimmungsrecht zu akzeptieren, geschweige zu verwirklichen, so bekennen sich die Dekabristen der Gegenwart voll Stolz zu ihrem eigenen Volk, für dessen Selbstregierung eintretend. „Die Nation steht höher als die Klasse, das Nationalbewußtsein ist stärker als jede Ideologie", sprach das Ex-Parteimitglied Grigorjenko auf einer Kundgebung in Hamburg 1978. Die Begründung formulierte der Generalmajor, ein gebürtiger, ehemals russifizierter Ukrainer so: „Alle Nationen sind für mich gleichwertig, die großen wie die kleinen, alle besitzen das Recht auf staatliche Souveränität und eigenständige Lebensweise. Ich bin für Völkerfreundschaft, aber ebenso vertrete ich die Überzeugung, daß jedes Volk seinen besonderen Beitrag für die Menschheitskultur leisten soll. Ich bin Ukrainer. Mein Volk schenkte der Welt große Denker, Dichter, Wissenschaftler. Eine uralte Kulturtradition besitzt mein Volk. Es ist ein Glied des Abendlandes, eine europäische Nation. Trotzdem befindet es sich unter dem Joch kolonialer Knechtschaft. Während wir das Recht auf nationale Unabhängigkeit von Zwergvölkern Afrikas verteidigen, lebt in Europa ein großes Volk, seit Jahrhunderten unterdrückt, ausgeplündert, seiner Staatlichkeit beraubt, ein Volk von 50 Millionen Menschen. Im Sinne dieses Kampfes für nationale Selbständigkeit meines Volkes bin ich in der Tat ein Nationalist." [17]

Bund und Bündisches im Untergrund

Hatten sich die Gardeoffiziere des Zaren in Verschwörerzirkeln gefunden, deren Bezeichnung eine romantische oder auch französische Herkunft verriet (zwischen 1816 und 1822 entstanden der „Bund der Rettung", „Die wahrhaften und treuen Söhne des Vaterlandes", „Wohlfahrtsbund", „Gesellschaft der vereinigten Slawen"), so trat im Dissidententum des 20. Jahrhunderts eine essentielle Akzentverschiebung ein. Militanz behielt die Oberhand. Die Namensgebung verriet revolutionäre Absichten, das Schwergewicht lag bei „Volk" und „Kampf". Hohe Offiziere der Baltischen Rotbannerflotte in Leningrad, Kronstadt, Reval und Riga gründeten 1968 den „Kampfbund für demokratische Rechte", und junge Offiziere der Leningrader Garnison waren maßgeblich an der Verbreitung des „Sozialchristlichen Bundes zur Befreiung des Volkes" beteiligt (Anfang der sechziger Jahre). Im Mai 1969 standen drei Anführer des erstgenannten Bundes vor Gericht, die U-Boot-Offiziere Gawrilow, Paramanow und Kossyrew.
Im Baltikum hatten dissidente Offiziere im Herbst 1968 einen „Offenen Brief an die Bürger der Sowjetunion" verfaßt und verteilt, unterzeichnet mit „Alexej der Sozialist". Reformen wurden

ultimativ verlangt, Anklage schonungslos erhoben. Die Partei – ein despotischer Apparat, die Herrschaftsmethoden: Diktatur, Demagogie, Korruption, Egoismus. Die KPdSU – der wiederauferstandene moskowitische Absolutismus. Und dann die Drohung, unverhüllt: „Falls sich Reformen von oben als unmöglich erweisen sollten, so bleibt nur der organisierte Volkskampf von unten, die Umwandlung spontaner Proteste zu einer mächtigen sozialen Kraft, die diese Umgestaltung vollziehen wird.“[18]
Am 14. Dezember 1825, auf dem Senatsplatz, hatten die Verschwörer gezögert, auf den Zaren zu schießen, obgleich sich der Autokrat in Reichweite ihrer Musketen befand. Anders die Dekabristen von heute; nicht Fürst Trubetzkoj – Sophia Perowskaja ist ihr Vorbild. Am 23. Januar 1969 findet ein Attentat auf Breschnew und Podgorny statt; Schauplatz ist der Rote Platz in Moskau. Der 20jährige Attentäter, Heeresleutnant Iljin aus dem Leningrader Wehrbezirk, schießt seinen Revolver auf die Limousine der beiden Staatsführer ab, verwundet den Fahrer und Geheimpolizisten. Von der Sowjetpresse wird Iljin als „Geisteskranker“ bezeichnet, er verschwindet – ohne Prozeß – in den Kellern des KGB[19].

Es begann mit den Privilegierten

Bei ihrer Geburt war die Bürgerrechtsbewegung, im nachstalinistischen Rußland, ein Protest der Privilegierten und Berühmten, der Reichen und Satten; eine Verschwörung der Gesinnung, geboren aus der Zerrissenheit zwischen Optimismus, Reformgläubigkeit und Ekel, Schuldgefühl, Angst. Und Haß, gerichtet gegen das Establishment, dem sie selbst angehörten, gegen eine kleinbürgerlich-materialistische Welt mit dem Ersatzparadies des „sozialistischen Fortschritts“. Mutige einzelne der Sowjetintelligenzija verwandelten sich in Bewunderer und Erben der alten Intelligenzija. Die allererste Opposition formierte sich in der „Neuen Klasse“, die ihre eigenen Totengräber herangezüchtet hatte.
Lebendes Symbol dieser Entwicklungsphase ist der heute 57jährige Andrej Sacharow. Seine Biographie weist mehr Superlative auf als die irgendeines anderen Wissenschaftlers, schrieb Marion

Gräfin Dönhoff 1973. Bereits vom sechzehnjährigen Schüler erschienen Artikel in den „Berichten der Akademie der Wissenschaften“; als Zwanzigjähriger flog er mit kriegswichtigen Aufträgen in das eingeschlossene Leningrad und wurde mit dem Leninorden ausgezeichnet. Für die erfolgreiche Evakuierung von Untersuchungslabors erhielt er kurz nach Kriegsende zum zweitenmal diesen Orden. Professor wurde er an seinem 22. Geburtstag. Mit 32 Jahren war Sacharow das jüngste Mitglied der Akademie der Wissenschaften, Spezialist Nummer eins auf dem Gebiet der kontrollierten thermonuklearen Fusion. Zusammen mit Professor Igor Tamm schuf er die sowjetische H-Bombe, die 1954 erprobt wurde. Tamm bekam 1958 den Nobelpreis, Sacharow den Stalinpreis, abgesehen vom dreimaligen Titel eines „Helden der sozialistischen Arbeit“ und der Ernennung zum Professor an acht Universitäten. 1955 besuchte er Einstein in Princeton, 1965 war er offizielles Delegationsmitglied, als Bulganin und Chruschtschow England besuchten. 1958 nahm er an der zweiten Genfer Konferenz für friedliche Nutzung der Atomenergie teil.

Zehn Jahre später schlug sich dieses Aushängeschild sowjetischen Fortschritts ins Lager der Opposition. Er verfaßte sein Memorandum über die geistige Freiheit, adressiert an die Sowjetführung. „Menschenrechte stehen über allen Zielen des Staates“: hieß von nun an die Richtschnur des Professors für mathematische Physik. Der Privilegierte Sacharow – ein neuer „Westler“ – erhob seine Stimme für die Unterprivilegierten, für Kolchosleibeigene, Proletarier, Krimtataren, Juden, Volksdeutsche, Baptisten, nichtrussische Völker, für politische Häftlinge, die aus religiösen oder ideologischen Gründen verurteilt worden waren. Sacharow forderte die Einsetzung eines „öffentlichen Aufsichtsorgans zur Verhinderung von körperlicher Einwirkung auf Gefangene“, plädierte für die Abschaffung der Einparteidiktatur und die Einführung eines Mehrparteiensystems, für die Respektierung des in der Verfassung garantierten Austrittsrechts der nichtrussischen Unionsrepubliken. Im März 1971 schrieb er an Breschnew: „Ich möchte Sie darüber informieren, daß ich im November 1970 zusammen mit Tschalidse und Twerdochlebow ein Komitee für die Menschenrechte gegründet habe.“

Rußland hatte wieder einen Fall Herzen (oder Fall Kropotkin, Fall

Tolstoi, Fall Lawrow). Die Intelligenzija ist tot – es lebe die Intelligenzija!

Zu den Rebellen des Jahres 1968, die vor Gericht standen, zählte ein Pawel Litwinow – auch er ein Sproß der Sowjetaristokratie, Enkel des früheren Außenministers. Aufsehen erregte 1973 der Fall Pjotr Jakir. Der fünfzigjährige Sohn des unter Stalin hingerichteten Kiewer Armeekommandanten Ion Jakir, bis zu seiner Verhaftung einer der führenden Köpfe der Bürgerrechtler, verleugnete im Moskauer Prozeß die Oppositionsbewegung (der Mitangeklagte Viktor Krassin erklärte: „Ich verurteile die Verbrechen, die ich begangen habe, und bereue sie"), worauf der ehemalige Artillerieoffizier Solschenizyn als „alter Gefängnisinsasse" dem Generalssohn vorwarf, sich vor den Richtern „ängstlich, feige und auch lächerlich" verhalten zu haben. Die neugeborene Intelligenzija bekam in Jakir ihren Judas. Von Beruf Historiker, hatte Pjotr Jakir unter Stalin 17 Jahre in Straflagern geschmachtet[20].

Popensöhne 1868 – Söhne der Parteihierarchie 1968. Blaublütige erklärten der Ordnung, errichtet von ihren Vätern, den heiligen Krieg der reinen Idee. Die Zarenmörderin Sophia Perowskaja, Generalstochter, bezog ihren asketischen Umsturzwillen aus dem grenzenlosen Haß gegen die Welt des Vaters; Verachtung für die herrschende Väterordnung empfand hundert Jahre später der junge Kolchoschef Iwan Jachimowitsch, als er in einem illegalen Flugblatt (am 24. März 1969) zum Umsturz aufrief:

„Sozialisten aller Länder, Sozialisten der Sowjetunion! Ihr dient einem Herrn und einem Befehlshaber – dem Volk. Das Volk aber besteht aus lebendigen Menschen, aus konkreten Schicksalen. Wenn Menschenrechte verletzt werden, dann kann es nicht zweierlei Meinung geben. Dann müssen Euer Gewissen und Eure Ehre Euch befehlen: Sozialisten, vorwärts! Die Mächtigen dieser Welt sind stark, weil wir auf unseren Knien liegen. Erheben wir uns!"

Kurz vor seiner Verhaftung schrieb Iwan Jachimowitsch einen Abschiedsbrief („Die Tage meiner Freiheit sind gezählt"); er liest sich wie die mustergültige Ahnentafel eines Hochwohlgeborenen der bolschewistischen Aristokratie:

„Ich bin 38 Jahre alt; ich wurde als zehntes Kind einer Wäscherin und eines Tagelöhners in Daugavpils (Dünaburg) geboren. Nach dem Abitur studierte ich an der staatlichen lettischen Pjotr-Stutschka-Universität. Dann arbeitete ich als Mittelschullehrer auf dem Lande, als Schulinspektor, als Vorsitzender der Kolchose ‚Junge Garde'. Ich war zehn Jahre lang Komsomol- und acht Jahre lang Partei-Mitglied (am 13. März 1968 ausgeschlossen). Ich wuchs in einem Milieu auf, in dem der Name Lenins mehr galt als irgendein anderer; in dem uns beigebracht wurde, die Wahrheit über alles zu stellen. Anfang 1942 fiel bei Moskau mein Bruder, Kasimir Jachimowitsch, Träger des Ordens des Roten Sterns; bei der Verteidigung Leningrads kam mein Schwager Nikolaj Kirchenstein ums Leben, ein Neffe des ehemaligen Vorsitzenden des Obersten Sowjet der Lettischen SSR. Mein Onkel Ignat Jachimowitsch, ein alter Revolutionär, verbrachte unter der bürgerlichen Regierung Lettlands acht Jahre im Zuchthaus ... 1956 fuhr ich als Komsomol-Freiwilliger in ein Neuland-Gebiet. Dort lernte ich meine künftige Frau kennen, obwohl wir zu Hause an derselben Fakultät – der historisch-philosophischen – studiert hatten ... Ich muß von mir erzählen, weil mein Schicksal das Schicksal meines Volkes ist und meine Ehre – seine Ehre."[21]

Früher „Nihilisten", heute „Nationalisten"

Der Fall Jachimowitsch signalisiert eine Tendenzwende im Generationskonflikt. Wie vor hundert Jahren, zur Zeit Turgenjews, Tschernischewskijs, Dobroljubows und Pissarews, drängte eine vollkommen neue Intelligenzschicht in den Vordergrund, in Rußland ebenso wie in den nichtrussischen Gebieten: die Radikalen und Kompromißlosen kamen zu Wort, übernahmen die Macht in der machtlosen, wenn auch nicht ohnmächtigen Opposition. Umbruch und Ausbruch hatten lange schon untergründig geschwelt; die Tragödie ČSSR bildete das auslösende Moment, die Besetzung der Vaterländer zweier slawischer Nachbarvölker.

Bei russischen, jüdischen, ukrainischen, armenischen, estnischen Jungintellektuellen erzeugten Scham, Abscheu, Wut und Haß ein explosives Gemisch. So wurde das Jahr 1968 zur Aufbruchsstunde der zornigen jungen Männer; erstmals tauchten in Manifesten,

Gedichten, Flugblättern die Schlüsselworte „Kampf“, „Befreiung“ und „Revolution“ auf – die reformistische Phase des Protests der Älteren mündete in eine Opposition der auf Systemablösung drängenden Jüngeren. Zum zweiten Mal innerhalb von hundert Jahren begriff sich die Intelligenzija als ein revolutionärer Orden mit den Tugenden der Wahrheitsliebe, Hingabebereitschaft und Todesverachtung. Man sah sich der Illusion beraubt, eine Revolution von oben könnte all die Probleme einer versteinerten Gesellschaft rechtzeitig und unblutig lösen. Wir werden auf Befreiungsreformen warten, aber nicht mehr lange; dann kommt der Tag, da Panzer nicht nach Prag und Warschau rollen, sondern gegen Moskau und Leningrad in Marsch gesetzt werden – von uns: prophezeite im 68er-Manifest das Initiativkomitee estnischer Techniker und Ingenieure.
Typisch für die Gesinnungsänderung war die Einschätzung des Begriffes „Nationalist“. Hatte Turgenjew für die zornigen Jungen seiner Epoche das Wort „Nihilist“ erfunden, so war es hundert Jahre später das Kainszeichen „Nationalist“, mit dem das Regime seine inneren Todfeinde brandmarkte. „Nationalist“, das bedeutet seit Stalin dasselbe wie „Faschist“, „Konterrevolutionär“, „Vaterlandsverräter“, „Staatsverbrecher“. Mit selbstmörderischem Mut vollzogen die jungen Radikalen eine Neuinterpretation. Das Stigma verwandelte sich in einen Schlachtruf, aus dem Brandmal wurde ein Ehrenzeichen, das Losungswort des Neuen und totalen Contra: Metamorphose eines tödlich wirkenden Schimpfwortes. Der erste aus der Avantgarde der „Extremisten“ war der Ukrainer Valentin Moros, ein Bauernsohn aus Wolhynien, von Beruf Geschichtsdozent an Lehrerbildungsanstalten. Der 28jährige griff das Etikett „Nationalist“ auf und bekannte sich voll Stolz zu ihm. Mehr noch: Valentin Moros unternahm den tollkühnen Versuch einer moralisch-philosophischen Rehabilitierung des Nationalismus, den er als eine im Volk verwurzelte, geistig faszinierende und politisch legitime Überlebenskraft der national Unterdrückten beschrieb. Später folgten Ost-Zionisten und die Russophilen dem Beispiel des Ukrainers – Anatol Radygin, Juri Wudka, Josef Meschener, Wladimir Ossipow, Igor Ogurzew, Wadim Borissow, Jewgenij Barabanow, Igor Schafarewitsch. Und Alexander Solschenizyn. Wie ein Bumerang flog das Ächtungswort auf Verfolger

und Zensoren zurück – als Kampflosung einer Bewegung von „Bodenständigen“ (Schafarewitsch).

Eure Generation hat versagt – L'imagination de Gulag au pouvoir!

Väter und Söhne, Söhne gegen Väter: ein Leitthema in Rußlands Freiheitsgeschichte. An den Vätern messen sich die Söhne, aber Söhne verdammen die Väter, wenn sie statt des lebendigen Vorbildes von Mut, Stolz, Wahrheitsliebe einen Sumpf von Feigheit, Lüge, Bestechung, Grausamkeit entdecken. Da ist der Brief des jungen jüdischen Arztes Semjon Glusman, geschrieben 1974 im Permer KZ Nr. 35. Der Brief an den Vater – Parteimitglied, Ordensträger, Angehöriger der Führungskaste – spiegelt die Gesinnung asketischer Geistesrevolutionäre wider, denen, nach Dekabristentradition und Volkstümler-Ethos, nur eines heilig ist: die Wahrheit („istina“, „prawda“), wie sie, die Revolutionäre, diese definieren. Unabdingbar, unverzichtbar, unantastbar.
Semjon Glusman gehörte zu den Initiatoren eines Massenhungerstreiks hinter Stacheldraht; um den aufrührerischen Geist des Sohnes zu demoralisieren, wurde ein Besuch des Vaters gestattet. Der erschien auch, sprach, fuhr wieder ab: ergebnislos. Semjon Glusman, der Stolze und Zornige, war nicht zusammengebrochen.
Warum nicht, enthüllt der Abschiedsbrief an den Vater, in welchem es heißt:
„Der Bevollmächtigte des KGB hat einmal gesagt, ich hätte einen schwachen Punkt – meine Familie. Aber er hat sich geirrt, ich habe keinen schwachen Punkt. Diesen Luxus kann ich mir nicht leisten … Ihr schreibt von einer ‚Umwertung der Werte‘. Jeden Tag, jede Stunde wird in mir meine Persönlichkeit, mein lebendes Wesen getötet. Der Hund, der mich hinter dem Lagerzaun bewacht, erhält mehr Kalorien als ich, ihn würde man weder mit angefaultem Kohl noch mit stinkendem Fisch füttern … Ich bin ein Sklave, jeder x-beliebige Sadist hat die Macht und das Recht, mich zu jeder erniedrigenden Arbeit zu zwingen – ich bin der Strafgefangene Glusman S.F., ein besonders gefährlicher Staatsverbrecher. Aber ich bin kein Jakir. In Euren Augen sind wir wahrscheinlich ‚Anführer‘, wie bei einer Bande. Aber ich verfüge

nicht über die Gabe, Rosenknospen im Stacheldraht zu erblikken ...

Ich hätte mich selbst verleugnen müssen und die moralischen Grundsätze, die ich als Kind in Eurer Familie gelernt habe, meinen Onkel Lev und auch Deinen Freund Mischa Javorsk, lieber Vater, der ‚irgendwo' zugrunde gerichtet wurde. Der Untersuchungsrichter Gunichin versuchte mich davon zu überzeugen, daß es in den Jahren des ‚Personenkultes' keine ‚bedeutenden' Übergriffe gegeben hätte, nur fünf Millionen hätte man verhaftet, davon die meisten wegen gewöhnlicher Gesetzesübertretungen, und umgekommen seien ‚gar nicht so viel' ... Soll ich weiterschreiben? Ihr seid doch die Zeugen des Jahres 1937 ...

Ich werde der Verbreitung von ‚verleumderischen Erfindungen' beschuldigt, z. B., daß Komsomolsk am Amur von Häftlingsbrigaden gebaut wurde. Denkt doch an den verstorbenen Schriftsteller Abram Kogan, ein Bekannter von Euch, der ja auch an diesem großartigen ‚Komsomolzen-Aufbauwunder' beteiligt war ... Vor kurzem wurde in unserem Lager ein im Jahre 1949 errichtetes, baufälliges Gebäude abgerissen. An einem Deckenbalken entdeckten wir die Aufschrift: ‚25 Jahre Zwangsarbeit, bleiben mir noch 12. Maximow, A. Gr.' Eine Aufschrift auf einem Balken, das ist das einzige, was von einem Menschen übriggeblieben ist. Aus den früheren Lagern am Ural gab es fast keine Überlebenden ...

Eine jugendliche Zeugin, beinahe noch ein Kind, beantwortete auf folgende Weise die Frage des Untersuchungsrichters: ‚Die Chronik der laufenden Ereignisse wurde gegründet, um den Menschen die Wahrheit über geheimgehaltene Prozesse mitzuteilen, Prozesse, wie dieser einer ist!' Und dieses Mädchen gehörte nicht zu den ‚Anführern', es ist nicht einmal beim Samisdat beschäftigt. Wäre eine Umwertung meinerseits nicht ein Verrat an dieser jungen Zeugin? ... Soll ich Dutzende von Menschen, die mir persönlich bekannt waren, die am eigenen Leibe das ganze Grauen erfahren haben, einfach vergessen? Ich bin Arzt, mir ist der Tod oft begegnet, und in gewisser Weise habe ich mich auch an ihn gewöhnt. Aber es war immer nur der Tod eines einzelnen, dem die Wissenschaft nicht mehr zu helfen vermochte und dessen Ende unvermeidbar war. Wie aber soll ich mir das Sterben von Millionen, von Gesunden und Kranken, Jungen und Alten, vorstellen? Das Sterben von Millionen – das ist nicht ein Tod, das ist doch millionenfacher Tod! Aber der Staatsanwalt stellte mir folgende Frage: ‚Wieso versteifen Sie sich besonders auf die Periode des Personenkults? Ist denn irgendein Mitglied Ihrer Familie verfolgt oder unterdrückt worden?‘ Ihr aber lest mir die Leviten in Euren Briefen, Ihr glaubt den Worten eines professionellen Vollzugsbeamten, eines Menschen, der keine eigene Überzeugung besitzt, und dadurch macht Ihr es ihm noch leichter, mich unter Druck zu setzen. Er selber, Pimenow, war es, der meinem Freund Mischener erklärte: ‚Wenn ich nur wollte, könnte ich Sie auf den Kopf stellen!‘ Gerade in solcher Akrobatik besteht die ‚Humanität‘ des sozialistischen Strafsystems...

So sehen meine Werte aus. Darum wird es auch keinen Kompromiß geben. Wie könnte ich jemals die Bedingungen in den Strafzellen des Durchgangsgefängnisses von Charkow vergessen, die Bestialität unserer Begleiter während der langen Reise in Güterzügen oder die ‚Umerziehungsmethoden‘ des Zugführers, die darin bestanden, eine abgeurteilte Prostituierte Nacht für Nacht in sein Abteil zu nehmen?

Ist also alles in Ordnung ‚im fernen Königreich‘? Ihr seid doch Kommunisten. Warum hat man denn Euch so verdienten Bürgern des ‚sozialistischen und demokratischen Reiches‘ nicht erlaubt, auch nur ganz oberflächlich Einsicht in das Material meines Strafverfahrens zu nehmen? Warum hat man Euch zur Verhandlung nicht zugelassen, wo es doch um Euren eigenen Sohn ging? Warum hat man Euch das Urteil nicht ausgehändigt?...

Ich bin nicht stark genug, um mich über mein eigenes Gewissen hinwegsetzen zu können. Und auch nicht schwach genug dazu. Hier, im Konzentrationslager, lebe ich ein vollwertiges, vom Geist geprägtes Leben. Und trotz allem, was ich zu ertragen habe, lebe ich glücklich. Und wenn auch der Hungerstreik die einzige Möglichkeit ist, meine Würde in all dem Schmutz, der mich und meine Kameraden, die mit mir gemeinsam dieses Glück haben, zu zeigen (nein, ich habe mich nicht verschrieben, ich bin tatsächlich glücklich), und wenn auch die Weigerung, Lagergefängnisse zu errichten, eine der wenigen Möglichkeiten bleibt, den sittlichen Wert meiner Überzeugungen und meiner Ansichten zu beweisen.

Ich bin Jude, und mein Judentum besteht nicht aus der Erinnerung an die Opfer des Völkermordes, an die Verfolgungen aufgrund eines Vorurteils, das zu einem moralischen Glaubenssatz erhoben wurde – nicht nur aus der Erinnerung. Mein Judentum ist auch das Wissen um die Gegenwart meines Volkes, das über eine Regierung, eine Geschichte, eine Zukunft und – glücklicherweise – auch über Waffen verfügt. Mein in Babij Jar erschossener Großvater Abraham erlaubt mir keinerlei ‚Umwertungen'. Denn in jedem September erhebt und empört sich sein Geist aufs neue, und Ihr wißt auch warum.

Meine Lieben! Ihr habt es sehr schwer. Ich verstehe Euch, Ihr habt vor dem Warten Angst. Aber glaubt an die Aufrichtigkeit dieses Briefes, der der Zensur entgangen ist: mit mir ist alles in Ordnung. Was auch immer in Zukunft geschehen mag, ich bereue nichts, und ich bin wirklich mit meinem Schicksal zufrieden. Es fällt Euch schwer, dies zu begreifen. Eure Generation hat durch die Ereignisse des Jahres 1937 und der darauffolgenden Jahre einen Schock erlitten, ein Trauma. Angst, Angst, Angst. Es ist unerträglich, vor seinen eigenen Wünschen Angst zu haben.

Während der Untersuchung und auch während der Gerichtsverhandlung konnte ich nur Mitleid mit den Zeugen empfinden. Sie sprachen nur stockend, sie waren blaß, und ihre Blicke wanderten unstet umher. Sie sprachen von mir – von meinen Ansichten, Worten, Taten –, aber sie sprachen nur aus Angst, sie wünschten mir nichts Böses, nur – sie fürchteten sich. Eine unheimliche übersinnliche Angst, an Kafka erinnernd. Ist es denn nicht ein Glück, daß ich von dieser Angst befreit bin, daß mein Gewissen rein ist? Bedeutet das so wenig?

Ihr habt es schwer, aber wollt Ihr denn wirklich, daß ich die Mutter von Jan Palach verrate? (Man hat mir nämlich meine Äußerungen über die Besetzung der Tschecho-Slowakei im Jahre 1968 zur Last gelegt.) Sie hat keinen Sohn mehr, für immer hat sie ihn verloren. Wie anders als Verrat sollte man da meine ‚Umwertung' bezeichnen?"[22]

L'imagination de Gulag au pouvoir!

Die Gesellschaft, vom Geist des Egoismus geprägt

Keine Kopie westlicher Gesellschaftssysteme für das befreite Rußland wünschten die Dekabristen des 19. Jahrhunderts; ihre Nachfolger denken nicht anders. Der „Westen" – weder Vorbild noch Modell. Was ist Wahrheit? Der Westen mit seinem Massenatheismus stellt diese Frage nicht mehr. Im Holocaust der materialistisch-technokratischen Zivilisation verbrennen Bilder, Mythen, Symbole, der Glauben; Entmythologisierer führen das große Wort, selektierend an der Rampe zum Auschwitz des Geistes. Es wächst die Wüste der preisgegebenen Seelen; unter der Maske des existentiellen Keep-smiling wuchern Wahn und Angst. Einem Davongekommenen wie Solschenizyn ist dies nicht entgangen. Er, der Vertriebene, entdeckte die kranke Seele in einer kranken Welt, die der Verkrustung anheimgefallen ist.
An Versuchen, die Selbstpreisgabe zu stoppen und Verkrustung aufzubrechen, mangelt es nicht. Fanfaren blasen zur Stärkung des „Bewußtseins der Nation". Gräben sollen zugeschüttet, Generationen ausgesöhnt, Abgründe beseitigt werden. Von „sinnvoller" Traditionspflege ist die Rede, von Wiedergutmachung an der einst leichtfertig geopferten Vergangenheit. Unter dem Banner der Wiederaufrüstung des historischen Bewußtseins sammeln sich die „staatstragenden Kräfte" hierzulande. Die seelische Wiederseßhaftmachung der „jüngeren Generation", von Eltern, Pädagogen, Parteien, Kirchen, dem System alleingelassen, steht auf dem Programm der Reformapostel von gestern. In einem „persönlichen Wort" über seine Rolle als Marinestabsrichter kurz vor Kriegsende beklagte Hans Filbinger am 9. Juni 1978 vor dem Stuttgarter Landtag den Mangel an historischer Phantasie und Aussöhnungsbereitschaft. Im Hinblick auf Zwänge, die eine Diktatur auf den einzelnen ausübe und die im totalen Krieg ihre höchste Steigerung fänden, bestehe eine „Verständnisbarriere" für Menschen aus der jüngeren Generation. Gerade die Jungen bräuchten heute „Sinn und Orientierung"[23].
In einer Anhörung des Bundestagsausschusses für innerdeutsche Beziehungen am 7. Juni 1978 forderten Pädagogen und Historiker eine Stärkung des Bewußtseins für die deutsche Nation und den Gedanken der Wiedervereinigung, insbesondere in der jungen

Generation. Es sei keine Zeit mehr zu verlieren, um für das Volk wiederzuentdecken, was eine Nation ausmache, warnte Prof. Kosthorst (Münster). Er schlug die Bildung eines Sonderausschusses vor, der sich mit dem Problem des „schwindenden Nationalgedankens" befassen sollte. Schüler und Studenten nannte Vorsitzender Kurt Mattick (SPD) die Zielgruppen für eine Aufklärungsoffensive in Sachen Deutschlandbild, deutsche Frage, deutsche Geschichte.

25 Jahre nach der militärischen Liquidierung des Mitteldeutschen Frühlings hielt Bundespräsident Walter Scheel jenem Teil Deutschlands, der am 17. Juni 1953 die letzte, verzweifelte Hoffnung der Waffenlosen gewesen war, einen Spiegel vor: „Man kann von den jungen Menschen nur schwer Gehorsam, Pflichterfüllung und im Kriegsfall den Einsatz des eigenen Lebens verlangen, wenn die Gesamtgesellschaft vom Geist des Egoismus geprägt wird." Es sei leicht, den jungen Menschen den Vorwurf zu machen, sie seien nicht bereit, Opfer für die Gemeinschaft zu bringen, meinte der Bundespräsident auf der Kommandeurtagung in Saarbrücken am 5. April 1978. „Wären mehr Erwachsene dazu bereit, dann wären auch mehr Jugendliche dazu bereit."

(Ob der Liberale Scheel dabei an die Anti-Vorbilder Biallas, Schuchardt, Lüder, Baumann, Hirsch, Bahr, Osswald, Lorenz, Wehner gedacht haben mag, bleibt dem Urteil jener Historiker überlassen, die den Verfaulungsprozeß des spätliberalistischen Systems sezieren werden.)

Scheel klagte am 5. April 1978: „Vor ein paar Wochen gab es eine Fernsehsendung mit Jugendlichen über diese Frage. Alle Jugendlichen im Studio waren sich darüber einig, daß es dergleichen in unserer Zeit nicht mehr gebe. Für Frau und Kinder könne man möglicherweise sein Leben einsetzen, nicht aber für Ideale wie Freiheit und Gerechtigkeit, für Begriffe wie Vaterland, Staat oder Gemeinschaft. Und natürlich wurden die Jugendlichen von den Veranstaltern für diese Erkenntnisse belobigt." Ihm hätte das sehr zu denken gegeben, offenbarte Scheel, der im gleichen Atemzug die Stärkung der Freiheit, Gerechtigkeit, Menschlichkeit „unseres Gemeinwesens" verlangte. Opferbereitschaft für ein Gemeinwesen, das nach dem Eingeständnis des ersten Mannes vom Gift des Egoismus, des schrankenlosen Individualismus, des Ohne-mich, zersetzt wird?

Der Spätliberalismus – eine „psychische Krankheit“

Wenige Wochen nach der Mahnrede Scheels entlarvte Rußlands größter lebender Dichter das Trugbild von der ethischen Überlegenheit der liberaldemokratischen Gesellschaft. Menschliche Dekadenz, moralische Mittelmäßigkeit, Hastigkeit und Oberflächlichkeit, Wohlstandsgier und Konsumfetischismus, Massenvorurteile und selbsttäuscherische Interpretationen der gegenwärtigen Welt, Verlust der Fähigkeit zu Opferbereitschaft, Härte, Wahrheitsliebe, Tapferkeit, Verzicht auf Gemeinschaftsgeist, die Versteinerung der Kirchen, die Flucht aus Geschichte, Religion, Transzendenz – das sind nach Alexander Solschenizyn die Ingredienzien des späten Liberalismus. Mit seiner vielgepriesenen Marktwirtschaft und Konkurrenzdoktrin, freien Presse, seinem Rechtssystem und Wohlfahrtssystem sei der Liberalismus eine „psychische Krankheit“, die bei den Menschen im Osten, die „immer fester und stärker“ würden, nur Abscheu hervorrufe.
Die spätliberale Demokratie sei für die kämpfenden Völker des Ostens weder eine Hilfe noch ein Vorbild. „Sollte jemand mich fragen, ob ich den Westen so, wie er heute ist, meinem Land als Modell empfehlen könnte, so müßte ich diese Frage in aller Offenheit mit Nein beantworten“, behauptete der russische Literatur-Nobelpreisträger im Juni 1978 vor der Harvard-Universität. „Nein, ich kann Ihre Gesellschaft in ihrem gegenwärtigen Zustand nicht als ideal für die Umwandlung unserer Gesellschaft empfehlen. Durch intensives Leiden hat unser Land jetzt eine spirituelle Entwicklung von solcher Intensität erreicht, daß das westliche System in seinem gegenwärtigen Zustand spiritueller Erschöpfung nicht attraktiv erscheint. Die westliche Welt hat ihre Zivilcourage verloren ...“[24]

Die politische Freiheitsidee und ihr Verrat

Nach dem Urteil des Neoslawophilen Solschenizyn produzieren die Psycho-Ingenieure des Westens eine Wohlfahrtszivilisation, in der die Menschen nach Glauben hungern, aber im Aberglauben leben, als Gefangene totaler Manipulation, Knetmasse für People

Shapers. Dagegen setzt Solschenizyn eine Wiedergeburt des christlichen Geistes. Für den orthodoxen Gläubigen Solschenizyn ist das Christentum keine Philosophie oder Parapsychologie, keine transzendentale Meditation zur Entspannung und Konzentration, kein orientalischer Vorläufer synkretistischer Jugendreligionen, kein Jagdzauber des Betonhöhlenmenschen. Tätige Nächstenliebe, die das Volk ebenso wie das Individuum einschließt, ethische Gerechtigkeit mit scheinbar altmodischen Tugenden, hierin erblickt er das Wesen der Christenlehre, in Glaube, Vergebung und Versöhnung. Solschenizyns Anprangerung der Entmenschlichung im Vollzug eines falschen Freiheitsbegriffes ist nichts Neues, nichts Sensationelles in der Geschichte der nachrevolutionären russischen Emigration. Vor ihm hatten schon andere Abrechnung gehalten, den Todessamen aufgedeckt, die Auswirkungen des Liberalismus, sowohl als Ideologie wie auch als ökonomische Lehre, aufgezeigt. Mit Solschenizynscher Schärfe formulierte 1959 der Historiker Fedor Stepun das Urteil über den Liberalismus, als er feststellte, „daß die Geschichte der politischen Freiheitsidee ... die Geschichte ihres Verrats war. Zuerst starb im liberaldemokratischen Bewußtsein ihre christliche, dann auch ihre naturrechtliche Wurzel ab. Je tiefer der Liberalismus in das wirtschaftsgläubige 19. Jahrhundert hineinwuchs, desto radikaler verlor er das noch bei Locke lebendige Wissen darum, daß die Seele des Menschen von Natur aus eine Christin sei. So entartete das im Transzendenten beheimatete antik-christliche Naturrecht immer mehr zu einer Anzahl meist aus Instinkten und Interessen abgeleiteter natürlicher Rechte ... Der Liberalismus wurde geistfeindlich, wirtschaftsgläubig, fettleibig ...“[25]

Dem Liberalismus schaufelte Lenin ein tiefes Grab, aus dem er – in Rußland jedenfalls – bis heute nicht wieder hervorgekrochen ist. Es gibt in der Menschenrechtsbewegung zwar viele liberale Denker (Prof. Sacharow z.B.), doch keinen Liberalisten. Geistfeindlich und wirtschaftsgläubig wurde dagegen der Kommunismus, der sich zur Macht durchschoß; hoffnungslos materialistisch, fettleibig und doch stets hungrig.

Konfrontiert mit dem geistigen Vakuum, stieß man in der Opposition der Nach-Stalin-Ära auf ein verschüttetes Bewußtsein religiösen und ethnischen Ursprungs. Auf der Suche nach Alternativen, wanderte man nicht in die Sackgasse liberalistischer Theorien. Die Geschichte der slawischen (russischen und ukrainischen) Opposition nach 1953 ist die Geschichte der Wiederfindung nationaler Identität. Darin besteht die schöpferische Tat der zornigen Jungen im Lager der Radikalen – die wahren Systemüberwinder unserer Zeit.

Solschenizyns Kinder im Vaterland Solschenizyns bekennen sich zu Idealen, Chiffren, Maximen antiliberalistischen Charakters: Transzendenz und Menschenbruderschaft, Volk und Heimat, Bauerntum, Erde und Muttersprache, Mythos und Askese, Heroismus und Tragik. Konstruktiver, kreativer Konservatismus auf russisch – ein Epochenereignis mit Folgewirkungen für das 21. Jahrhundert. Der slawische Weg zur Freiheit. Weder abgestorben noch vergessen die christliche Wurzel im Handeln der „moralischen Revolutionäre" (Solschenizyn). Man lese Sinjawskij, Trifonow, Kasakow, Maximow, Bukowskij, Barabanow, Borissow, Ossipow, Schafarewitsch, Chodorowitsch, Moros, Karawanskyj, Berdnyk, Kalynez, Romanjuk, Lukjanenko, Rasputin.

Berdjajew ante portas im Heimatland Gogols und Schewtschenkos, im Kontinent der Dostojewskij und Tolstoi. Slawisches Wunder der Gegenwart.

Anmerkungen

1 Edward Crankshaw: Winterpalast. Rußland auf dem Weg zur Revolution 1825–1917. München 1978, S. 47.

2 Ebenda, S. 135.

3 Günther Stökl: Russische Geschichte. Stuttgart 1962, S. 469ff.

4 Alexander Herzen: Die gescheiterte Revolution. Frankfurt am Main 1977

5 David Shub: Lenin. Wiesbaden 1957, S. 18.

6 Wolfgang Kasack: Lexikon der russischen Literatur ab 1917. Stuttgart 1976, S. 319.

7 Michail Bakunin: Philosophie der Tat. Köln 1968, S. 367, 362.

8 Eva Marianne Saemann: Der Leidenschaftliche. Dostojewskijs Lebensroman. Hamburg 1960, S. 249f.

9 Dmytro Donzow: Der Geist Rußlands. München-Lochhausen 1961, S. 13f.

10 Swetlana Allilujewa: 20 Briefe an einen Freund. Wien 1967, S. 109.

11 Ebenda, S. 23ff.

12 Ebenda, S. 325.

13 Ebenda, S. 328f.

14 Ebenda, S. 14.

[15] Bernhard Roeder: Der Katorgan. Traktat über die moderne Sklaverei. Köln – Berlin 1956, S. 31.
[16] Interview in der Welt, 6./7. 5. 1978.
[17] Schlach Peremohy, München, 28. 5. 1978.
[18] Wolfgang Leonhard in „Publik", 27. 8. 1971.
[19] Neue Zürcher Zeitung, 25. und 29. 1. 1969.
[20] Süddeutsche Zeitung, 29. 8. 1973; Frankfurter Rundschau, 7. 9. 1973.
[21] Der Spiegel, Nr. 18/1969.
[22] Cornelia Gerstenmaier: Die Bürgerrechtsbewegung in der Sowjetunion. Hannover 1976, S. 78–84.
[23] Die Welt, 10./11. 6. 1978.
[24] Süddeutsche Zeitung, 10. 11. 6. 1978.
[25] Fedor Stepun: Der Bolschewismus und die christliche Existenz. München 1959, S. 31f.

Manche Dinge, die heute öffentlich gesagt werden, können eigentlich nur gesagt werden von Leuten, die keine Kinder haben oder die ihre Kinder abgeschrieben haben.

Robert Spaemann (1978)

HEINZGEORG NEUMANN

Generationenkonflikt – echt und manipuliert

Generationenkonflikte gehören zum Wesen des Menschen, auch wenn sie keineswegs immer und überall manifest werden. Sie sind Ausdruck jener fundamentalen „ungeselligen Geselligkeit“, von der Kant einmal gesprochen hat. Der Mensch habe sowohl die Neigung, sich zu vergesellschaften, als auch den großen Hang, sich zu vereinzeln. Diesen Antagonismus finden wir nicht nur im Leben eines jeden einzelnen, sondern auch im Verhältnis der Altersgruppen zueinander. An die stetig wiederkehrende Aufgabe, bestehende Grenzen zu überwinden und neue zu setzen, geht die jeweils junge Generation mit stärkeren Kräften des Willens und der Empfindung heran, aber mit geringerer Erfahrung und – von Naturwissenschaft und Technik abgesehen – meistens auch geringerem Wissen als die ältere. Beide Verhaltensweisen, Maßhaltung und Vorwärtsdrängen, sind für den Fortgang der Geschichte notwendig; echte Generationenkonflikte bieten keinen Anlaß zu ausnehmender Sorge. Doch ist sehr zweifelhaft, ob die gegenwärtige Feindseligkeit erheblicher Teile besonders der bürgerlichen Jugend gegen die ältere Generation wirklich dem Generationenkonflikt zuzuschreiben ist; manches deutet auf die entscheidende Mitwirkung der zeitgeistlichen Sozialreligion hin, wie sie in Schulen und Medien gepredigt wird. – Die folgenden Überlegungen gelten den echten und unechten Elementen des Generationenkonflikts in der Bundesrepublik. Zwar waren und sind kennzeichnende Erscheinungsweisen des Konflikts weltweit verbreitet, doch weist die Ausgangslage in Deutschland wichtige Besonderheiten auf.

Generationsspezifische Gegensätze

Zunächst fällt der Mangel an objektiven Umständen auf, die eine besondere Schärfe des Generationenkonflikts begründen könnten. Studenten und Schüler der sechziger und frühen siebziger Jahre waren mit Ausnahme der Kriegsjahre von der älteren Generation weder durch fundamentale Veränderungen der Lebensverhältnisse getrennt noch durch von den Älteren zu verantwortende Leiden der Jüngeren. Dies beides hätten im Laufe dieses Jahrhunderts zwei andere Gruppen junger Jahrgänge gegen die damals Älteren geltend machen können. Doch taten sie es nicht annähernd mit der Härte, die nun, seit rund anderthalb Jahrzehnten, so viel Unglück in die Familien zumal der bürgerlichen Schichten trägt.
An den beiden Altersgruppen unserer näheren Vergangenheit sind in diesem Zusammenhang folgende Umstände bemerkenswert: Das Verhältnis zwischen den Jahrgangsgruppen, deren Persönlichkeiten schon vor dem Ersten Weltkrieg geprägt waren (etwa 1885 oder älter), und den erst während oder nach diesem Kriege zu fertigen Persönlichkeiten gewordenen Jahrgängen, war wirklich durch fundamentale Veränderungen der Lebensverhältnisse belastet. Diese beiden Altersgruppen trennte der Zerfall von Glaubensüberzeugungen, von Ordnungen und Vorbildern, die im Kern durch Jahrhunderte gegolten hatten. Dazu kamen die grundverschiedenen Alltagserfahrungen im Umgang mit vordem unbekannten Techniken und Daseinsbedingungen. Die Älteren verstanden, in recht wörtlichem Sinne, die Welt nicht mehr – ohne eigenes Verschulden. Die Jüngeren konnten – beim besten Willen – die Erfahrungen der Älteren nur noch teilweise gelten lassen. Warum war der Generationenkonflikt dennoch weniger hart als heute?
An Ereignissen der Zwischenzeit liegt es kaum. Ähnlich den Jahrgängen seit 1940 war auch das Bewußtsein der 1910 und später

Geborenen schon von einer tendenziell egalitären Industriegesellschaft bestimmt. Der größere Wohlstand, den erstere von ihren Eltern empfingen, bot gewiß keinen rationalen Grund zu größerer Feindseligkeit. Zudem hätte die Jugend der Zwischenkriegszeit, die deren Elendsjahre und, meist ohne viel zurechenbare Mitverantwortung, zumindest einen der beiden Kriege zu erdulden hatte, der damals älteren Generation sehr wohl schwere Vorwürfe machen und einen harten Generationenkonflikt auslösen können. Auch die Jugend des zweiten Krieges und der ersten Nachkriegsjahre hatte wegen der Fehler ihrer Elterngeneration harte Leiden zu ertragen. Doch selbst diese Jüngeren warfen den Stein nicht auf die ältere Generation, wurden nicht blind vor Haß. Inmitten der physischen und psychischen Trümmer der Nation, an deren gottähnliche Größe sie großteils geglaubt hatten, fanden sie das Leben dennoch nicht sinnlos. Warum blieb das alles der bürgerlichen Jugend der Jahrgänge von 1940 bis 1955 vorbehalten?
Ziehen wir zur Erklärung noch den moralisierenden Vorwurf der zur Zeit Jüngeren heran, die Älteren seien – zudem erfolglose – „Kriegsverbrecher", so setzt schon dieser Leiden und Leistungen der Älteren mißachtende Vorwurf blinde Abneigung voraus, die ihrerseits der Erklärung bedarf. Ähnlich steht es mit dem Versuch, die Feindseligkeit mit der einseitigen Sorge der Älteren nur für wirtschaftlichen Wohlstand zu begründen. Die Ursachen solcher Einseitigkeit sind für durchschnittlich verständige Mitmenschen leicht begreiflich; sie sollten es besonders für Kinder gegenüber ihren Eltern sein. Wieso sehen trotzdem gerade diese Jüngeren in der wahrhaft erschöpfenden Lebensarbeit der Älteren nur platte Raffgier? Die Älteren gaben und geben den Jüngeren vollen Anteil an dem von ihnen erarbeiteten Wohlstand. Warum sieht die jüngere Partei dieses Generationenkonflikts darin nicht den guten Willen und die Freude, die Wohlstand immerhin bereiten kann, warum hält sie, gekränkt und verdrießlich, alles das für eine bösartige Abfindung an Stelle verweigerter Zuwendung? Objektiv sind generationenspezifische Gegensätze kaum erkennbar, die diese und verwandte Erscheinungen erklären würden.

Die Feindbilder der Jugendrebellion sind großteils nicht generationsspezifisch

Auch Eigentümlichkeiten der Feindbilder dieses vermeintlichen Generationenkonflikts, nicht nur ihr düsterer und schwer erklärlicher Ingrimm, erwecken Zweifel an dessen Echtheit. Die Jugendrevolteure und ihre Hilfswissenschaftler bezeichnen von ihnen angegriffene Werte und Ordnungen gern als *Tabus*. Das Wort soll suggerieren, es handle sich um antiquierte Normen, Gebote und Verbote, deren ursprüngliche Begründungen mit dem fortschreitenden Schwinden primitiver Ängste und Bedürfnisse hinfällig geworden seien – sofern es sich nicht überhaupt nur um die ideologische Tarnung ausbeuterischer Herrschaftssysteme handelt. Aber bei näherer Betrachtung erweisen sich die von der progressiven Jugend „abgeworfenen Tabus“ als ethischer und ästhetischer Kernbestand der seit Beginn zumindest der europäischen Hochkulturen – einschließlich der jüdischen – gültigen Normen personaler Existenz. Sie ist ohne die Achtung dieser Normen ähnlich unmöglich wie physisches Dasein ohne Beachtung der Naturgesetze.

Die ethischen Normen personaler Existenz bleiben sich wesentlich gleich, vom Dekalog über die Stoa, die christliche und die islamische Ethik bis hin zu Kant und Scheler. Mit Ausnahme des christlichen Liebesgebotes beschränkten sich Änderungen zumeist auf Sanktionen und Prioritäten. Die Erfahrung – auch die der Jugendrebellion – zeigt, daß wir ethische Normen zwar mißachten, aber nicht ändern können. Immer wieder geht es dabei um einen der fundamentalen Unterschiede zwischen Mensch und Tier: die Fähigkeit und Pflicht des Menschen, wenn nötig zu lassen, was ihn freut, und zu tun, was mühevoll, schmerzlich und gefährlich ist. Es geht um die Freiheit ethischer Entscheidung, mit der wir zugleich geschlagen und begnadet sind. Diese Freiheit wird nur als Entscheidung zwischen Normen und gegenüber Normen verwirklicht; ohne das aus ethischen Normen gebildete Navigationssystem ist Freiheit Willkür, Beliebigkeit, führt sie ins Chaos. Doch solche Freiheit verlangt in ihrem Gebrauch geübte Kräfte, nicht anders als die Entfaltung physischer oder intellektueller Fähigkeiten. Die Einübung wiederum kann nur an Widerständen geschehen, an

Mühen, Entbehrungen, Hindernissen und Gefahren, wie sie seit jeher die Erziehungssysteme künstlich aufzubauen pflegen, zumal für die begabtere Jugend, ähnlich den Bahnhindernissen für junge Spring- oder Rennpferde.

Indem die Jugendrevolteure ihre Indoktrination gegen die dem Kern personaler Existenz zugeordneten Werte und Normen richten – zugleich auch gegen die zu deren Einübung notwendigen Erziehungsweisen –, wenden sie sich gegen die freie und schöpferische Entfaltung der Person. Sie wenden sich gegen den möglichen Sinn der Geschichte aller uns auf europäischem Boden vorangegangenen Generationen – keineswegs nur gegen die derzeit noch diensttuende ältere Generation. Das ist kein generationenspezifisches Feindbild.

Das Echte an diesem Generationenkonflikt

Merkmale echter Generationenkonflikte sind regelmäßig die stärkeren Willenskräfte auf seiten der Jüngeren, bei geringerer Einsicht in die Grenzen der Realisierbarkeit allen Wollens – auch bezüglich des Preises, der den Zeitgenossen für ideale Bestrebungen abverlangt werden darf. Dabei können die Willenskräfte der Jüngeren darauf gerichtet sein, das Werk der Älteren bei gleichbleibender Zielrichtung zu übertreffen. Als Beispiel mag das Verhältnis der Zwischenkriegsjugend zur Generation des Ersten Weltkrieges gelten. Oder sie können einer kräftigen Kursänderung gegenüber den Zielen der Älteren dienen. Der Konflikt der Romantiker mit der Vätergeneration der szientistisch-rationalistischen Aufklärung bietet dafür ein Beispiel; auch der echte Teil des gegenwärtigen Generationenkonflikts ist diesem Typus zuzurechnen.

Seine echten Themen, spontan und generationenspezifisch, mit Gespür für Not und Gebot der Epoche, sind die übersteigerten Geltungsansprüche technisch-funktionaler und utilitärer Kriterien. Dazu gehört das passionierte Eintreten der Jugend für den Schutz der außermenschlichen Schöpfung, der – wenig treffend – als „Umwelt" bezeichneten Natur, vor technisch-ökonomischer Zerstörung. Dazu gehört das Bestreben, der zunehmenden Verwirtschaftung des Menschen entgegen, wieder Raum, Zeit und Kräfte für die personale Existenz zu gewinnen – so sehr die Vorstellungen der Jüngeren von den Bedingungen personaler Existenz die Wirklichkeit auch verfehlen mögen.

All das ist als *komplementäre Gegenkraft* nötig, um der rasch fortschreitenden Versachlichung, Funktionalisierung und ökonomischen Rationalisierung der Industrievölker Grenzen zu setzen. Die ältere Generation sollte diese Ansätze erkennen und anerkennen, dabei auch die übliche Pflicht der Älteren erfüllen, Übersteigerungen der Jüngeren zu begegnen. Als Besonderheit des Zeitalters obliegt es den Älteren außerdem, im Denken und Empfinden der Jüngeren die echten, generationspezifischen Anliegen des Generationenkonflikts von der im Grunde generationsneutralen Indoktrination mit linken Glaubensüberzeugungen zu scheiden. Zum Beispiel sollten die Älteren den Jüngeren verständlich machen, daß ihr Verlangen nach Stärkung der personalen Existenz gegenüber dem nur funktionalen Dasein unvereinbar ist mit der Überschätzung der rationalen gegenüber der emotionalen Sphäre, unvereinbar mit der Vergötzung der Wissenschaft zu Lasten der Erfahrungen des Lebens und der Geschichte. Die Jüngeren sollten begreifen, wie widersinnig es ist, die Menschen mit guten Gründen zur Erneuerung ihrer Eigenständigkeit gegenüber der Allmacht ihres auf Naturgesetze gegründeten technisch-ökonomischen Systems zu mahnen, wenn man sie gleichzeitig zur Mißachtung gerade des ethischen Normensystems erzieht, das allein die Eigenständigkeit des Menschen gegenüber dem technisch-ökonomischen Normensystem gewährleistet.

So gibt es innerhalb des echten Generationenkonflikts mehrere Bereiche, in denen der Erfolg der Jüngeren von der Hilfeleistung der Älteren abhängt. In den Grenzen des echten Generationenkonflikts sollten sie solche Hilfen auch dann gewähren, wenn die Ziele nicht die ihres eigenen Wirkens sind. Sie können helfen kraft der Erfahrungen ihres härteren Lebens, dank ihres prägenderen Bildungssystems und wegen ihres breiteren geschichtlichen Wissens – Quelle der immer noch verläßlichsten Einsichten in die Möglichkeiten und Grenzen des Menschen. Sie müssen es, weil sonst die Vermengung echter und unechter Elemente dieses Generationenkonflikts ihre zerstörenden Kräfte behält.

Neben diesen echten und gerechten Elementen des Generationenkonflikts sind zwei Konfliktthemen zu nennen, die zwar ebenfalls generationsauthentisch, aber überflüssig sind: die Themen Friedensliebe und Nächstenliebe. Hier sehen die Jüngeren einen fundamentalen Gegensatz, wo es in Wahrheit nur um graduelle Unterschiede zwischen dem Möglichen und dem Wünschenswerten geht. Die Älteren haben Schmerzen und Greuel des Krieges selbst erlitten; sie bedürfen der Ermahnung zur Friedensliebe nicht. Und die Älteren gehören der deutschen Generation an, die während der ersten Nachkriegsjahre, zumeist selbst schlecht behaust, hungernd und frierend, knapp zehn Millionen mittellose Flüchtlinge aufnahm, sie zunächst mit dem Nötigsten und danach mit den Grundlagen eines neuen Daseins versorgte. Das war eines der in jedem Sinne größten Werke tätiger Nächstenliebe im gesamten Ablauf der uns bekannten Geschichte. (Man vergleiche damit das Verhalten der übrigen Araber gegenüber den Flüchtlingen aus Palästina – seit rund dreißig Jahren!) Die Generation dieses Werkes bedarf der Ermahnung zur Nächstenliebe kaum. Wenn sie zur Rücksicht auf die Grenzen des Möglichen mahnt, zur Sicht auf die Wirklichkeit, bleibt sie im Recht.

Unechter Generationenkonflikt – echte Indoktrination

Die unechten, nicht generationsspezifischen, nicht spontanen Elemente dieses Konflikts der Altersgruppen entspringen bestimmten Glaubensüberzeugungen der Neuen Linken, gepredigt von Lehrern und Medienredakteuren. Wie gesagt, richten sie sich gegen Kernbestände der ethischen und ästhetischen Normen der europäischen Kultur, auch gegen die Geschichtserfahrung aller bisherigen Hochkulturen. Die Darstellung linker Glaubensüberzeugungen pflegt Bücherwände und bedeutende Teile von Bibliotheken zu füllen. Gleichwohl mag es hier gestattet sein, einen zentralen Glaubensartikel der Linken in nur wenigen Sätzen zu kennzeichnen, der als wichtigstes Element des unechten Generationenkonflikts gelten kann:

Es ist die besonders von Rousseau wirksam propagierte Glaubensüberzeugung von der Möglichkeit, dem Menschen durch grundstürzende Veränderungen seiner kulturellen und zivilisatorischen („sozialen") Daseinsverhältnisse die Rückkehr in einen imaginierten Urzustand glücklicher Zufriedenheit zu eröffnen. Dieser Glückszustand wird als soziales Wohlbefinden verstanden, als ein Dasein ohne größere Mühen („Leistungsdruck"), ohne Mangel und Angst, von Zwang und Not zu schweigen – das Glück des Ochsen Heraklits in seinem Stall, dazu noch als Freiheit gepriesen. Auf diesen Glückszustand habe die Jugend – so hört sie es von Lehrern und Massenmedien – einen gegen die von den Älteren bestimmte Gesellschaft gerichteten Anspruch; das Glück stehe ihr zu, ohne die Pflicht, dazu erst einmal durch eigene Leistung beizutragen. Den Anspruch solle die Jugend durchsetzen, in ständiger Konfliktbereitschaft zumal gegenüber dem Establishment der älteren Generation.

Religiöse und ethische Normen, die Traditionen und Autoritäten aller Bereiche, auch Leistungsforderungen der Industriegesellschaft soll die junge Generation vornehmlich als tückisches Mittel zur Tarnung und Verstärkung ausbeuterischer Herrschaftsordnungen durchschauen. Von den Älteren gepflegte und geforderte Formen, von Kleidung, Haartracht und Körperpflege bis zu den Gewohnheiten zwischenmenschlichen Verhaltens, soll die Jugend als illegitime Hindernisse auf dem Wege zu dem verheißenen Glückszustand bekämpfen – der zugleich als Selbstverwirklichung begriffen wird. Versuche der Älteren, die Welt, so wie sie ist, nicht als Jammertal zu sehen, sondern als etwas trotz aller Mängel Erhaltenswürdiges, soll die Jugend als bösliche Vortäuschung einer heilen Welt zurückweisen. Dazu wird ihr eine puristische Hinterfragungstechnik nahegebracht. Weil nichts vollkommen ist, weil besonders Moral immer nur unvollkommen gelebt wird, weckt sie bei den Älteren Zweifel, ob vielleicht ihre Moral nur Heuchelei sei und ob sie selbst denn würdig seien, für das Sittengesetz einzutreten.

Auf solche Grund-Sätze linker Indoktrination gehen die unechten Elemente, geht der aus dem Generationenverhältnis selbst kaum erklärliche Zorn des in den sechziger Jahren ausgelösten Generationenkonflikts großenteils zurück; andere Artikel der linken Heilslehre sind in dieser Hinsicht weniger wichtig. Das ist der Ursprung der intensiven Feindseligkeit gegen die Älteren, deren „Ge-

sellschaft“ den Jüngeren vermeintlich ihr Glück vorenthält, sei es aus Bosheit oder aus Gleichgültigkeit.
Begreiflich auch, daß die mit dem Glauben an ihr angeblich realisierbares Anrecht auf ein dauerhaft glückliches Dasein indoktrinierten Jungen traurig sind, nicht nur zornig, so trist wie wohl selten eine Generation zuvor. Sie messen all ihr wirkliches Erleben an dem utopischen Glückszustand linker Verheißung – und finden es natürlich sehr enttäuschend. Zorn und Trauer bestärken sich wechselseitig, Unlust und Resignation kommen hinzu; als Folge sinkt auch der Leistungswille. Im gleichen Sinne wirken Fehlleistungen progressiver Pädagogik, die Christa Meves in einer Reihe von Arbeiten so treffend beschreibt.
Keine dieser künstlich indoktrinierten, nicht generationsauthentischen Erscheinungsweisen des Generationenkonflikts steht in folgerichtigem Zusammenhang mit dessen echten Themen. Aber den Urhebern des unechten Konflikts ist es gelungen, Echtes und Unechtes zu einem politisch ausnehmend wirksamen und für beide Generationen schädlichen Gemisch zu verbinden.

Urheber und Folgen des unechten Generationenkonflikts

In dem Sachverhalt liegt dennoch ein positiver Ansatz; denn Indoktrinationskonflikten läßt sich eher entgegenwirken als Generationskonflikten. Nicht nur sind ihre Positionen nach der Erfahrung des Lebens wie der Geschichte ähnlich unhaltbar wie nach den Denkgesetzen; im Unterschied zu generationsauthentischen Konflikten haben Indoktrinationskonflikte regelmäßig bestimmte Personenkreise zu Urhebern, denen man entgegentreten kann – in diesem Fall besonders dem seinerseits mit linken Glaubensüberzeugungen indoktrinierten Teil der Lehrerschaft.
Wie schwerwiegend die Mißstände inzwischen geworden sind, die Gegenmaßnahmen erfordern, das kommt auch in einem Vortrag zum Ausdruck, den George F. Kennan am 30. Mai 1978 vor der Kapitelsitzung des Ordens „Pour le Mérite“ für Wissenschaften und Künste hielt. An einem Schwerpunkt seiner Ausführungen sprach er von „... Problemen, die sich aus der Wirkung der Lebensweise dieses Wohlfahrtsstaates auf den einzelnen Menschen,

und besonders auf den jugendlichen, ergeben – die ungesunde körperliche und seelische Behaglichkeit, die Selbstverweichlichung, die Laxheit, die Passivität der meisten Vergnügungen, die permissive Erziehung, der Mangel an Selbstzucht bei den Eltern und an einer gesunden Disziplin bei den Kindern".

Die Geschichte kennt durchaus Völker und besonders Führungsschichten, die in wirtschaftlichem Wohlstand lebten, ohne bedeutende Teile ihrer jungen Generationen in einen Zustand verfallen zu lassen, wie Kennan ihn zutreffend beschreibt. Hier haben wir es nicht mit Folgen des Wirtschafts- und Sozialsystems, sondern des Erziehungssystems unseres Wohlfahrtsstaates zu tun. Darin liegt gewiß auch ein Stück Mitverantwortung der Eltern. Oft haben sie die Jugend durch *Nicht*-Erziehung geschädigt, die sie mit antiautoritärer Erziehung gleichsetzten. Feine Unterscheidungen gingen ihnen im brausenden Wortschwall „verwissenschaftlichter" Pädagogik verloren. Aber in ihrer übergroßen Mehrheit haben Eltern die anti-autoritäre Erziehung weder erfinden helfen noch sie aus eigenem Entschluß gefördert. Jahrzehntelang war sie ihnen von professionellen, vermeintlich überlegen sachkundigen Pädagogen, von progressiven Bildungspolitikern und Kultusministerien als das Moderne, das Fortschrittliche und Notwendige angepriesen worden. Die Verantwortung der Eltern ist darauf beschränkt, dem Theorienschwall dieser Personenkreise geglaubt zu haben, obwohl die unmittelbaren Erfahrungen mit den Kindern oft deutlich dagegen sprachen.

Die wichtigste Ursache der Verschärfung dieses Generationenkonflikts durch unechte, nicht generationspezifische Themen liegt in der Entschlossenheit starker Elemente der Lehr- und Informationsberufe, durch Jugendindoktrination zur künftigen Alleinherrschaft sozialistischer Glaubensüberzeugungen beizutragen. Viele Schulbücher und wichtige Rahmenrichtlinien, daneben für Kinder und Jugendliche bestimmte Medienprogramme der entscheidenden Jahre, ließen daran wenig Zweifel.

Bei diesen Berufen muß folgerichtig die Wendung zum Besseren einsetzen. Vorsorglich sei bemerkt, daß entsprechende Überlegungen, soweit sie die Informationsberufe betreffen, keinesfalls die Pressefreiheit berühren. Die durch Pressefreiheit geschützte Aufgabe der Informationsberufe liegt in der Mitteilung von Nachrichten und Meinungen an ein Publikum, das grundsätzlich imstande ist, sich über das Mitgeteilte ein eigenes Urteil zu bilden, es anzunehmen oder abzulehnen – ganz oder teilweise. Diese Voraussetzungen sind im Verhältnis zwischen Lehrern und Erziehern einerseits, Kindern und Jugendlichen andererseits nicht grundsätzlich als gegeben vorauszusetzen. Schon deshalb ist den Massenmedien kaum eine durch Pressefreiheit geschützte Erziehungsaufgabe zuzuerkennen.

Während Willy Brandt, Vorsitzender der SPD, das Lehramt nicht zu den Bereichen des öffentlichen Dienstes gerechnet wissen will, deren Bewerber auf ihre Verfassungstreue überprüft werden, betonte Bundespräsident Scheel in seiner Rede zum 17. Juni 1978 die Schlüsselrolle der Lehrer. Er bedauerte die weitgehende Unkenntnis der Jugend über Deutschland, die Ursachen seiner Teilung und die Prinzipien seiner Einheit; er erinnerte an das Verfassungsgebot zur Einheit der Nation. Im Anschluß daran traf er folgende, über das unmittelbare Thema hinaus bedeutsame Feststellung: „*Die Lehrer dieses Landes haben sich an die Verfassung zu halten, und die Länderregierungen haben die Pflicht, die Voraussetzungen dafür zu schaffen, daß sich die Lehrer an die Verfassung halten können.*“

Zumindest die von der Union regierten Bundesländer sollten *diese* Pflicht ohne Scheu vor Angriffen der linken Bildungsideologen erfüllen. Die Eltern – Hauptleidtragende des unechten, ideologisierten Generationenkonflikts – sollten sie dabei nachdrücklich ermutigen und unterstützen. Sie können das nur dann, wenn sie sich gründlichere Kenntnisse von den Glaubensüberzeugungen und Indoktrinationsmethoden linker Lehrer verschaffen, als das bisher zumeist geschieht. Der Aufwand an Zeit und Mühe erscheint jetzt besonders lohnend, weil unter Oberschülern und Studenten eine Wendung *gegen* die Jugendrevolteure schon im Gange scheint. Sie wird gemeinsame, gegen die unechten Elemente des Generationenkonflikts dieser Jahrzehnte gerichtete Bemühungen von Eltern und Politikern zumal dann erleichtern, wenn beide die echten, generationsauthentischen Elemente des Konflikts ihrer Bedeutung gemäß zu würdigen suchen, besonders das Bestreben der Jüngeren, die Geltung utilitärer wie funktionaler Kriterien einzuschränken und zu prüfen, inwieweit Sachzwänge wirklich zwingend sind.

HANNA-RENATE LAURIEN

Ratlose Erwachsene, unbegleitete Jugend

„Warum bin eigentlich ich ständig ein Jugendheim?“ Frage einer Mutter, Endvierzigerin. Sie meint: die Freunde und Freundinnen der beiden Söhne (15 und 16 Jahre) finden sich ständig in ihrem Haus ein, wollen etwas besprechen, da sein. Plötzlich übernachtet jemand zusätzlich auf dem Flur. Dabei: sie hat mit Beruf und Familie eigentlich genug am Hals, und doch finden sich die jungen Leute immer wieder bei ihr ein. Sie kann zuhören und reden, sie strahlt – wechselnd – Leidenschaft und Ruhe aus, sie nimmt die jungen Leute mit ihren Fragen ernst. Sie selbst ist im Laufe des Lebens selbständig geworden, aber sie kreist nie um sich selbst. Bei ihr können die jungen Leute ganz selbstverständlich mal etwas zwischendrin „kauen“ – Brot so gut wie Fragen.

Und die andern Eltern? Die einen sind für einen „ordentlichen“ Haushalt, fürchten den Kratzer auf den neuen Möbeln, den andern sind die Fragen lästig. Da muß man ja mit der Antwort ein Stück von sich selbst preisgeben, da muß man sagen, wo man steht; da wird sichtbar, ob man überhaupt wo steht. Entscheidungsangst, Meinungsflucht wird im Verstummen nicht weniger Eltern sichtbar. In den Parteien hat die Grundwertediskussion ziemlich spät wieder eingesetzt, auch in den Familien fiel sie jahrelang aus. Man verwechselte nicht selten Pluralismus mit Beliebigkeit, ließ Kinder unbegleitet, ungeleitet.

Die alte Drill- und Anpassungspädagogik wurde durch das andere Extrem, die Richtungslosigkeit abgelöst. Richtung vermitteln – nicht erzwingen –, das setzt einen wertorientierten Freiheitsbegriff voraus. Hier gab und gibt es Wirrungen. Freiheit als Freisein von unwürdigen Zwängen ist etwas anderes als Freisein von jeder Bindung. Antiautoritär wollte man sein und vergaß den Unterschied zwischen ungutem Autoritär-Sein und unerläßlichem Autorität-Haben.

Für Eltern, für Erzieher eine schwere Aufgabe, der Meinung des jungen Menschen, auch dann, wenn man sie nicht teilt, tolerant zu begegnen, ihm aber die Information über die eigene Wertentscheidung nicht vorzuenthalten. „Mach's doch, wie du willst", das ist nicht Freiheit, das ist der Verzicht auf das Angebot von Überzeugung, das ist die Abkehr von Begleitung.

Wertorientierung in Freiheit – kann das gelingen?

Ein erlebtes Beispiel. Evangelischer Pfarrhaushalt. Der Älteste erklärt, sich nicht konfirmieren lassen zu wollen. „Mutti, du hast gesagt, man soll die Wahrheit sagen. Stell dir mal vor, dann steh ich da vor Gott und sage, daß ich ihn glaube, und das ist dann nicht wahr." Die Eltern schmerzt es, aber sie nehmen es an. Konfirmation eines jüngeren Geschwisters. Familie, Essen, kleine Tischrede des Vaters. Er nimmt bezug auf den Ältesten. „Wir respektieren deine Entscheidung, doch es schmerzt uns, daß du diesen Weg nicht willst. Du fehlst uns, und auch für dich schmerzt es uns, daß du dieses Gut, diesen Glauben abweist. Nur dies noch: wir lieben dich sehr, immer." – Der Junge, neben mir, gibt mir einen Rippenstoß: „Mensch, der Vater heult ja bald." Ich: „Ja, ich auch beinahe." Er: „Findet Ihr Glauben so gut?" Ich: „Ja. Und ich denke, eines Tages merkst du das vielleicht auch." Da mischt sich der Vater ein: „Und wenn du das merkst, richtig merkst, dann handle entsprechend. Dann denke bloß nicht, du dürftest von deiner jetzigen Meinung nicht runter, Gesicht verlieren und so. Richtig erwachsen ist man, wenn man seiner Einsicht folgt, auch wenn es eine neue Einsicht ist."

Leider geht es so nur in wenigen Familien zu. Die Mehrheits-Realität ist anders. In den „Evangelischen Kommentaren" war im März 1978 ein knapper Bericht eines Pfarrers zu lesen: In Wiesbaden 36 Konfirmanden. Ein Drittel kennt das Vaterunser nicht, die

Hälfte kennt's nur zum Teil. Die Hälfte kennt auch kein Gebet, ein Viertel kein einziges der Zehn Gebote und 90% haben noch nie – weder bei Tisch noch morgens oder abends – ein gemeinsames Gebet in der Familie erlebt.
Erziehung kann man nicht der Regenbogenpresse überlassen, Kinder, die stundenlang vorm Fernsehen sitzen und mit denen niemand während der Sendung oder im Anschluß an sie über das Gesehene spricht, sind verlassen. Erziehung verlangt Tun, Einstehn, personale Konsequenz. Folgenlosigkeit und Unverbindlichkeit produzieren allein gelassene Jugendliche.
Großes Jubiläumstreffen der Freunde und Ehemaligen eines renommierten humanistischen Gymnasiums, dessen Gründung viele hundert Jahre zurück liegt. Musik und Reden vor dem geselligen Teil. Musik – großartig vorgetragen von heutigen Schülern, lange eingeübt, freudig präsentiert. Aber: ganze Tische der Erwachsenen schwätzen. Selbst als nach einem Satz der Vorsitzende ein paar mahnende Worte spricht, hält es nur ein paar Takte lang. Musik – davon läßt man sich berieseln; zuhören – was ist das? Aber dieselben Leute sprechen unsanft über die Disziplinlosigkeit der Jugend von heute, verherrlichen die ungeheuer bildende Kraft des Gymnasiums von gestern, kritisieren das Heute. Achtung vor der Leistung der Jugend? Disziplin gegen sich selbst? Wird ihnen klar, wie sie diese Jugend verlassen?
Wer nur sich sieht, wer die Konsequenzen erzieherischer Forderungen für sich selbst ausläßt, der wirft Jugend in geistig-menschliche Elternlosigkeit. Jugend erwartet von uns nicht Fehlerlosigkeit. Sie erwartet nur, daß wir uns stellen, daß wir da sind.
Und immer wieder erfährt man: wo junge Menschen spüren, daß man sie und sich selbst fordert, entziehen sie sich nicht. Schulfest – die größten Randalierer legen auf einmal mit Hand an, packen, räumen. Ski-Schulfahrt oder Studienfahrt – soziale Verantwortung wird gelebt. Ein großes Altersheim in der Nähe der Schule: der Vorschlag, Ausfahrdienste und Spazierbegleitung am Wochenende zu übernehmen, wird nicht nur diskutiert, sondern verwirklicht. Wahlkampf: treue, unermüdliche, aufmerksam-helfende junge Leute.
Viel Kritik an der Jugend von heute ist nichts anderes als Kritik an uns, der Erwachsenengeneration. Unsere Furcht vorm

Bekenntnis. Der Irrtum, Wohlleben bringe schon Glück, und Glück lasse sich kaufen.
Dahinter steht ein Defizit an Mitmenschlichkeit, dahinter steht wohl auch ein Mißverständnis von Emanzipation. Wenn Mann und Frau sich nur *selbst* verwirklichen, bleibt der Schwächste, das Kind, auf der Strecke. Der Frau Selbständigkeit in der Familie zu geben, Selbständigkeit nicht an außerhäusliche Erwerbstätigkeit zu binden, ist ein Schritt zur Begleitung der jungen Generation. Weder ist die materielle Gleichrangigkeit der Familie mit Kindern gesichert, noch hat die Mutter soziale Sicherung und allgemeine Anerkennung ihrer Aufgabe.
Selbstverständlich kann und soll eine Frau Familien- und Berufsaufgaben – je nach Begabung, Beruf, Familienstruktur – verbinden können. Aber hier geht es um etwas anderes, hier geht es um die *Flucht* in die Doppelrolle. Gründe: Finanzielle Selbständigkeit gegenüber dem Mann und Angst vor dem Erziehen. Verweigerte Partnerschaft ist eine Wurzel der Flucht; fehlende Wertverhaftung, fehlender Mut zum Bekenntnis die andere. Familie darf so nicht alleingelassen werden. Die öffentliche Meinung muß diese Fragen thematisieren. Und die Kirche? Macht sie den jungen Männern hinreichend klar, wie man Partnerschaft in Mitmenschlichkeit verwirklicht? In unserm Erziehungs- und Bildungskonzept drücken wir aus, was wir vom Menschen, was wir von der Zukunft halten. Erziehung versucht weiterzugeben, was die amtierende Generation für wichtig hält, und das zu korrigieren, was sie als fehlerhaft erfahren hat.
Was geben wir unserer Jugend weiter? Als Demokraten, als Christen? Statt Ortlosigkeit sollten wir Grundgesetz und Bibel setzen, statt Verstummen Gespräch. Mühsam? Ja, das ist es. Aber eine Mühsal, die lohnt.

GOTTFRIED EISERMANN

Vater, Mutter, Kinder

Die zwiespältige Generation

Das Geschlechtsmerkmal ist unaufhebbares biologisches Kennzeichnen eines Menschen. Unaufhebbar heißt, es gibt nichts jenseits des Geschlechts. Auch wenn einige Menschen ihr Geschlecht durch chirurgische Eingriffe wandeln, ist es nicht aufgehoben in der Form einer biologischen Synthese. Unabhängig davon, ob es eine künstliche Gebärmutter in der fernen Zukunft geben wird, werden die unterscheidbaren übrigen Geschlechtsmerkmale bleiben, die sich in der biologischen Evolution herausgebildet haben. Es ist kein menschliches Wesen denkbar, das sich nicht selbst und andere als männlich oder weiblich denkt.

Marielouise Janssen-Jurreit: Sexismus. München – Wien 1976, S. 713.

Geschlechtsdifferenzierung

In allen uns bekannten Gesellschaftssystemen, aus dem Dunkel der Vorzeit bis in unsere Gegenwart hinüberreichend, werden die sozialen Rollen, ebenso wie bei unseren nächsten Verwandten, den anderen Primaten, zunächst aufgrund von Geschlecht, Alter und Blutsverwandtschaft zugeteilt. Dabei handelt es sich nicht etwa um rein physisch-biologische, sondern immer auch zugleich um sozial definierte Merkmale. Wie wichtig sie sind – mögen sie in ihrer Gewichtigkeit zueinander sich auch verschoben haben –, geht daraus hervor, daß das an dritter Stelle genannte Merkmal, entgegen der offiziellen „wissenschaftlichen“ Doktrin, sogar in den jüngst erschienenen sozialistischen Gesellschaftssystemen seine Bedeutung gewahrt hat.

Die Verhaltensforscher und Paläoanthropologen, die unser Bild vom Menschen und damit von uns selbst in den letzten Jahrzehnten so nachhaltig umgeprägt haben, versichern darüber hinaus, daß es nicht nur soziale und kulturelle Einflüsse – also Sozialisation und Enkulturation – seien, sondern angeborene Verhaltenscharakteristika, die bewirken, daß ein männlicher Primat im allgemeinen so stark von seinem Dominanzstreben geplagt wird und daß diese seit dem Eintritt des artgeschichtlichen Dimorphismus, also der Zweigeschlechtigkeit, ihn eher dazu disponiere, äußeren Bedrohungen durch andere Lebewesen zu begegnen. Deshalb möchte eine Verhaltensforscherin, gerade weil sie, wenn auch keineswegs Feministin, so doch entschiedene Gegnerin des männlichen „Tarzanmythos“ der phylogenetischen Herkunft des Menschen ist, „mit allem pflichtschuldigen Respekt vor dem Pavian und seinen Bewunderern erklären, daß Homo sapiens als soziales Wesen unauslöschlich nach dem hedonistischen Schema der Dominanz durch Schaustellung geprägt ist ...“[1]

In aller Regel werden von den Wissenschaften, die sich mit dem Menschen beschäftigen, zunächst die absoluten biologischen Geschlechtsunterschiede zwischen Mann und Frau anerkannt. Diese beruhen auf den sich ergänzenden Fortpflanzungsfunktionen. Man nennt sie im allgemeinen die primären Geschlechtsmerkmale, aufgrund deren der Mann in der Lage ist, das Kind in der Frau zu zeugen, die dann schwanger wird, das Kind austrägt, gebiert und stillt. Diese Unterschiede sind ganz eindeutig, und die entsprechenden Funktionen können in keinem Fall von dem jeweils anderen Geschlecht wahrgenommen werden.

Hinzu kommen die relativen Geschlechtsunterschiede, die auf Durchschnittswerten beruhen, also im Einzelfall nicht immer zutreffen müssen, die sich aber herausstellen, wenn man eine größere Anzahl von Männern mit einer größeren Anzahl von Frauen vergleicht: Männer haben einen stärkeren Haarwuchs im Gesicht und am Körper, z.B. normalerweise hat ein Mann Bartwuchs oder ist an verschiedenen Körperzonen stärker behaart, während die betreffenden Körperteile bei der Frau zumeist unbehaart sind. Füße und Hände der Frau sind schmaler und kleiner, während ihr Bekken breiter ist, ihre Hüften und Schenkel dicker als die der Männer. Mißt man die Muskelkraft mit einem Dynamometer, so kann man feststellen, daß Frauen um fast 30% schwächere Muskeln haben als Männer[2]. Auch können die Männer im Durchschnitt schneller laufen als die Frauen. Der männliche Körper besteht zu 15% aus Fett, während der weibliche Organismus 25% Körperfett enthält. Schließlich hat die Frauenstimme eine höhere Lage als die Männerstimme. Männer sind etwa 10% größer als Frauen, und Frauen haben im Verhältnis zu ihrer Körpergröße ein kleineres Herz und kleinere Lungen.

Die Frau könnte demnach körperlich gesehen, als das „schwächere" Geschlecht bezeichnet werden. Andererseits sind die Männer den Frauen unterlegen, wenn man ihre Sterblichkeitsrate auf den einzelnen Lebensabschnitten untersucht. Von der Empfängnis an, also schon vor der Geburt, ist der männliche Mensch mehr vom Tod bedroht als die Frau: auf etwa 100 Mädchen werden 120 Jungen empfangen im Vergleich zu 100 geborenen Mädchen auf 106 geborene Jungen. Die durchschnittliche Lebenserwartung der Frau ist um etwa sieben Jahre höher als die des Mannes.

Was die Intelligenz anbelangt, so gibt es zwar Unterschiede auf einigen Gebieten, d. h., jedes Geschlecht besitzt für es charakteristische Begabungen – z. B. bessere mathematische Leistungen bei Jungen[3] und – wie einschlägige Forscher unabhängig voneinander konstatierten (Anastasi u. Foley 1937, Terman u. Tyler 1954, Strunz 1960, Klausmeier u. Eiersma 1964/65, Maccoby 1966 usw.) bessere verbale Leistungen bei Mädchen[4] –, aber beide Geschlechter haben eine gleich hohe Gesamtintelligenz.

Mann und Frau unterscheiden sich also nicht nur in ihrer anatomischen Erscheinung. Die biologischen Unterschiede weisen ihnen auch unterschiedliche Lebensaufgaben zu. Bekanntlich ist ja die ursprünglichste Arbeitsteilung diejenige zwischen den Geschlechtern. So kann ein Mann nie Mutter werden, eine Frau nie Vater. Wie das Mutter-Sein und das Vater-Sein verschiedene Lebensgestaltungen bedeuten, sind Mann und Frau auch in den übrigen Bereichen des Zusammenlebens unterschiedliche Aufgabenstellungen zugewiesen. Diese berücksichtigen in der Regel die biologischen Eigenschaften, die das eine Geschlecht für bestimmte Aufgaben besser geeignet erscheinen lassen als das andere.

So ist die Frau bei fast allen Völkern mit der Pflege der Nachkommenschaft und der Nahrungszubereitung beauftragt, während der

Mann die Verteidigung seiner Familie nach außen hin und die Beschaffung der Nahrung übernimmt. Diese Arbeitsteilung ist deshalb sinnvoll und natürlich, weil die Frau als Mutter durch Schwangerschaft, Entbindung und Pflege der Kinder enger an die Wohnstätte gebunden ist und die dort anfallenden Arbeiten erledigen kann, während der Mann räumlich ungebundener ist. In primitiven Gesellschaften führt er deshalb Jagd und Kriege durch, die längere Abwesenheit von der Wohnung erfordern. In unserer Industriegesellschaft geht er in der Regel einer außerhäuslichen Erwerbsarbeit nach. Die „innere Arbeitsleistung" der Frau in ihrer Rolle als Mutter ist schlechthin von vitaler Bedeutung, weil sie allein, so wichtig ihre „äußere Arbeitsleistung" in ihrer Berufsrolle für die modernen Volkswirtschaften auch ist, *unersetzlich* für unser Überleben ist. Diese Tatsache spiegelt sich in dem alten Sprichwort wider: „Die Welt ist das Haus des Mannes, das Haus ist die Welt der Frau."

Die hier durch den biologisch-sozialen Dimorphismus vorgegebene Unterscheidung der männlichen und weiblichen Daseinsformen betrifft nur die zentralen und daher unwandelbaren Bereiche des männlichen und weiblichen Lebens. So ist uns zum Beispiel keine Gesellschaft bekannt, in der die Kriegsführung ausschließlich oder auch nur vorwiegend Sache der Frauen ist. Die Welt der Amazonen muß in das Reich der Sage verwiesen werden. Andere, mehr äußerliche Arbeitsteilungen entwickeln sich unabhängig von den körperlichen Vorgegebenheiten und sind ein Spiegelbild des Wertsystems der jeweiligen Kultur. So überlassen die meisten primitiven Gesellschaften das Tragen von Lasten – eine wenig geachtete Tätigkeit, die man, wenn vorhanden, Eseln, Kamelen oder Sklaven aufbürdet – den Frauen, obwohl die Männer, wie vorher dargestellt, stärkere Muskeln haben und deshalb besser in der Lage sind, Lasten zu heben und zu tragen.

Kulturell bedingte Geschlechtsunterschiede

Bei den Melanesiern ist „Vaterschaft", wie wir sie kennen, eine rein soziale Beziehung. Ein Teil dieser Beziehung besteht in den Pflichten des Vaters gegenüber den Kindern seiner Frau; wie wir bereits zitierten, ist er da, „um sie in seine Arme zu nehmen". Er muß sie, wenn die Mutter auf dem Marsch müde wird, tragen und zu Hause bei ihrer Pflege helfen. Er steht ihnen bei der Verrichtung ihrer Bedürfnisse bei und säubert sie, und viele stereotype Ausdrücke in der Sprache der Eingeborenen beziehen sich auf die Vaterschaft, auf die ihr innewohnenden Beschwerlichkeiten und auf die Pflicht des Kindes, sich dem Vater gegenüber dankbar zu zeigen. Ein typischer Trobriandervater ist eine hart arbeitende und gewissenhafte Kinderpflegerin und gehorcht damit dem Ruf der Pflicht, der in der sozialen Tradition ausgedrückt wird. Tatsächlich ist der Vater stets an den Kindern interessiert, mitunter sogar leidenschaftlich, und kommt seinen Pflichten eifrig und gern nach.

Bronislaw Malinowski: Geschlechtstrieb und Verdrängung bei den Primitiven. Reinbek 1962, S. 34f.

Nicht zu allen Zeiten waren die Vorstellungen vom Wesen des Mannes und der Frau die gleichen, noch waren die ihnen zugeschriebenen sozialen Rollen dieselben wie heute. Ein Mann, der sich heute so aufführen würde wie es Goethe von Werther vom Jahre 1771 beschreibt, würde auf ein junges Mädchen sicherlich keinen Eindruck machen, sondern lächerlich wirken. Auch Männer wie die Trobriander oder auch die von M. Mead untersuchten Tschambuli würden nicht als „richtige" Männer in unserer Gesellschaft angesehen, obwohl diese Stämme in unserer Zeit leben. Daraus kann geschlossen werden, daß manche Eigenschaften und Verhaltensweisen, die wir als typisch weiblich oder typisch männlich ansehen, der Zeit und der Kultur unterworfen, also nicht angeboren, sondern erlernt sind.

Jede Gesellschaft baut ihr soziales und kulturelles Leben auf dem Unterschied der Geschlechter und der in jeder uns bekannten Gesellschaft anzutreffenden Arbeitsteilung zwischen den Geschlechtern auf. Da die im Vorangehenden herausgestellten biologischen Unterschiede der Geschlechter zur Festlegung und Abgrenzung von Mann und Frau allein nicht ausreichend erscheinen, ordnet jede Gesellschaft den Geschlechtern bestimmte Eigenschaften, Verhaltensweisen und Symbole zu. Als Symbole dienen vor allem Haartracht, Kleidung und Schmuck. Durch diese zugeordneten Symbole wird aus dem männlichen oder weiblichen biologischen Wesen die feminine oder maskuline soziale Persönlichkeit *Mann* oder *Frau*. Darüber hinaus präsentiert jede Gesellschaft der heranwachsenden Generation, bewußt oder unbewußt, mehr oder minder deutlich den vorgegebenen biologischen Dimorphismus sozial definierende Rollen, die sie sich durch Anpassung, Imitation und Internalisierung im Interesse des Überlebens des bettreffenden sozialen Systems anzueignen hat. *Generation aber heißt ursprünglich „Zeugung" und meint eine Geschlechterfolge oder die Zeitgenossenschaft einer Gruppe von Menschen mit gemeinsamer Problemlage und Grundstimmung.*

Das uns allen eigene und von uns als selbstverständlich an den Tag gelegte geschlechtstypische Verhalten, Kleiden und Schmücken wird durch kulturelle und erzieherische Einflüsse auf den jungen Menschen hervorgerufen. Das Kind erlernt im frühesten Alter die seinem Geschlecht gemäßen Verhaltensweisen. Es sieht an seiner Umwelt – zunächst an Vater und Mutter –, daß es zwei Geschlechter gibt, die ganz bestimmte und sich ergänzende Aufgaben haben. Dieser Geschlechtsunterschied tritt bei Kindern etwa im Alter von zwei Jahren voll ins Bewußtsein. Zwischen dem dritten und fünften Lebensjahr lernt es, sich selbst einem der beiden Geschlechter zuzuordnen: das Kind erwirbt damit die Fähigkeit zur Selbstkategorisierung[5].

Diese Selbstkategorisierung ist, wenn sie einmal eindeutig getroffen wurde, endgültig und nicht mehr aufhebbar, auch dann nicht, wenn ein Mensch im späteren Leben durch Unfall oder Krankheit seine primären oder sekundären Geschlechtsmerkmale verliert. Nun weiß das Kind, was es ist und was es immer bleiben wird: ein männlicher oder weiblicher Mensch. Die Tatsache und das Bewußtsein der Geschlechtszugehörigkeit bilden die *Grundlage der Selbstidentität,* die nicht überwindbar ist und in allen späteren Lebensphasen eine Sicherheit und Dauerhaftigkeit bedeutet, wie sie kein anderes Merkmal bieten kann. Hieran wird deutlich, wie gravierend es sich nicht nur für das individuelle Lebensschicksal, sondern für das Geschick der betreffenden Gesellschaft auswirken muß, wenn hierin vorsätzlich oder fahrlässig Ungewißheit, Unsicherheit oder gar Verunsicherung erzeugt wird.

Wird ein Kind geboren, so erhält es einen Namen, der eindeutig – so will es bei uns nicht allein mehr Sitte und Brauch, sondern das Gesetz – auf die Geschlechtszugehörigkeit des Kindes schließen läßt. In den ersten Lebensmonaten schon begegnen die Eltern mehr oder minder bewußt ihrem Kind als weiblichem oder männlichem Wesen. Sie stellen an das Kind Erwartungen, die sie und die Gesellschaft, deren Repräsentanten sie für das Kind sind, an die Geschlechtszugehörigkeit des Kindes knüpfen. Dies geschieht zum Teil unbewußt durch die Auswahl des Spielzeugs, aber auch ganz bewußt durch Lob und Tadel, durch eine das Verhalten prägende, reich abgestufte Skala „positiver“ oder „negativer“ Sanktionen. So lobt man Jungen gewöhnlich für ihre Tapferkeit und kritisiert sie, wenn sie zu ängstlich oder schüchtern sind. Mädchen werden beim Puppenspiel ermutigt und so in ihrer Mütterlichkeit gefördert, und man macht ihnen Komplimente für ihr Äußeres. Zeigt ein Mädchen hingegen Aggressivität, so wird es getadelt, während das gleiche Verhalten beim Jungen zumeist keine Kritik erfährt. Allmählich lernt das Kind, sich den erwarteten Verhaltensweisen anzupassen, es ahmt männliches und weibliches Verhalten nach und verinnerlicht es. Es braucht dann keine äußeren Anreize oder Kontrollen (wie Lob und Tadel) mehr; es hat nun eigene innere Wertvorstellungen entwickelt, an denen es sein Verhalten orientiert. Im Alter von etwa drei Jahren[6] lehnen Jungen eindeutig Mädchenspielzeug ab, während Mädchen etwas später die ihnen zugedachten Spielzeuge den Jungenspielsachen gegenüber bevorzugen. Ungefähr in diesem Alter übernehmen Jungen auch lieber männliche Rollen beim Spielen, und die Mädchen folgen einige Monate später mit dem Darstellen von weiblichen Rollen wie zum Beispiel Mutter und Tochter.

Verunsicherung der heranwachsenden Generation

Alles Lebende wird erst im Abbau, in der Dekomposition, der Analyse zugänglich, vielleicht weil dann das Geschehen erst wirklich und vollständig determiniert ist, oder weil die Kausalitäten sich dann vereinfachen.

Arnold Gehlen: Die Seele im technischen Zeitalter. Hamburg 1957, S. 85.

Lob und Tadel, Ermutigung und Kritik sind die elterlichen Erziehungstechniken zur Förderung geschlechtskonformen kindlichen Verhaltens. Weit wichtiger aber noch ist das *konkrete Vorbild,* das sie selbst als Eltern, als Mann und Frau, ihren Kindern sind. So lernen die Kinder gleichsam „zufällig“ das richtige Verhalten, indem sie Vater und Mutter beobachten und nachahmen. Hier treffen wir nun auf einen wesentlichen Unterschied zwischen Jungen und Mädchen, der seine Ursache darin hat, daß in unserer heutigen industrialisierten Welt die Familie im Alltag auseinandergerissen ist und *die Kleinkinder im wesentlichen nur von der Mutter betreut werden.* So können Mädchen wie Jungen die Mutter bei ihrer Arbeit beobachten, während sie die Welt des Vaters allenfalls vom Hörensagen kennen. Das Mädchen steht in ständigem engen Kontakt mit seinem Rollenvorbild, der Mutter – und später der Kindergärtnerin und der Lehrerin – und kann das Rollenverhalten direkt und konkret von der Mutter – später der weiblichen Erziehungsperson – übernehmen. *Der Junge von heute aber kann seinen Vater in seinen „typisch männlichen", d.h. beruflichen, Verhaltensweisen nicht nachahmen.* Er muß aus den Erzählungen und gelegentlichen Beobachtungen selbst seine männliche Rolle entwickeln, kurz, der Junge erhält nur den abstrakten Rahmen für seine Geschlechtsrolle, während dem Mädchen auch die Details vorgegeben und -gelebt werden.

Immer noch ist die Frau – unaufhebbar zuständig für Haus und Kinder, gleichgültig, ob sie zugleich berufstätig ist oder nicht – die Konstante innerhalb des familialen Systems. Sie nimmt zunächst die Aufgabe der Erziehung und „Sozialisation" der neuen Generation wahr, sucht Streit zu schlichten und zu trösten sowie den Anspruch auf Zärtlichkeit und Liebe zu erfüllen, immer dabei aber, zumeist unbewußt, soziale Werte vermittelnd. Sie ist es, der die Aufsicht bei den Schulaufgaben zufällt; sie muß in der Regel die lästigen Gänge zum Arzt oder Lehrer erledigen. Der Mann, wie jüngste Untersuchungen wiederum belegt haben, sieht unverändert primär seine Pflicht darin, seinen Beruf auszufüllen, um das notwendige Geld für den Lebensunterhalt der Familie zu verdienen, obwohl oder weil den meisten Ehe und Familie noch wichtiger ist als ihr Beruf. Im übrigen hält er auf Distanz, will von den Schul- und anderen Nöten seiner Sprößlinge tunlichst verschont bleiben, widmet sich, heimgekehrt, seiner Zeitung oder dem Fernsehen oder strebt auch wieder fort zum Sportverein, zu Veranstaltungen seiner Partei oder Gewerkschaft. Seine Autorität tritt den Kindern gegenüber in der Regel nur nach besonderer Aufforderung durch die Frau in Aktion. Beide halten in einer Zeit raschen sozialen

Wandels, in der ihnen auf vielfache Weise der Ruf entgegenschallt, überkommene Werte und Verhaltensweisen seien obsolet, vergeblich Ausschau nach Vorbildern, die auch von ihren Kindern anerkannt würden.
In jüngster Zeit – etwa seit Anfang der siebziger Jahre – ist festzustellen, daß die Eltern dazu übergehen, in ihrem Erziehungsverhalten weniger große Unterschiede zwischen Mädchen und Jungen zu machen. Die Rollenanforderungen werden weniger streng gestellt und kontrolliert. Das Gleiche beobachten wir in der Welt der Erwachsenen, und es scheint sich in unserer Gesellschaft eine Neudefinition von Männlichkeit und Weiblichkeit anzubahnen – eine tiefgreifende Entwicklung, deren Ausgang uns heute noch unbekannt ist, die aber möglicherweise dahin zielt, bei beiden Geschlechtern das Selbstverständnis der Rolle „Mann“ oder „Frau“ in den Hintergrund zu drängen und die des „Menschen“ stärker hervortreten zu lassen und anzustreben. Die Frage stellt sich, ob wir am Wendepunkt einer langen anthropologischen und genetischen Entwicklung stehen. Wird die Geschlechtsdifferenzierung nicht nur durch gesellschaftliche und kulturelle Einwirkungen, sondern auch biologisch eingeebnet und nähern wir uns wieder einem Zustand, den einige Anthropologen für die Anfangszeit des Paläolithikums vermuten? Jedenfalls wirken die neuen Möglichkeiten der erleichterten Scheidung, des gesellschaftlich anerkannten Konkubinats und der Empfängnisverhütung sich ergänzend dahin zusammen, um neue Formen des Zusammenlebens von Mann und Frau zu schaffen.

Die Erziehung in der Krise

Unsere Jugend liebt den Luxus. Sie besitzt schlechte Manieren, verachtet die Autorität, hat keinen Respekt vor älteren Leuten. Die Kinder von heute gleichen Tyrannen. Sie erheben sich nicht von ihren Sitzen, wenn die Eltern den Raum betreten. Sie widersprechen ihnen, reden, wenn sie nicht gefragt sind, verschlingen in Hast ihre Speisen und tyrannisieren ihre Lehrer.

Sokrates (399 v. Chr. zum Tode verurteilt u. a. wegen „Jugendverderbnis“)

Als Vater kann der Mann seine „soziale Maske“ abwerfen, die von ihm verlangt, „erfolgreich“ – was immer das bedeuten mag – zu sein. Er befreit sich von den gesellschaftlichen und beruflichen

Zwängen, ist nicht mehr der „Macher" oder der „Held", sondern der Mensch, der auch Gefühle haben und zeigen darf: das Vater-Sein – ebenso wie das Dasein als Ehegatte – gibt dem Mann neue Chancen, sein eigenes Selbst zu verwirklichen.

Was einen Mann zum Vater macht, ist nicht allein die bloße Tatsache, daß er ein Kind von seiner Frau bekommt, denn das biologische Verhältnis zwischen Vater und Kind ruht auf einer viel schmaleren Basis als das zwischen Mutter und Kind. *Der Mann wird erst dann zum richtigen Vater* (in der vollen Bedeutung des Wortes „Vater"), *wenn er das Kind bewußt als sein Kind annimmt, wenn er den Willen zur Vaterschaft hat, bewußt in die Zukunft und über seinen Tod hinaus sein Werk und sein Wirken in den Kindern fortsetzen will.*

Noch immer steht der Vater aber im Zentrum des „Generationenkonflikts", gerade auch dann, wenn die mit ihm unausgetragenen Probleme später auf andere Bezugspersonen, den Pfarrer und Gott, den Lehrer und die überkommenen Lehrinhalte, den Vorgesetzten und die Autorität schlechthin, übertragen werden. Unerinnert und unausgesprochen, aber in mancherlei holprigen Verkleidungen, wie sie die verwüsteten Sprachfetzen des modischen Jargons der jungen Generation hergeben, geht die Parodie von Goethes berühmtem Wort unter ihr um, die Michael Conrad Alberti bereits 1889 einem Roman als Motto voranstellte: „Was Du ererbt von Deinen Vätern hast, verwirf es, um Dich zu besitzen!"

Niemand wird dennoch leugnen wollen, daß die moderne Familie in ihrem Innenbereich vorwiegend von der Mutter geprägt wird. Über die Bedeutung der Mutter sind ganze Bibliotheken geschrieben worden. Nicht nur die Entscheidung darüber, ob eine junge Frau das Kind oder den Beruf wählt, wird heute privat getroffen, vielmehr droht auch die Mutter, ähnlich wie früher schon der Vater, infolge ihrer Berufstätigkeit unsichtbar zu werden. Nicht mehr das „einsame reiche Kind", symbolisiert in Thomas Manns Hanno Buddenbrook, stellt den Prototyp des sozialen Problems dar, sondern das Einzelkind der Arbeiter-, Angestellten- oder Beamtenfamilie, bei dem sich die gleichen oder analoge Schädigungen wie einst bei Großbürgerkindern einstellen. Dennoch ist die Bedeutung der mütterlichen Erziehung für das Kind noch im-

mer ungemindert, weil es zumindest während der ersten Lebensjahre fast ausschließlich von der Mutter abhängig ist.
Nur vereinzelt wird daneben in der Literatur die Bedeutung und Verantwortung des Vaters anerkannt. Der Grund hierfür mag in der Tatsache zu suchen sein, daß der Vater seinen Kindern heute nicht mehr wie früher in Handwerks- und Bauernfamilien ein konkretes Vorbild für den beruflichen Bereich und die Lebenspraxis sein kann. Während früher die Kinder das „ganze Leben" des Vaters anschaulich vor Augen hatten, ist heute der größte Teil des väterlichen Daseins, der berufliche Bereich, für die Kinder kaum mehr erfaßbar und erst recht nicht nachvollziehbar. Es wird deshalb häufig vom „fehlenden" oder „unsichtbaren" Vater, von einem Erlöschen des Vaterbildes gesprochen und die Frage gestellt, ob der Vater der modernen Industriegesellschaft zur Hintergrundsfigur geworden sei.
Der Vater, der nicht mehr innerhalb seiner Familie arbeitet, kein selbständiger Hersteller eines wie auch immer beschaffenen Produktes ist, das er mit Stolz seinen Angehörigen vorführen kann, sondern Arbeiter oder Angestellter in einem fremden Betrieb, verliert in den Augen seiner Kinder einen großen Teil seiner Würde und Autorität. Dennoch bleibt er als Vorbild im privaten Bereich, positiv oder negativ, unersetzlich und wirkt – so notwendig – als der disziplinierende und strafende Elternteil. Wie wichtig diese väterliche Funktion ist, zeigt der erschreckend hohe Anteil jugendlicher Krimineller, der ohne Vater aufgewachsen ist.

Die Frau als Mutter

Als im Anfang der sechziger Jahre des vorigen Jahrhunderts in den englischen Baumwolldistrikten infolge des nordamerikanischen Sklavenbefreiungskrieges viele Tausende von Arbeiterinnen feiern mußten, machten die Ärzte die auffallende Entdekkung, daß ungeachtet der großen Not der Bevölkerung die Kindersterblichkeit *abnahm*. Die Ursache war, die Kinder genossen jetzt die Nahrung der Mutter und erhielten eine bessere Pflege, als sie je gehabt hatten. Die gleiche Tatsache ist seitens der Ärzte in der Krise der siebziger Jahre in Nordamerika, besonders in New York und Massachusetts, konstatiert worden. Die Arbeitslosigkeit zwang die Frauen zu feiern und ließ ihnen Zeit zur Kinderpflege. Ähnliche Beobachtungen hat man während des Generalstreiks in Schweden (August und September 1909) gemacht.

August Bebel: Die Frau und der Sozialismus. Berlin[9] 1959, S. 182f.

Schon im vorigen Jahrhundert hat Bebel es erkannt, und auch die modernen Feministinnen können es nicht wegdiskutieren: das Kleinkind kann nur dann voll gedeihen, wenn es neben der rein praktischen Versorgung auch die Liebe einer Mutter erfährt[7]. Mutterschaft ist eine verantwortungsvolle Aufgabe, die mehr persönliche Opfer fordert als jeder andere Beruf. Mutterschaft kennt nur ideelle Freuden, nicht jedoch die materiellen Ansprüche jedes anderen Berufes: die Mutter hat weder einen tariflichen Urlaub noch eine gesicherte Nachtruhe, sie bezieht weder ein Gehalt, noch kann sie ihre Stellung nach Belieben wechseln. Eine Hausfrau und Mutter, die Lebensmitteleinkäufe heimschleppt, Wassereimer hebt, kleine Kinder trägt usw., leistet auch körperlich schwerere Arbeit als ein männlicher Büroangestellter. In einer Welt der Fünftage-Arbeit und Vierzigstunden-Woche leisten viele Hausfrauen und Mütter Schwerstarbeit an sieben Tagen der Woche mit einer Arbeitszeit von 60–80 Stunden (manche Schätzungen gehen sogar bis zu 100 Stunden).

Hinzu kommt, daß der Mutter in unserer heutigen Gesellschaft nicht mehr die Achtung entgegengebracht wird, daß sie nicht mehr das „soziale Prestige“ genießt, die ihr eigentlich zukämen. Wie oft gibt eine Frau, wenn sie nach ihrem Beruf gefragt wird, verschämt zu, sie „versorge *nur* ihre Kinder“. Darin spiegelt sich die auch von den Frauen selbst übernommene Einstellung unserer an sichtbaren, zählbaren und meßbaren Leistungen orientierten Gesellschaft wider, die die Tätigkeit der Hausfrau mißachtet und nicht als „Erfolg“ oder „Arbeit“ ansieht, sondern als eine bloße Aneinanderreihung einförmiger Selbstverständlichkeiten.

Das Wesen der Mütterlichkeit ist selbstlos und mit keiner Gegenseitigkeitsforderung verbunden. Einziger und schönster Lohn der Mutterliebe ist die Freude am Dasein und Wachsen des Kindes. Mütterlichkeit setzt aber nicht notwendig eine biologische Mutterschaft voraus. Auch kinderlosen Frauen bieten sich unendlich viele Gelegenheiten zur Entfaltung ihrer Mütterlichkeit, etwa durch die Möglichkeit der Adoption. Mütterlichkeit kann sich auch indirekten Zielen zuwenden. Es ist daher kein Zufall, wenn die Berufswahl vieler Frauen auf den Beruf der Lehrerin, Ärztin, Krankenschwester oder Fürsorgerin fällt.

Auch in unseren heutigen Familien herrscht noch die traditionelle

Arbeitsteilung vor, wenngleich sie dem am 1. 7. 1977 in Kraft getretenen neuen Ehe- und Familienrecht zufolge nicht mehr rechtlich vorgeschrieben ist. Die Frau sorgt für das Wohl der häuslichen Lebensgemeinschaft, während der Mann sich vornehmlich der materiellen Sicherung des Lebensunterhaltes widmet. Während für die verheiratete Frau der klassischen Arbeitsteilung gemäß der Innenbereich der Familie den Mittelpunkt ihres Lebens bildet, steht beim Mann die Berufstätigkeit im Vordergrund.

Diese Form der Arbeitsteilung zwischen den Ehegatten wird häufig als das Ein-Rollen-Modell bezeichnet, weil jeder nur eine Rolle: der Mann die Berufsrolle, die Frau die Familienrolle, ausübt. Daneben gibt es vereinzelt das Modell der gemeinsam ausgeübten Rollen, das besagt, daß Mann und Frau sich in der Wahrnehmung inner- und außerfamilialer Rollen teilen: beide sind berufstätig und beide kümmern sich um Kinder und Haushalt. Als dritte Möglichkeit ist uns das Zwei-Rollen-Modell bekannt, das sich aber nur auf die Frau bezieht, die gleichzeitig einen Beruf ausübt und Haushalt und Kinder versorgt.

Die wichtigste Variante des Zwei-Rollen-Modells ist die Phasentheorie. Danach spielt die Berufstätigkeit auch für die Frau eine nicht geringe Rolle; sie wandelt sich jedoch je nach den familiären Erfordernissen, wohingegen die Erwerbstätigkeit des Mannes unabhängig von dem Vorhandensein oder Alter der Kinder ein kontinuierliches und unverrückbares Element seines Daseins und Selbstverständnisses ist. Für ihn ist der Beruf die wichtigste Quelle des sozialen Ansehens und der sozialen Kontakte.

Wie auch immer diese „Modelle“ und ihre Realisierungen ausgeprägt sein mögen, so lassen sie doch die fundamental wichtige Rolle des Elternpaars, die durch keine wie auch immer ausgeheckte Reform eskamotiert (und schon gar nicht durch Einübung in die „Konflikttheorie“ aufgehoben) werden kann, für die junge Generation unberücksichtigt. Die Eltern werden allein gelassen und bleiben Amateure, die sich mehr auf ihre Empfindungen und tastendendes Experimentieren in der Erziehung verlassen müssen oder gar auf das, was ihnen aus ihrer eigenen Kindheit in Erinnerung blieb. So sieht die junge Generation sich meist „permissiven“, liebenswürdig-humanen, nachgiebigen Erwachsenen gegenüber, deren erzieherisches Handelnsrezept auf das „Seid-nett-zueinander!“ zusammengeschrumpft ist, dessen konkrete Formeln sie den Massenmedien entnehmen, so daß die Jugend sich von einem Ensemble murmelnder, resignierter Wesen umgeben fühlen muß, die es nicht wagen, sie zu lenken, sie zu maßregeln oder gar zu „frustrieren“.

Gefährdete Generation

Damals wußten wir noch nicht, daß das konservative Element nicht blindlings mit dem reaktionären gleichzusetzen ist und daß die Erhaltung von Werten, auch Traditionen, ebenso zeitbedingt und zukunftweisend sein kann wie der Abbau des Vermorschten und Brüchigen.

Carl Zuckmayer am 23.11.1967

Die aus dem Schoß derart gestalteter Familien, die unveräußerlich noch immer *mehr* sind als bloße „Sozialisationsagenturen“ (wie sie im offiziellen Familienbericht der derzeitigen Bundesregierung klassifiziert werden), sondern das eigentliche Tor auf dem kindlichen Lebensweg hinaus in die Welt[8], „entlassenen“ Jugendlichen müssen sich vielfach ohne inneren und nicht selten auch ohne äußeren Wegweiser auf diesen Weg begeben. Aber ungeachtet der Schule und der Massenmedien, bleibt die Familie für die junge Generation zunächst der hauptsächliche Sozialisationsfaktor[9], dem höchstens noch die *peer-group,* die Gruppe Gleichaltriger, an Bedeutung nahekommt.

Freilich sind die Chancen für männliche und weibliche Jugendliche für das Fortkommen auf dem Lebensweg auch noch aus mancherlei anderen als den oben bezeichneten Gründen sehr differenziert. Seit sechzig Jahren haben Mädchen und Jungen beispielsweise bei uns formell die gleichen Ausbildungschancen. Dennoch ist der Anteil der Mädchen an höheren Bildungseinrichtungen immer noch geringer als der der Jungen. Dies liegt in der noch immer weit verbreiteten Ansicht begründet, daß weibliche Berufsausbildung und -ausübung nur ein Übergangsstadium, die wahre Bestimmung des Mädchens aber Ehe und Mutterschaft und deshalb seine Berufsausbildung nur ein (möglichst abzukürzender) Umweg dazu sei.

Während der Berufsausbildung wird dem Mädchen immer wieder

vor Augen geführt, daß es ja doch einmal heiraten und Kinder bekommen werde. So werden die heranwachsenden jungen Frauen schon in einer Zeit, die eigentlich der beruflichen Ausbildung gewidmet ist, stets zwischen zwei Orientierungen hin- und hergerissen und von ihren Ausbildungspflichten abgelenkt. Schon früh benötigen sie daher mehr Energie und Durchhaltevermögen, um objektiv die gleichen Leistungen zu vollbringen wie ihre männlichen Altersgenossen.

Das gilt besonders für längere Bildungswege wie das Hochschulstudium: das Mädchen kann sich zu jedem Zeitpunkt des Studiums und bei allen auftretenden Schwierigkeiten in die Hoffnung flüchten, daß es schließlich heiraten werde und deshalb nicht unbedingt ein Examen abzulegen brauche. So wird das Aufstiegsstreben der jungen Frauen entscheidend gehemmt durch die bequeme Verlokkung einer Heirat mit einem Märchenprinzen. Indes steht seit längerem als soziologisches Gesetz unveränderlich fest, daß „Ehen zwischen sozial Gleichgestellten in allen Gesellschaften am häufigsten sind. Generell ist die Tendenz, durch die Eheschließung die Zugehörigkeit zur sozialen Schicht zu befestigen, sehr groß. Frühehen begrenzen die Fähigkeit, rasch auf gebotene Positionsverbesserungen zu reagieren, und verstärken die Bindung an die eigene soziale Schicht"[10].

Langsam aber setzt sich im allgemeinen Bewußtsein die Erkenntnis durch, daß die Berufsausbildung der Frau nicht allein von entscheidender Bedeutung für ihre eigene Persönlichkeitsentfaltung ist, sondern daß auch nur die mit der Berufswelt vertraute Frau ihrem Mann eine echte Partnerin sein kann und daß schließlich eine gute Ausbildung der Frau und späteren Mutter den Kindern und dem wechselseitigen Verständnis innerhalb der eigenen Generation zugute kommt. Nur wenn die jungen Frauen sachgerechte Vorstellungen außerhäuslicher Vorgänge haben, können sie ihren älteren Kindern und Jugendlichen eine ernst zu nehmende Autorität sein. Es erscheint daher als voreilig, von der Mädchenbildung als einer privaten und gesamtgesellschaftlichen Fehlinvestition zu sprechen.

Freilich drohen der heutigen jungen Generation auch noch andere Gefahren. Dies wird man um so besser verstehen, wenn man sich daran erinnert, daß die peer-group – letztlich die Gruppe der eige-

nen Generation – neben der Familie seit alters her ein Mittel ist, um dem jungen Menschen den Weg in die Welt der Erwachsenen zu weisen, ihm die Lösung seiner familiären Probleme und das Knüpfen neuer Bindungen nicht nur in der Berufswelt zu erleichtern. Hierbei ist aber die sexuelle Frühreife der jungen Generation – die Tatsache, daß die jungen Menschen heutzutage spätestens im Verlauf des vierzehnten Lebensjahres hormonal von dem sexuellen Triebschub ergriffen werden – eher ein Erschwernis als eine Erleichterung. Sie werden gedrängt, Bindungen einzugehen, deren unvermeidlichen Komplikationen sie nicht gewachsen sind, zumal die Kino- und Schlagertraumwelt derartige Vorstellungen von der „Liebe" vermittelt, daß dieses Wort von der Jugend oft nur noch „uneigentlich" oder ironisch gebraucht wird.
Alledem steht auf der anderen Seite trotz des physiologisch frühzeitigen Eintretens des Reifungsprozesses, der freilich keineswegs mit einer adäquaten charakterlichen und intellektuellen Reifung einhergeht, die Tendenz entgegen, Jugend und Ausbildung möglichst zu verlängern. Dies hat zur Folge, daß die Jugendlichen sich für einen verlängerten Zeitraum, etwa sieben bis zehn Jahre im Durchschnitt, bewußt sind, daß sie trotz aller frühgeweckten Lebensaspirationen einerseits nicht mehr Kinder sind (und sein wollen), andererseits noch nicht Erwachsene sind, auch wenn sie deren Lebensstil vorwegzunehmen trachten.
Diese doppelte Negation, zumal die Altersstufen und differenzierten Reifegrade innerhalb der Jugend von ihr selbst immer mehr einzuebnen gesucht werden, muß sich unvermeidlich in ihrem Selbstbewußtsein niederschlagen und ihre *Statusunsicherheit* verstärken. Hinzu kommt die unveränderte Kinderfeindlichkeit innerhalb der deutschen Gesellschaft. Jedenfalls müssen die Jugendlichen den Eindruck haben, daß die Generation ihrer Väter in Betrieben, Behörden, Parteien und Parlamenten nur allzu oft Entscheidungen fällt (sei es nun auf dem Gebiet der Raumplanung, des Wohnungsbaus, des Verkehrswesens oder sonstwo), als ob es keine Kinder und Jugendlichen gäbe.
Gab es früher soziale Rollen und gewisse Institutionen, die dem Jugendlichen bestimmte Verhaltensmuster vorschrieben, die ihm zugleich nicht nur äußeren, sondern auch inneren Halt gaben, wenn er im Begriff war, in die Welt hinauszutreten und sein Leben

und sich selbst zu gestalten, so wird er heute meist allein gelassen. Ist ein junger Mensch ohnehin in *jeder* Gesellschaft schwer daran, wenn er durch das sozial normierte Tor des Abschlusses der Jugend „hinaus in die Welt“ treten muß, so wird er heute sogar in Ungewißheit darüber gelassen, wann und wo dieses Tor aufgestellt ist und wer ihm seine Pforten öffnet. So lastet denn auf der heutigen Jugend, deren „Freiheit“ in der egoistischen Beliebigkeit der Erwachsenen besteht, ihr überhaupt keine klar konturierten Rollen und unzweideutig spielbaren Verhaltensweisen vorzuschreiben, die existenzielle Unsicherheit, ob sie zuerst sich selbst oder die Gesellschaft zu „verändern“, ob sie die eigenen Unzulänglichkeiten oder das „System“ zu „überwinden“, ob sie die Ursachen schmerzlicher Erfahrungen in ihrem eigenen Fehlverhalten oder den Fehlern der Erwachsenen zu suchen habe.

Anmerkungen

[1] Elaine Morgan: Der Mythos vom schwachen Geschlecht. Frankfurt a.M.. 1975, S. 177.

[2] Feministische Theorien versuchen vergeblich, entgegen den Beweisen der Anatomie, Biologie, Anthropologie und Verhaltensforschung, die natürlichen Geschlechtsdifferenzen abzuleugnen. Diese Differenzen sind besonders manifest beim Werfen und Laufen, was gemäß dem „Tarzanmythos“ aus der jahrhunderttausendelangen Jagdübung des Mannes herrührt. Frauen sind gewöhnlich im Schwimmen überlegen. Vgl. dazu Richard Huber: Emanzipation oder Feminismus? Biologische Überlegungen zur Mann-Frau-Beziehung. In: INITIATIVE 23 (Verweiblichung als Schicksal?), S. 50–84.

[3] Vgl. dazu Ursula Lehr: „Bezüglich des mathematischen und geometrischen Verständnisses, bezüglich abstrakter Denkaufgaben und auch bezüglich der Raumauffassung zeigt sich mit zunehmendem Alter der Untersuchten immer häufiger ein signifikant besseres Abschneiden der männlichen Gruppe … Das Lösen von Aufgaben, die räumliche Vorstellung verlangen, fiel den meisten Studien nach schon vom Schulalter an den Jungen leichter als den Mädchen; sie zeigten durchgehend bessere Leistungen.“ (Die Frau im Beruf. Frankfurt a.M. – Bonn 1969, S. 13f.)

[4] Dieser Trend zu besseren Leistungen im verbalen Bereich beim weiblichen Geschlecht und besseren Leistungen auf mathematisch-naturwissenschaftlichem Gebiet bei Jungen hat sich im großen und ganzen in allen Untersuchungen ermitteln lassen. Allerdings zeigen sich auch innerhalb dieser generellen Tendenzen gewisse Nuancierungen. Zunächst sollte man wissen, daß die meisten Untersuchungen verbaler Fähigkeiten an Kindern im Vorschulalter durchgeführt wurden. Das Schulalter wurde zwar auch berücksichtigt, jedoch ist die Zahl der Studien, die 14- bis 18jährige oder gar über 18jährige in dieser Hinsicht miteinander vergleichen, äußerst gering.

[5] Hetherington (1965) stellte fest, daß Erstgeborene sich zu einem früheren Zeit-

punkt im Spiel mit dem gleichen Elternteil identifizieren (allerdings auch hier wieder erstgeborene Jungen früher als erstgeborene Mädchen), in der Geschwisterreihe schicksalhaft an zweiter oder dritter Stelle stehende Kinder dagegen sind später zur Annahme geschlechtsspezifischer Rollen bereit. Fauls und Smith (1956) konnten zeigen, daß zwar Geschwister keinerlei Einfluß auf eine geschlechtsspezifische Spielzeugwahl haben, daß aber Einzelkinder sich häufiger als Geschwisterkinder in einem früheren Alter mit dem Vater identifizieren, und zwar sowohl Mädchen wie Jungen. Emmerich (1959) konnte bei der Analyse des Puppenspiels bei 3- bis 5jährigen feststellen, daß Jungen sich in früherem Alter und eindeutiger mit der männlichen Puppe identifizieren als Mädchen es mit der weiblichen Puppe tun. Nach Lynn und Sawrey (1962) erfolgt die eindeutige Identifikation der Mädchen mit der weiblichen Puppe erst im Alter von etwa 7 Jahren.

[6] Die meisten einschlägigen Untersuchungen stimmen darin überein, daß mit Beginn des Schulalters sowohl das Spielverhalten des Jungen wie auch das des Mädchens als eindeutig „geschlechtsspezifisch" zu betrachten sei. So fand Honzik (1961), daß bei gleichem Angebot an Spielmaterial Jungen mehr Bau- und Konstruktionsspiele, Fahrzeuge und „Personen in Uniform" zum Spielen wählen, Mädchen hingegen mehr mit Puppen spielen, „Personen in normaler Kleidung" bevorzugen und gerne Puppenmöbel – also häusliche Atmosphäre – in ihr Spiel mit einbeziehen. Erikson (1951) sieht gar bei Mädchen eine Bevorzugung von Spielen innerhalb der Wohnung gegeben, bei Jungen eine Bevorzugung von Spielen außerhalb des Hauses und deutet das im Sinne geschlechtsspezifischer Lebensaufgaben.

[7] Franz Renggli (Angst und Geborgenheit. Leck 1974) versucht anhand einer vergleichenden Studie dreier Kulturen nachzuweisen, daß die Mutter-Kind-Beziehung im ersten Lebensjahr die entscheidende Bestimmungsgröße nicht nur für die individuelle Charakterstruktur und den Verlauf des gesamten Erwachsenendaseins, sondern für die Sozialstruktur, d. h. das kollektive Zusammenleben und die Kultur als Ganzes ist. Die für die Geschichte der westlichen Zivilisation charakteristische, immer ausgeprägter werdende und ständig breiteren Raum einnehmende Tendenz zum abstrakt-mathematischen und naturwissenschaftlich-logischen Denken datiert er in das ausgehende Mittelalter bzw. den Beginn der Aufklärung, eine Zeit, die ihrerseits wiederum gekennzeichnet ist durch eine frühe körperliche Trennung von Mutter und Kind. Der mangelnde Körperkontakt, zunächst durch eine straffe Wickelmethode teilweise kompensiert, wurde im Laufe der Jahrhunderte auf ein Minimum reduziert.

[8] Vgl. Gottfried Eisermann: Krise der Familie oder Krise der Gesellschaft? In: INITIATIVE 23, S. 119ff.

[9] Vgl. Gerhard Wurzbacher (Hrsg.): Die Familie als Sozialisationsfaktor. Stuttgart 1968.

[10] Gottfried Eisermann (Hrsg.): Die Lehre von der Gesellschaft. Stuttgart ^{3}1973, S. 102. Dieser seit längerem bekannte und von mir selbst bereits 1969 präsentierte soziologische Sachverhalt ist soeben von einer seit 1972 durch die Deutsche Forschungsgemeinschaft ausgiebig geförderten Forschergruppe „Sozialpolitische Entscheidungs- und Indikatorensystem in der Bundesrepublik Deutschland" als vermeintlich neues Ergebnis vorgewiesen worden.

SALCIA LANDMANN

Politisch-ideologischer Kinderraub – historisch und aktuell

Umsturz und Umerziehung

Wo man hobelt, da fliegen Späne. Bei Revolutionen sind Terror und Blutvergießen fast unvermeidlich. Herrscht aber Jahrzehnte später immer noch Gewalt und Unrecht, dann ist es an der Zeit, abzuklären, ob die schmerzlichen Anfangswirren wenigstens für die Überlebenden gelohnt haben. Das gilt auch für den Marxismus und seine Folgen.
Bibelkenner werden natürlich darauf hinweisen, daß auch der Prophet Moses die Kinder Israels nicht direkt aus der ägyptischen Fron ins Gelobte Land brachte, sondern geschlagene vierzig Jahre lang in der Wüste umerzog und hierbei mit Dissidenten, wie der Rotte Korah oder den Anbetern des Goldenen Kalbs, nicht sonderlich mild umsprang. Letztere ließ er erschlagen, und die ersteren versanken – vermutlich nicht ohne Nachhilfe durch die mosaische Wüstenpolizei – in Pech und Schwefel.
Bibelexperten meinen denn auch, die Hebräer hätten das Ganze zuletzt satt bekommen und ihren Propheten erschlagen. Dies würde jedenfalls plausibler als die Talmudlegende von der leiblichen Entrückung Mosis in den Himmel erklären, weshalb man zwar die weit älteren Gräber der Bibelpatriarchen kennt, nicht aber das Grabmahl Mosis. Jedenfalls brachen die Söhne Israels gleich nach dem Tod ihres Propheten unter der Führung des weniger perfektionistischen Feldherrn Josua im Lande Kanaan ein und nahmen die unvermeidlichen Rückfälle ins Heidentum (der Prozeß der „Bewußtseinswandlung“ war offenbar doch noch nicht abgeschlossen) hierbei gern in Kauf.
Die Anfangswirren können demnach auch und gerade bei erhabensten

Zielen schmerzlich und langwierig sein. Sie allein entscheiden folglich noch nicht über Sinn und Berechtigung eines Umsturzes. Daher hat man auch nach dem Inhalt der Lehre zu fragen, in deren Namen der Wandel versucht wurde. Bei Moses ging es um Monotheismus und die Zehn Gebote. Beides bildet heute für einen Großteil der Menschheit das Fundament von Gesittung und Moral. Nimmt man hinzu, daß unter Wüstenwanderern – anders als bei Ansässigen – in solchen Extremsituationen nur die Alternative zwischen Schnelljustiz oder Preisgabe der Mission in Frage kommt, so mag man den schweren Preis zur Not gerechtfertigt finden.

„Enteignung" von Kindern einst und jetzt

Kehren wir zurück zur Gegenwart. In den marxistischen Ländern sind auch viele Jahre nach der Revolution Massenhinrichtungen, millionenfache Deportationen, Riesenlager für Zwangsarbeit, Bluturteile nicht nur bei Spionage, sondern auch bei geringfügigen Wirtschaftsvergehen fast die Regel. In Rußland kommt neuerdings die geistige Vernichtung aufsässiger Intellektueller in Irrenhäusern mit Hilfe chemischer Prozeduren hinzu, und in der DDR werden Regimegegnern die Kinder beschlagnahmt und verläßlichen Parteimitgliedern oder Institutionen zur Aufzucht ausgeliefert. Der Kontakt zu den Eltern wird radikal unterbrochen.

Von den beiden Methoden ist nur die „Chemodestruktion" in den sowjetischen Irrenhäusern neu und originell. Ideologisch begründeten Kinderraub dagegen gab es auch schon früher. Während der Pogrome der Kreuzfahrerzeit erschlugen Juden, ehe sie sich selbst entleibten, mitunter ihre Kinder, weil sie wußten, daß man diese sonst in Klöster verschleppt und dort christlich aufgezogen hätte. Die Türken füllten die Regimenter ihrer Janitscharen mit gestohlenen Christenknaben auf. Die als gütig und mütterlich gepriesene Kaiserin Maria Theresia vertrieb nicht nur mitten im Winter brutal Tausende von Protestanten und Juden, sondern ließ den Zigeunern die Kinder entreißen und bei seßhaften Katholiken erziehen. Und in der Nazizeit durchkämmten Rasseexperten slawische Familien nach „germanisch" aussehenden Kleinkindern, die ins Altreich importiert und dort deutschen Adoptiveltern übergeben wurden.

Das Grundprinzip der „außerfamilialen Sozialisation"

In allen diesen Fällen traf die Zwangsenteignung von Kindern und deren Zwangsadoption nur bestimmte religiöse, soziale oder völkische Gruppen. Es gibt aber seit über 2000 Jahren auch immer wieder Ansätze zur allgemeinen „außerfamilialen Sozialisation", wie die Aufzucht von Kindern statt durch Eltern durch ausgewählte Erzieher oder Institutionen im modernem Soziologenchinesisch heißt. Schon Platon lehnte die Aufzucht des Nachwuchses durch die Eltern ab. Daß er bei aller Klugheit blind war für

den psychischen und sozialen Wert der „Nestwärme“ für das Kind, hing bei ihm wohl auch mit seinen homosexuellen Neigungen zusammen, die ihm die Ehe – die Voraussetzung für ein intaktes Elternhaus – unverständlich und überflüssig erscheinen ließen.
Indes stammte die Idee zur staatlichen, statt zur familialen Aufzucht der Kinder nicht von ihm selber. Bei den harten kriegerischen Spartanern war das Programm längst verwirklicht. Zwar gönnten sie den Metöken, den Halbfreien Spartas, ein normales Familienleben. Die Söhne der aristokratischen Oberschicht dagegen wurden von klein auf in strengen Kadettenanstalten auf ihre militärische Laufbahn vorbereitet.
Vielleicht ist es also kein Zufall, daß auch die dauernd kriegsumdrohten Israelis zumindest in ihren Kibbuzim, den landwirtschaftlichen Kommunen, die Kinder ebenfalls kollektiv und außerhalb der Familie aufziehen – eine Methode, die allerdings inzwischen modifiziert wurde. Aber am Ende spielt hier bei der kommunalen Erziehung des Nachwuchses doch eher die kommunistische Gesinnung der Eltern als ihr hartes Pionier- und Soldatenethos eine Rolle.

Moderne außerfamiliale Sozialisation als Notbehelf und Staatsprogramm

Natürlich besteht ein himmelweiter Unterschied zwischen dem polizeilichen Kinderraub als Strafe für staatsfeindliche Eltern und dem heimeligen Kinderhaus der Kibbuzim, wo die Eltern jederzeit ihre Kleinen sehen und auch täglich für viele Stunden heimholen können. Dennoch gibt es da ideologische Querverbindungen: die Auffassung nämlich, daß sowohl dem Gemeinwesen wie auch den Kindern selbst besser gedient sei, wenn sie von allem Anfang an statt von ihren natürlichen Eltern von Fachpädagogen betreut werden. Speziell die totalitären Staaten mit ihrer exakt genormten Lebensauffassung können zudem auf diese Art ihren Nachwuchs viel gründlicher, radikaler und vor allem viel rechtzeitiger politisch indoktrinieren und jeden eventuell unpassenden elterlichen Einfluß ausschalten.
Indes ergibt sich in den marxistischen Ländern auch unabhängig von solchen ideologischen Erwägungen eine vorwiegend „außerfamiliale Sozialisation“, und zwar als Folge der miserablen Arbeitslöhne. Das Gehalt des Vaters reicht nur bei hohen Funktionären für die Ernährung der ganzen Familie aus. Zwangsläufig kehrt die Mutter bald nach der Geburt der Kinder zur Berufsarbeit zurück. Und hieraus wieder ergibt sich ganz von selbst die ganztägige Internierung der Kleinen – zunächst im Babyhort, dann im Kindergarten, später in der Vor- und zuletzt in der Gesamtschule.
Bis heute ist es aber nicht gelungen, den Müttern Osteuropas – mögen sie im übrigen noch so stramme Parteigenossinnen sein – einzureden, diese Lösung sei beglückend. Außer in ganz abgelegenen Landstrichen, wo die Bevölkerung, der Revolution zum Trotz, heute noch genauso lebt wie vor tausend Jahren, setzen die Frauen der marxistischen Länder nur noch maximal zwei Kinder in die Welt. Manche ziehen es auch vor, kinderlos zu

bleiben, und speziell in der DDR häufen sich die Scheidungen, wie bei uns im Freien Westen höchstens unter Hollywoodstars. Die mütterlichen Instinkte erweisen sich als stärker denn die Bereitschaft, die Kinder von klein auf zwecks ideologischer Perfektionierung und Indoktrinierung staatlichen Institutionen anzuvertrauen.
Dennoch wird es in den marxistischen Ländern, allen Klagen über den zunehmenden Geburtenrückgang zum Trotz, aus den erwähnten Gründen bei der vorwiegend „außerfamilialen Sozialisation" der Kinder bleiben.
In den israelischen Kibbuzim dagegen wächst der Widerstand der Mütter und ihr Wunsch, zur „altmodischen" Familienaufzucht zurückzukehren, obwohl sich hier das Kinderhaus unmittelbar beim Arbeitsplatz der Eltern befindet und die Gruppenerziehung in einer solchen Dorfgemeinschaft sich kaum von der in einer früheren großbürgerlichen Familie mit viel Kinderpersonal unterscheidet.

„Außerfamiliale Sozialisation" im Freien Westen

Überall dort also, wo das herrschende System die Mütter von der Betreuung ihrer Kinder entbindet, empfinden sie dies nicht als Entlastung und Privileg, sondern als Qual und Zumutung. Bei uns im Freien Westen dagegen wächst sowohl in den Massenmedien wie auch in der linkslastigen pädagogischen und soziologischen Literatur (und eine andere als die linkslastige gibt es ja kaum noch) die Tendenz, dieses gleiche von den Müttern Osteuropas so gehaßte Erziehungsprinzip hochzuloben und zu fördern. Man redet den Frauen ein, sie seien unterdrückt und frustriert, wenn sie sich ausschließlich ihren Kleinen widmen, und die Kinder ihrerseits liefen Gefahr, in der Kleinfamilie durch Überbetreuung und Isolierung neurotisiert und kontaktschwach zu werden.
Und da nach marxistischer Auffassung – die sich wie gesagt auch bei uns in der pädagogischen Literatur zunehmend durchsetzt – die Intelligenz nicht ererbt und angeboren, sondern im Kleinkindalter erlernbar ist, können sich eventuelle Bildungsmängel der Eltern auf die künftigen Aufstiegschancen der Kinder verhängnisvoll auswirken. Nehmen wir hinzu, daß nach neulinker Meinung die akademische Laufbahn (aller Verherrlichung des Industrieproletariats zum Trotz) das einzige legitime Ziel einer jeden Erziehung ist, so ist es klar, daß man gut daran tut, die Kleinen möglichst früh nicht durch Eltern, sondern durch Fachpädagogen betreuen zu lassen. Daß sich fehlende Nestwärme weit katastrophaler auswirken kann als ein nicht ganz ideales Elternhaus, daß sie zu schwerwiegenden lebenslänglichen psychischen, geistigen und physischen Schäden führen kann, wird dem gegenüber gering geachtet.
Und daß es den Linkstheoretikern hüben wie drüben des Eisernen Vorhangs Ernst ist mit ihrer Meinung, wonach jedes Kind bei richtiger Vorbehandlung Akademiker werden kann, haben sie inzwischen durch entsprechende Reformen – oder genauer: Reduktionen und Deformationen –

ihres Bildungswesens schlagend bewiesen: Drüben hat man der vermeintlichen Totalgleichheit aller Menschen zuliebe das Hochschulpensum drastisch gekürzt und gesenkt. Eine weitere Senkung des Niveaus ergibt sich durch die Zulassung zum Studium aus rein parteipolitischen Erwägungen: Kinder ehemaliger bürgerlicher Intellektueller sind von Gymnasium und Hochschule ausgeschlossen, desgleichen solche von Systemkritikern, von religiösen Eltern und schließlich von Angehörigen unbeliebter Volksgruppen wie etwa der Juden oder Deutschen in Rußland.
Allerdings blieb es den Reformuniversitäten des freien Westens vorbehalten, der sogenannten „Chancengleichheit" zuliebe das Lernpensum zu manchen Fächern fast auf Null zu reduzieren und durch spätmarxistische Indoktrination und Radaupolitik abzulösen. Im gesamten marxistischen Osteuropa wird, trotz zeitraubender Ideologiekurse im Studienplan und trotz fragwürdiger Zulassungsbedingungen zu den Hochschulen, immer noch fleißig gelernt.
Eines aber ist sicher: allen bedenklichen Folgen der fehlenden Nestwärme für Kleinkinder zum Trotz, nähern wir uns, hüben wie drüben des Eisernen Vorhangs, immer stärker dem Prinzip der „außerfamilialen Sozialisation" an. Und von da aus ist es nur noch ein winziger Schritt bis zur staatlichen Beschlagnahme von Kindern dissidenter Eltern: Gilt das marxistische Programm als allein seligmachend wie früher die Kirche, so mag es sinnvoll sein, die Kinder vor einem Ambiente zu bewahren, das die offizielle Lehrmeinung nicht lupenrein repräsentiert.

Die Mütter im Alten Testament

Das ist hart. Aber wir sahen ja schon, daß auch Mose manchmal hart durchgriff, wenn es galt, die neue Lehre durchzusetzen. Und allen Unterschieden zum Trotz hatten Mose und Marx das gleiche Sendungsbewußtsein, den gleichen Auserwähltheitsglauben, die gleiche Gewißheit, daß ihre Lehre jede frühere widerlegte.
Es fragt sich also: Hat auch der altbiblische Glaube je zur Enteignung von Babies geführt, wenn sich die Eltern etwa als reaktionäre „Revisionisten" (Anhänger heidnischer Kanaankulte) oder als „Kosmopoliten" (Sympathisanten der griechischen Philosophie und Lebensweise) erwiesen?
Es geschah kein einziges Mal, obwohl es auch später, im Gelobten Land, nicht an strengen Maßnahmen fehlte, den neuen Glauben durchzusetzen. Als z. B. der Volksführer Esra nach seiner Rückkehr aus dem Babylonischen Exil die jüdische Gemeinschaft heillos verkommen vorfand, forderte er die Vertreibung der heidnischen Ehefrauen. Das klingt allerdings brutaler, als es in Wirklichkeit wohl war. Nach dem talmudischen Familienrecht, das zwar erst in nachbiblischer Zeit schriftlich fixiert wurde, das aber ohne Zweifel auf weit älteren Brauch sowohl bei Juden wie bei heidnischen Kanaanäern zurückgeht, hat der Mann der verstoßenen Frau die Mitgift zurückzugeben und außerdem eine Entschädigung zu zahlen, die wohl für

die Kinder bestimmt war. Und die Frau kehrt nach alter Sitte in den väterlichen Klan zurück; sie kann auch jederzeit wieder heiraten. Sie ist also nicht dem Verderb preisgegeben wie noch zur Zeit der nomadisierenden Patriarchen Abrahams verstoßenes Weib Hagar samt ihrem Söhnchen Ismael, die beide ohne Gottes Hilfe in der Wüste verdurstet wären. Nebenbei: Das alttestamentliche Scheidungsrecht, das sich im Talmud niedergeschlagen hat, haben auch die Moslims übernommen. Und die Verstoßung Ismaels, auf den die Araber ihren Stammbaum zurückführen, nehmen sie den Juden bis heute übel.

Aber nirgends findet sich ein Hinweis, Esra habe die Kinder dieser heidnischen Frauen beschlagnahmen lassen, um die Knaben nach jüdischem Religionsbrauch zu beschneiden und beide, Knaben wie Mädchen, im jüdischen Glauben aufzuziehen. Er konnte das auch gar nicht tun, denn nach dem bis heute gültigen Talmudrecht (das aber wie gesagt auf weit ältern Rechtsbrauch zurückgeht) folgen die Kinder, der patriarchalischen Ausrichtung und dem Auserwähltheitsglauben der Juden zum Trotz, der Religion der *Mutter*. Dies ist um so erstaunlicher, als bei den Juden fast nur die Männer mit religiösen und kultischen Pflichten betraut sind. Aber darauf kam es den jüdischen Religionslehrern in diesem Fall nicht an. Was für sie zählte, war einzig die nahe natürliche Bindung der Kinder an die Mütter, aus der sich – patriarchalisches Recht hin oder her – ganz von selbst der stärkere Einfluß der Mütter auch in religiöser Hinsicht ergab. Diese an sich erfreuliche religiöse Toleranz und psychologische Weisheit des Talmudgesetzes führt allerdings heute speziell im Staat Israel für Kinder nichtjüdischer Frauen mit jüdischen Männern mit unter zu unangenehmen Folgen. Es kann vorkommen, daß sich solche Kinder hier, in der rein jüdischen Umgebung, der Tradition der Väter verbunden fühlen. Wollen sie aber in die Armee eintreten (Militärdienst gibt es nur für Juden) oder mit jüdischen Partnern heiraten, dann stoßen sie unerwartet auf den Widerstand der rabbinischen Autoritäten. –

Ruth und Bathseba

Diese religiöse Toleranz nichtjüdischen Müttern und ihren „halbjüdischen" Kindern gegenüber schloß jedoch nicht den freiwilligen Übertritt einer Heidin zur jüdischen Gemeinschaft aus, wie ihn die Ahnfrau König Davids, die Moabiterin Ruth vollzog, als sie – obschon bereits Witwe – mit den Worten „Wo du hingehst, da will auch ich hingehen" ihrer jüdischen Schwiegermutter aus Moab nach Bethlehem folgte.

Außer in Extremistuationen wie nach der Rückkehr Esras aus dem Babylonischen Exil nahm man es mit der religiösen Herkunft der Frauen nicht so genau. König Salomon war der Sohn jener Bathseba, der zuliebe König David ihren Gatten, den treuen Feldherrn Uria, mit dem verhängnisvollen „Uriasbrief" auf ein Himmelfahrtskommando geschickt hatte. Uria war Hethiter, auch seine Frau war vermutlich Hethiterin, also Nichtjüdin. Das hat Salomon bekanntlich nicht gehindert, sich nach Art orientalischer Despoten seiner ältern Halbgeschwister blutig und brutal zu entledigen, König der Juden zu werden und für Jahwe einen Tempel zu errichten, dessen Pracht erst wieder durch jenen erreicht wurde, den später Herodes – auch er nur ein „Halbjude“ (sein Vater war nabatäischer Araber) – erbauen ließ.

Das alttestamentliche und marxistische Menschenbild

Woher also dieser grundlegende Unterschied in Familienfragen zwischen dem Alten Testament und dem Marxismus? Er ergibt sich aus der unterschiedlichen Auffassung vom Menschen. Dem Alten Testament liegt ein realistisches und skeptisches Bild des Menschen zugrunde. Demnach ist er sündig und unvollkommen. Man muß ihm daher mit sehr genau festgelegten Regeln und Gesetzen das für eine anständige Symbiose mit seiner Umwelt unerläßliche Minimum an Anstand und Rücksicht abringen. Und gleichzeitig muß man sehr darauf achten, ihn moralisch nicht zu überfordern, weil man sonst statt Triebsublimation übelste Regression und Reaktion auslöst.

Das Alte Testament befiehlt daher Nächstenliebe zwar in der genau gleichen Formulierung wie später auch das Neue, setzt aber zugleich exakt fest, daß der Reiche nur einen bescheidenen festen Prozentsatz seines Einkommens dem Armen reservieren und ihm außerdem auf seinen Feldern die Nachlese überlassen muß. Witwen und Hungernde, außerdem die damals sonst überall rechtlosen Sklaven und sogar die Haustiere sind durch das Gesetz geschützt. Religiös verankerte Agrargesetze verhindern die Entstehung eines Landproletariats.

Anderseits wird das priesterliche Zölibat als widernatürliche Zumutung radikal abgelehnt. Bis heute fordert der Talmud für die Töchter frühe Ehe mit einem Partner, der ihnen gefällt, Verwitweten empfiehlt er eine rasche zweite Heirat, und auch die orthodoxesten Rabbinen gewähren jede gewünschte Scheidung. Es ist klar, daß ein so konziliantes Recht keine Handhabe bieten kann, Eltern – und vor allem Müttern – die Kinder wegzunehmen.

Was hat demgegenüber der Marxismus zu bieten? Seine anthropologisch überaus dürftige Theorie basiert auf der fragwürdigen Annahme, daß alle Menschen von Natur nicht nur genau gleich, sondern darüber hinaus auch gütig und vollkommen sind. Einzig durch die gesellschaftlichen Verhältnisse – heute: den „Kapitalismus“ – werde der Mensch böse und verdorben. Nur die falschen Besitzverhältnisse führen zur Entfremdung des Menschen von seiner Arbeit und somit zu seiner Selbstentfremdung. Wirtschaftsfaktoren bestimmen nicht nur das Schicksal des einzelnen, sondern auch den gesamten Gang der Geschichte. Um das Paradies auf Erden herzustellen, genügt es folglich, die nötigen volkswirtschaftlichen Änderungen vorzunehmen. Nach Meinung von Marx wird – auf dem Umweg

über eine „Diktatur des Proletariats" – das messianische Zeitalter ganz von selbst eintreten, sobald alle Produktionsmittel – Boden und Kapital – enteignet und „sozialisiert" sind.
Zwar wird jeder unvoreingenommene Psychologe und Soziologe sofort begreifen, daß eine solche Totalenteignung nicht zur Erlösung, sondern zum Erlahmen jeder individuellen Initiative und damit in eins zur doppelten und dreifachen Entfremdung des Menschen von seiner Arbeit und sekundär auch von seinem Lebenssinn führen muß. Und daß es nicht ohne negative Folgen für die Gemeinschaft abgehen kann, wenn ihre Struktur auf Illusionen über die menschliche Natur aufgebaut ist. Weitere Lügen, geistige Unfreiheit, Denunziationen, Dauerelend und Dauerterror sind die unvermeidlichen Folgen. Der Glaubenszwang an eine solche abstruse Erlösungsformel schließt jede Humanisierung aus. Es ist daher klar, daß die Verfechter eines solchen Systems auch vor so grausamen und widernatürlichen Konsequenzen wie dem *staatlichen Kinderraub* und der *Zwangsadoption von Kindern* politischer und geistiger Dissidenten nicht zurückschrecken werden.
Man wende nicht ein: Auch im christlichen Bereich gab es zeitweise ähnliche Tendenzen. Das Neue Testament enthält, anders als das Alte, nur allgemeine Maximen und nicht detaillierte Gesetze. So konnte und kann es immer wieder zu Missetaten kommen, die dem Geist der jesuanischen Weisung widersprechen. Aus den Evangelien läßt sich jedoch weder direkt noch indirekt ein Taufzwang, geschweige denn ein religiös motivierter Kinderraub ableiten.
Im familienfeindlichen und inhumanen Marxismus jedoch deckt sich eine solche Praxis restlos mit der Lehre.

Dokumentation

URSULA VOSS

Jahrgang 1962

Szenen aus dem Schülerleben

Erste Szene: Hauptbahnhof der Großstadt am Rhein, kurz vor dem Start zur Berlinfahrt der Untersekundaner. Klassenlehrer zählen nervös die Hundertschaft in ihrer lässigen Parka- und Jeans-Uniform, die ihnen niemand anbefohlen hat. Väter und Mütter lassen kaum mehr Mahnungen verlauten. Der Sohn kaut Wrigley und blickt ins Ungefähre. In letzter Minute der blonde Jungmann, die Jeans blutbefleckt, unsicher herabblikkend von seinen Einsmeterneunzig, eine lächerliche Kinderbrille im breiten, rot angelaufenen Gesicht. Die richtige sei ihm in der Nacht kaputtgegangen, als er von einer Party kam und in eine Schlägerei geraten sei, so gegen ein Uhr, er wüßte auch nicht wie. Wo er aufkreuze, da gäbe es immer eine Schlägerei.

Zweite Szene: Vor dem Prüfungszimmer am Ende des Korridors, wo am Tag nach den Ferien die Nachprüfungen für nichtversetzte Schüler stattfinden. Hektik, Angst, Nägelkauen. Stoische Blässe, „ist mir alles egal" oder nur ein geknurrtes „Blödsinn". Einige hocken auf dem Fensterbrett und versuchen, den elenden Bündeln Mut zuzusprechen. „Mann, dat schaffste doch!" Oder etwa nicht? Sechs Wochen gepaukt, sechs Wochen keine Ferien gehabt. Aus der geöffneten Tür wankt eine Langhaarige und fällt dem dünnbeinigen Jungen mit dem zahmen Afrolook weinend um den Hals. Durchgefallen.

Dritte Szene: Nachmittägliche Kaffeetafel en famille, dem Gast zuliebe wird französisch gesprochen. Claude, blondgelockter, rundgesichtiger Engel in schwarzrot gewürfelter Jacke, Polsterlippen, vom ersten Flaum umsäumt, öffnen sich kaum zum Reden, widmen sich auch dem Kuchen nur zurückhaltend. Merci, Madame, non, Madame. Und wie war's im Kino? Höfliches

Achselzucken und ein Blick hinübergeschossen zu dem schwarzhaarigen Schmalkopf. Eh bien, Belmondo. Toujours le même. Die Mütter bemühen sich, harmlos dreinzuschauen. Briefe waren gefunden worden diesseits und jenseits des Rheins, Tagebuchblätter, in denen die Freunde sich ihre Liebe versicherten, überdrüssig der „filles". Ihre Erfahrungen auf dem Gebiet umfaßten bereits alles. Nun sind die beiden, die sich als Austauschschüler kennenlernten und alle Ferien gemeinsam verbringen, unzertrennlich.
Vierte Szene: Allgemeine Konferenz im Lehrerzimmer. Zu den sechzig Anwesenden in ihrer gestaffelten Hierarchie von der studierenden Aushilfskraft über die Referendare bis zu den Studiendirektoren spricht die von elfhundert Schülern gewählte Vertreterin der Schülermitverwaltung. Pausbäckige Unauffälligkeit trotz wallender weizenblonder Mähne über dem grobgestrickten weißen Pullover. Steht da in ihren mit Rundflicken bepflasterten Jeans, die Hand auf dem enggedruckten Text zur Änderung des Schulverwaltungsgesetzes vom Juli 1977, redet fließend, energisch, ohne zu stocken oder zu erröten, ohne Verlegenheit, die eher auf den Gesichtern der Anwesenden erscheint, über das Anhörungsrecht der Schüler im Falle von Ordnungs- und Disziplinarmaßnahmen. Es ist ihr ernst, und die Lehrer möchten doch bitte so freundlich sein und den SMV-Leuten Gelegenheit geben, kurz vor dem Unterricht den Klassen die jeweiligen Sitzungsergebnisse mitzuteilen, denn das sei ja klar, ohne Lehrer ginge das eben unter.
Sechzehnjährige, sie alle, oder Ende fünfzehn. Im Mai 1968 lernten sie gerade das Buchstabieren. Kampflos wuchsen sie in ihr neues Selbstverständnis hinein, für das sich die Generation vor ihnen noch lauthals exponiert hatte. Die Sechzehnjährigen heute sind friedfertig und unpolitisch in einem Maße, daß mancher Lehrer mit Wehmut jener Politraubauken gedenkt, die es fertigbrachten, Persönlichkeiten des öffentlichen Lebens zu Vietnam-Hearings in die Aula einzuladen. Die in letzter Zeit auftauchende Frage, ob sich aus diesen Reihen nun künftige Extremisten, Terroristen rekrutieren könnten, dürfte mit Vorsicht verneint werden. Jahrelange Unterweisung durch Lehrer, die sich selbst zu ihrer Herkunft vom linken Studentenflügel bekennen, mag deren Schüler, die nun diesen Impfstoff in sich tragen, immunisiert haben.
Dieses neue Selbstverständnis zwingt den Pädagogen ein verändertes Rollenspiel auf. Wo noch vor wenigen Jahren staatlich gestützte Autorität das Verhalten bestimmte, tritt heute, bei dieser aufgeklärtesten Jugend, die es je gab, die früher so oft vermißte Einsicht in die Notwendigkeit des gebotenen und oft selbstgewählten Lernstoffes. Die so oft kritiserte, weil vor das Universitätsstudium geschobene Verwissenschaftlichung des Unterrichts drosselt eingefleischte Schülerrechte. Wo tobt sich heute ein Sechzehn-, Siebzehnjähriger aus?
Nur noch auf Klassenfahrten am Ende der Mittelstufe sind Rückfälle in typisches Schülergebaren zu beobachten. Die fast obligate Berlinreise bleibt weniger wegen ihres kulturellen oder politischen Erlebniswertes so erstrebenswert als wegen der Möglichkeit des Sichselbsterfahrens. Welche

Diskothek „in“ sei, sie finden es schon am ersten Abend heraus. Überschreitung des Zapfenstreiches, nächtliches Randalieren auf den Fluren des Jugendhotels, Zimmerbesuche mit lautschlagenden Türen, Geschrei, Bierflaschenwerfen vom sechsten Stock herab – es ist, als wollten sie ihre Lehrer zu frühmorgendlichen Razzien gegen zwei, drei Uhr provozieren. Kraftproben infantiler Art kontrastieren mit Beweisen absoluter Selbständigkeit. In Ostberlin spüren sie nicht den Gewehrlauf zwischen den Schulterblättern und bewegen sich in unbefangener Flapsigkeit. Einzeln, zu zweit oder zu dritt suchen sie Kneipen in Köpenick auf und führen mit den Ortsansässigen Gespräche, um deren Freimütigkeit sie mancher Lehrer beneidet.

Sind es noch die „Kinder von Marx und Coca Cola“, wie Godard sie einmal nannte? Als der Junge mit den nun eingetrockneten braunen Blutflecken auf der Hose, der im Charlottenburger Schloß so lustlos übers Parkett schlurfte, erfährt, daß nebenan im Schinkelschen Pavillon Bilder Caspar David Friedrichs hingen, schlägt er sich mit der Faust aufs Knie. Ein Fluch, der unausrottbare Zischzweisilber. „Gerade der Friedrich!“ Drei wissende Gesichter in der Nähe, Transvestiten aus einem expressionistischen Drama? Kameradinnen. Knöchellanger Regenmantel, abgestoßene Maulwurfsjacke, die dritte im Parka. Zigarettenenden halb in der Handhöhlung verborgen. Schwarzer Nagellack auf den Fingern. Klassenfahrten stellen die härteste Belastungsprobe an die Toleranzfähigkeit jener über dreißig.

Mag es bei diesen Gelegenheiten zu Reibereien kommen – wobei meist beide Seiten die Spielregeln einhalten – im Schulalltag geht's anders zu. Hier ist eine nie dagewesene Duldsamkeit der Schüler aller Altersstufen gegenüber physischen und psychischen Handicaps ihrer Lehrer zu beobachten. Fehlhaltungen, Frustrationen, scharf erkannt und berechnet, werden allenfalls gutmütig bespöttelt, und der Neurotiker erfährt die ihm und der Klasse gleichermaßen zuträgliche Behandlung. „Wenn der von uns am Anfang seine Streicheleinheit kriegt, ist die Stunde gelaufen“, so großzügig ein Vierzehnjähriger über seinen Physikstudienrat, „wenn nicht, wird der sauer.“

Streiche wie ehedem sind unbekannt. Professor Unrats Leiden erwecken keine Begeisterung mehr. Was soll's? Wir sind anders. Schule als Institution mit ihrem Machtapparat, den sie ja durch Leistungsforderung und Zensuren noch durchaus darstellt, bedeutet heute sowenig Provokation, daß nicht einmal mehr die Schülerzeitung als Ventil vonnöten ist. Das fehlende Interesse an der Schule als gesellschaftlichem Ort, zumal in einer Großstadt, mag teilweise seine Ursache im fehlenden Klassenverband der Oberstufe haben. „Unsere Schüler sind private Konsumenten geworden, die ihr Engagement außerhalb der Schule finden“, bemerkte ein Erzieher, „gegen das Angebot der Freizeitindustrie haben wir nichts zu setzen.“

Das diesem Alter eigene Unbehagen, pendelnd zwischen Unsicherheit und Kraftmeiertum, sieht nicht mehr, wie früher, im Lehrer den Urheber allen Übels. Ist doch auch seine Machtbefugnis längst in Raster gezwungen, wie Einhaltung der Zweidrittelgrenze bei Klassenarbeiten, Verbot der Bewertung schriftlicher Tests, Einengung der Strafmöglichkeit; aus dem Tyrannen ist der Lehrfunktionär geworden, oft genug vom gleichen Zorn auf die anonyme Bildungsbürokratie besessen wie seine Zöglinge. Heute sind es Numerus clausus, Akademikerelend, Arbeitslosigkeit, von denen sich die Jugend bedroht fühlt.

Gleichsam als Schutzvorrichtung vor diesen Bedrohungen gibt die Mittelstufe der Gymnasien noch eine letzte Gelegenheit, vor dem in der nächsten Stufe einsetzenden aggressiven Konkurrenzgebaren so etwas wie einen Kooperationsgeist zu entfalten, zumal bei den wenigen außerschulischen Aktivitäten. Klassenfêten finden nur dann Zustimmung, wenn Dunkelheit und Stickluft garantiert sind. Und eine eigenartige Fluchtbewegung setzt ein. Tranceartig bewegen sie sich aufeinander zu, umhüllt von Mutterschoßwärme, narkotisiert vom Rocksound, eng einander umschlingend, kleinwüchsige Jungen am Halse der sie überragenden Mädchen, wie in geschwisterlicher Zärtlichkeit. Zwei, drei demonstrieren Punk mit der Sicherheitsnadel im Mundwinkel, ein einziger, der am Rand hockt und seinen Totenmann an Marionettenfäden schlenkern läßt.

Die Mutigeren demonstrieren ihre Liebesbeziehungen auch im Tageslicht der Schulflure. Münder, saugnapfartig aneinander haftend, Hände das jeweilige Jeanshinterteil des anderen streichelnd, stehen sie in den Pausen vor der Klassentür, unbelästigt von den herumstehenden Kameraden, die nicht einmal hinschauen. Der vorübergehende Lehrer beschleunigt seinen Schritt, ruckt das Kinn höher, eine Lehrerin fängt Kätzchenblicke auf. Die bei einer Konferenz gestellte Frage, ob und wann einzuschreiten sei, versackte in Ratlosigkeit.

Für ein angesichts ihrer sexuellen Unbekümmertheit geäußertes „Aber das Fernsehen macht es ihnen doch vor!" haben die jungen Leute wenig Verständnis. Welche Sprache ist das schon? Nicht die ihre. Die Spannweite reicht von der Vierzehnjährigen, die verheiratete Männer unter ihren Gefährten hat, bis zur sechzehnjährigen behüteten Tochter, die in elterlichen Verboten ebensowenig etwas Altmodisches, gar Einengendes sieht wie in der Hausmusik, die in ihrer Familie gepflegt wird. „Wenn ich mir vorstelle, daß mein Vater ...", war ihr einziger Kommentar zu den Eskapaden der Jüngeren. Die einnehmende Natürlichkeit der siebzehnjährigen Halbwaisen, die noch vor Erlangung ihrer gesetzlichen Mündigkeit den ihr zustehenden Rentenanteil der Mutter abtrotzt, um mit dem geliebten Türkenknaben einen Hausstand zu gründen, erstickt alle Äußerungen moralisierender Besorgnis.

Doch nur der Zufall weht dergleichen Kunde durchs Klassenfenster. Viel eher zeigen Partnerkonflikte, emotionale Engpässe bei den Eltern, im schulischen Alltag ihre ablesbaren Folgen. So fragt der Schulleiter bei den Versetzungskonferenzen angesichts eines eklatanten Leistungsabfalls stereotyp nach den häuslichen Verhältnissen. Zerfallserscheinungen unserer Gesellschaft, das Schwinden des Familiengefühls werden von Kindern seismographisch aufgezeichnet. Das nie verwundene Scheidungstrauma gerade der älteren Mutter treibt die ihr zugesprochenen Söhne von ihrer

Seite. Jugendliche, gefangen in der Klammer ihrer Ichbezogenheit, stehen den Gefühlskonflikten der Eltern hilflos gegenüber. Die jung verwitwete Mutter, jahrelang in glücklos verlaufende Partnerbeziehungen verwickelt in dem verständlichen Bemühen, den Kindern wieder einen Vater zu geben und das einst so harmonische Familienleben aufs neue zu schaffen, muß sich die bitteren Vorwürfe der Ältesten anhören. Der Sechzehnjährige, der den homoerotischen Verwirrungen seines Vaters auf die Spur kommt, verfällt in Depressionen, die zum Suizid zu führen drohen.
Die gerade in der Großstadtgesellschaft um sich greifende Bisexualität, die zu kaschieren man kaum mehr für nötig hält, trifft die Kinder – trotz gründlicher Aufklärung im Biologieunterricht, wo aber eben nur „das Normale" demonstriert wird – mit verheerender Wucht. Was aber soll ihre Widerstandskraft stärken, wenn sie selbst in diese Situation hineinschliddern? Darf der Pädagoge, der Zeuge kleiner Randbegebenheiten wird, hier eingreifen?
Daß rund achtzig Prozent allen Schulversagens durch private, meist familiäre Konflikte verursacht werden, ist kein Geheimnis mehr. Auch die Schüler wissen es, und die forschen unter ihnen treten die Flucht nach vorn an und begründen nichtgemachte Hausaufgaben, verpatzte Klassenarbeiten mit der häuslichen Misere. Beklommenheit ergreift den Lehrer, dem vor versammelter Klasse in halblautem Flüsterton das Geständnis gemacht wird, vorläufig könne die Mutter nicht in die Sprechstunde kommen, sie müsse nun arbeiten gehen, der Vater habe sie vor ein paar Wochen verlassen. Die unvermeidbare Bitte nach der dritten Fünf im Englischen, es möge doch mal jemand kommen, löst Katastrophenstimmung aus. Hinter dem lauthals herausgeheulten Elend wird das Familiendrama sichtbar: arbeitsloser Vater, eheliche Zerwürfnisse, ewige Spannung, Streßsituation; oft auch Schläge, auch für die Größeren, egal ob Junge oder Mädchen, wo Eltern die auf ihre Kinder übertragenen Wunschvorstellungen in Gefahr sehen. Diese unbewußten Identifikationen entladen sich mit zuweilen erschreckender Heftigkeit, wenn Eltern um ein Verbleiben ihrer Kinder auf der höheren Schule kämpfen.
Dort beginnt für die Sechzehn-, Siebzehnjährigen das Rattenrennen, in dem jeder um Punkte kämpft, um Zugzwang des Systems, das kaum mehr auf sinnvolle soziale Zusammenarbeit angelegt ist, sondern eher an Darwins „survival of the fittest" erinnert. Doch vor dem in der zwölften und dreizehnten Klasse (Unter- und Oberprima) einsetzenden Endspurt gibt es im ersten Halbjahr der elften das später auf der Universität nicht mehr mögliche „Bummelsemester", in dem der Schüler von seinem Recht auf Eigenentschuldigung bis zu fünfundzwanzig Prozent der versäumten Unterrichtsstunden ausgiebig Gebrauch macht, um, in berechnender Ökonomie, beim Übergang ins nächste Halbjahr sich wieder brav ins Joch spannen läßt. Klar, daß nicht nur die Leistungsschwachen, sondern auch die charakterlich Labilen hierbei auf der Strecke bleiben. Schule heute ist unbarmherziger denn je, allen so philanthropisch gemeinten Reformbewegungen zum Trotz.

Weiterführende Literatur

Adolescence. Studies in development. Hrsg. von Zita M. Cantwell und Pergrouhi N. Svajian. Peacock, Hasca (Ill.) 1974, X, 526 S.

Adolescence in the life cycle. Psychological change and social context. Hrsg. von Sigmund E. Dragastin und Glen H. Elder. Hemisphere Publishers, Washington, D.C. 1975, XI, 324 S.

Adorno, Theodor W.: Minima moralia. Reflexionen aus dem beschädigten Leben. Suhrkamp, Frankfurt a.M. 1964, 339 S.

Adorno, Theodor W.: Eingriffe. Neun kritische Modelle. Suhrkamp, Frankfurt a.M. 1964, 173 S.

Adorno, Theodor W.: Erziehung zur Mündigkeit. Vorträge und Gespräche mit Hellmut Becker 1959–1969. Hrsg. von Gerd Kadelbach. Suhrkamp, Frankfurt a.M. 1970, 156 S.

Aichhorn, August; Verwahrloste Jugend. Die Psychoanalyse in der Fürsorgeerziehung. Mit einem Geleitwort von Sigmund Freud. Huber, Bern – Stuttgart 1957, 212 S.

Aichhorn, August: Psychoanalyse und Erziehungsberatung. Reinhardt, München – Basel 1970, 126 S.

Allerbeck, Klaus R., Leopold Rosenmayr: Aufstand der Jugend? Neue Aspekte der Jugendsoziologie. Juventa, München 1971, 271 S.

Allerbeck, Klaus R.: Soziologie radikaler Studentenbewegungen. Eine vergleichende Untersuchung in der Bundesrepublik Deutschland und den Vereinigten Staaten. Oldenbourg, München – Wien 1973, 272 S.

Allerbeck, Klaus, Leopold Rosenmayr: Einführung in die Jugendsoziologie. Quelle & Meyer, Heidelberg 1976, VIII, 211 S.

Améry, Jean; Unmeisterliche Wanderjahre. Klett, Stuttgart 1971, 147 S.

Ammen, A.: Die außerhäusliche Berufstätigkeit des Vaters. Eine empirische Untersuchung zur Familiensoziologie. Enke, Stuttgart 1970, VIII, 177 S. (Göttinger Abhandlungen zur Soziologie 18).

Ananjew, B. G., J. I. Stepanowa: Die Entwicklung der psychophysischen Funktionen beim jüngeren Erwachsenen. Mit Beiträgen von dreizehn weiteren Autoren. Aus dem Russischen. Klett-Cotta, Stuttgart 1978, 272 S.

Arendt, Hannah: Macht und Gewalt. Piper, München ²1971, 144 S.

Ariès, Philippe: Geschichte der Kindheit. Hanser, München 1975, 589 S.

Aron, Raymond: Fortschritt ohne Ende? Bertelsmann, Gütersloh 1970, 287 S.

Attias-Donfut, Claudine: Freizeit, Lebenslauf und Generationenbildung. In: Die menschlichen Lebensalter. Hrsg. von Leopold Rosenmayr. Piper, München – Zürich 1978, S. 354–375.

Bader, Joseph: Jugend in der Industriekultur. Ihre Verhaltensweisen zwischen Ideologie und Apparatur. 1910, 1933, 1960. Manz, München 1962, 357 S.

Barth, Kuno: Die Revolutionierung der Schüler. Hintergründe – Ziele – Abwehr. Selbstverlag des Verfassers (6800 Mannheim, Postfach 202), o.J. (ca. 1969), 288 S.

Baumert, Gerhard: Jugend der Nachkriegszeit. Lebensverhältnisse und Reaktionsweisen. Roether, Darmstadt 1952, XVIII, 266 S.

Bednarik, Karl: Die jungen Arbeiter von heute – ein neuer Typ. Kilpper, Stuttgart 1953, 158 S.

Bednarik, Karl: Die Lerngesellschaft. Das Kind von heute – der Mensch von morgen. Molden, Wien – München 1966, 232 S.

Bednarik, Karl: Die Krise des Mannes. Molden, Wien – München – Zürich 1968, 256 S.

Bednarik, Karl: Die unheimliche Jugend. Verlag für Jugend und Volk, Wien – München 1969, 142 S.

Benjamin, Walter: Metaphysik der Jugend. In: Gesammelte Schriften II, 1. Suhrkamp, Frankfurt a.M. 1977, S. 91–104.

Bennholdt-Thomsen, C.: Das gefährdete Kind unserer Zeit. Stuttgart 1956 (Der öffentliche Gesundheitsdienst 6).

Bennholdt-Thomsen, C.: Jugend und technische Zivilisation. Köln 1960 (Ärztliche Mitteilungen 37).

Berger, Peter L., Brigitte Berger, Hansfried Kellner: Das Unbehagen in der Modernität. Campus, Frankfurt a.M. – New York 1975, 210 S.

Bergius, Rudolf: Sozialpsychologie. Hoffmann & Campe, Hamburg 1976, 262 S.

Berglar, Peter: Autorität – Wohltat oder Übel? In: Erziehung und Schule. Adamas-Verlag, Köln 1977, S. 87–116.

Bernfeld, Siegfried (Hrsg.): Vom Gemeinschaftsleben der Jugend. Beiträge zur Jugendforschung. Internationaler Psychoanalytischer Verlag, Leipzig – Wien – Zürich 1922, 271 S.

Bernfeld, Seigfried: Trieb und Tradition im Jugendalter. Johann Ambrosius Barth, Leipzig 1931, III, 181 S.

Bernfeld, Siegfried: Sisyphos oder die Grenzen der Erziehung. Suhrkamp, Frankfurt a. M. 1970, 155 S. (zuerst: Internationaler Psychoanalytischer Verlag, Leipzig – Wien – Zürich 1925, 164 S.).

Bernstein, Basil u. a.: Familienerziehung, Sozialschicht und Schulerfolg. Beltz, Weinheim – Berlin – Basel 1971, 198 S.

Bernstein, Basil: Beiträge zu einer Theorie des pädagogischen Prozesses. Suhrkamp, Frankfurt a. M. 1977, 271 S.

Bertaux, Pierre: Mutation der Menschheit. Diagnosen und Prognosen. Fischer, Frankfurt a. M. – Hamburg 1963, S. 112–119 (Fischer Bücherei 497).

Bertlein, Hermann: Jugendleben und soziales Bildungsschicksal. Reifungsstil und Bildungserfahrung werktätiger Jugendlicher 1860–1910. Schroeder, Hannover – Berlin – Darmstadt – Dortmund 1966, 314 S.

Bertlein, Hermann: Das Selbstverständnis der Jugend heute. Hrsg. von Heinrich Roth. Schroeder, Hannover – Berlin – Darmstadt – Dortmund o. J. (ca. 1971) 348 S.

Bertlein, Hermann: Lebenspläne und Bildungsvorstellungen berufstätiger Jugendlicher. Dipa, Frankfurt a. M. [2]1972, 191 S.

Bettelheim, Bruno: Aufstand gegen die Masse. Die Chance des Individuums in der modernen Gesellschaft. Szczesny, München 1964, 331 S.

Bettelheim, Bruno: Die Geburt des Selbst. The Empty Fortress. Erfolgreiche Therapie autistischer Kinder. Mit einem Vorwort von Erwin Ortmann. Kindler, München 1977, 630 S.

Blücher, Viggo Graf: Freizeit in der industriellen Gesellschaft. Dargestellt an der jüngeren Generation. Enke, Stuttgart 1956, XII, 138 S.

Blücher, Viggo Graf: Die Generation der Unbefangenen. Zur Soziologie der jungen Menschen heute. Diederichs, Düsseldorf – Köln 1966, 416 S.

Blüher, Hans: Wandervogel 1–3. Geschichte einer Jugendbewegung, Heimat und Aufgang. – Geschichte einer Jugendbewegung, Blüte und Niedergang. – Die Wandervogelbewegung als erotisches Phänomen, ein Beitrag zur Erkenntnis der sexuellen Inversion. Reprint der Ausgaben von 1912 und 1913. Dipa, Frankfurt a. M. [5]1976, 564 S.

Bodamer, Joachim: Der Mensch ohne Ich. Wie werden wir wieder glücklich? Herder, Freiburg i. Br. 1967, 138 S. (Herder Bücherei 21).

Bonner, Karl H.: Jugend und das Erbe ihrer Väter. Wie skeptisch ist die junge Generation? Lübbe, Bergisch-Gladbach 1967, 228 S.

Boll, Franz: Die Lebensalter. Ein Beitrag zur antiken Ethologie und zur Geschichte der Zahlen. Berlin 1913.

Bollnow, Otto Friedrich: Krise und neuer Anfang. Beiträge zur pädagogischen Anthropologie. Quelle & Meyer, Heidelberg 1966, 152 S.

Bollnow, Otto Friedrich u. a.: Erziehung in anthropologischer Sicht. Morgarten, Zürich 1969, 266 S.

Borinski, Fritz, Werner Milch: Jugendbewegung. Die Geschichte der deutschen Jugend 1896–1933. Dipa, Frankfurt a. M. 1967, 140 S.

Bork, Arnold; Praktische Jugendpsychologie für Lehrer und Eltern. Henn, Ratingen 1962, 216 S.

Borneman, Ernest: Die Umwelt des Kindes im Spiegel seiner „verbotenen" Lieder, Reime, Verse und Rätsel. Walter, Olten – Freiburg i. Br. 1974, 386 S.

Borneman, Ernest: Die Welt der Erwachsenen in den „verbotenen" Reimen deutschsprachiger Stadtkinder. Walter, Olten – Freiburg i. Br. 1976, 207 S.

Braun, Hans, Ute Leitner (Hrsg.): Problem Familie – Familienprobleme. Campus, Frankfurt a. M. – New York 1976, 222 S.

Bresser, Paul H.: Grundlagen und Grenzen der Begutachtung jugendlicher Rechtsbrecher. De Gruyter, Berlin 1965, VIII, 342 S.

Brezinka, Wolfgang: Erziehung und Kulturrevolution. Die Pädagogik der Neuen Linken. Reinhardt, München – Basel 1974, 268 S.

Brun, E.: Jugend zwischen gestern und morgen. Eine Umschau unter Interpretationen und Hypothesen. In: Neue Zürcher Zeitung, Fernausgabe Nr. 78, 5./6. April 1975, S. 35.

Brunotte, Barbara: Rebellion im Wort. Eine zeitgeschichtliche Dokumentation. Flugblatt und Flugschrift als Ausdruck der Studentenunruhen 1966–1968. Dipa, Frankfurt a. M. 1973, 256 S., davon 137 S. Faksimiles.

Buchhofer, Bernd, Jürgen Friedrichs, Hartmut Lüdtke: Alter, Generationsdynamik und soziale Differenzierung. Zur Revision des Generationsbegriffs als analytisches Konzept: In: Kölner Zeitschrift für Soziologie und Sozialpsychologie, Jg. 22, H. 2 (Juni 1970), S. 300–334.

Bühler, Charlotte: Praktische Kinderpsychologie. Lorenz, Wien – Leipzig 1938, 252 S.

Bühler, Charlotte, Lotte Schenk-Danzinger, Faith Smitter: Kindheitsprobleme und der Lehrer. Quelle & Meyer, Heidelberg 1958, 333 S.

Bühler, Charlotte: Das Seelenleben des Jugendlichen. Versuch einer Analyse und Theorie der psychischen Pubertät. Fischer, Stuttgart 1967, XLIV, 240 S.

Bühler, Charlotte: Kindheit und Jugend. Genese des Bewußtseins. Hogrefe, Göttingen [4]1967, XXXIV, 414 S.

Bühler, Charlotte: Wenn das Leben gelingen soll. Psychologische Studien über Lebenserwartungen und Lebensereignisse. Droemer Knaur, München – Zürich 1972, 240 S. mit Abb.

Busemann, Adolf: Krisenjahre im Ablauf der menschlichen Jugend. Henn, Ratingen 1953, 168 S.

Busemann, Adolf: Geborgenheit und Entwurzelung des jungen Menschen. Henn, Ratingen [2]1955, 115 S.

Busemann, Adolf: Kindheit und Reifezeit. Die menschliche Jugend in Entwicklung und Aufbau. Diesterweg, Frankfurt a. M. 1965, VII, 487 S., 5 Taf.

Busemann, Adolf: Pädagogische Psychologie in Umrissen. Wissenschaftliche Buchgesellschaft, Darmstadt 1967, VIII, 187 S.

Chall, Günter: Gammeln und jobben. In: Die Zeit, Nr. 41, 9. Oktober 1965, S. 57ff.
Claessens, Dieter, Petra Milhoffer (Hrsg.): Familiensoziologie. Ein Reader als Einführung. Athenäum Fischer, Frankfurt a.M. 1974, 425 S.
Clausen, Lars: Jugendsoziologie. Kohlhammer, Stuttgart 1976, 152 S.
Cohen, Albert K.: Delinquent Boys. The culture of the gang. The Free Press, Glencoe (Ill.) 1955, 202 S.
Cohen, Albert K.: Kriminelle Jugend. Zur Soziologie jugendlichen Bandenwesens. Rowohlt, Reinbek – Hamburg 1961, 154 S. (rowohlts deutsche enzyklopädie 121).
Cohen, Albert K.: Abweichung und Kontrolle. Juventa, München [2]1970, 212 S. (Grundfragen der Soziologie 7).
Coleman, James Samuel: The Adolescent Society. The Social Life of the Teenager and its Impact on Education. The Free Press, Glencoe (Ill.) 1961.
Coudenhove-Kalergi, Richard Nicolaus Graf: Für die Revolution der Brüderlichkeit. Verlag Die Waage, Zürich 1968, 36 S. (Reihe Essenz + Evidenz).
Dahrendorf, Ralf: Gesellschaft und Demokratie in Deutschland. Piper, München 1965, 516 S.
Dahrendorf, Ralf: Konflikt und Freiheit. Auf dem Weg zur Dienstklassengesellschaft. Piper, München 1972, 336 S.
Davis, Kingsley: The Sociology of Parent-Youth Conflict. In: American Sociological Review 5 (1940).
Dehn, Günter: Großstadtjugend. Beobachtungen und Erfahrungen aus der Welt der großstädtischen Arbeiterjugend. Heymann, Berlin 1922, VIII, 192 S.
Dehn, Günter: Die religiöse Gedankenwelt der Proletarierjugend. Berlin 1924.
Dehn, Günter: Proletarische Jugend. Berlin 1930.
Demos, John, Virginia Demos: Adolescence in historical perspective. In: Journal of Marriage and the Family 4 (1969), S. 632–638.
Dietz, Heinrich: Erziehung braucht Phantasie. Ehrenwirth, München 1965, 281 S.
Dietz, Heinrich: Sexus, Sport und geistiger Elan. Luchterhand, Neuwied – Berlin 1968, XV, 217 S.
Dietz, Heinrich: Faszination der Revolte. Jugend und ewiges Jakobinertum. Seewald, Stuttgart 1970, 320 S.
Dietz, Heinrich: Einladung oder Einweisung in die Zukunft. Generationskonflikt, Klassenkampf und Schulnihilismus. In: Klassenkampf und Bildungsreform. Die neue Konfessionsschule (INITIATIVE 2). Freiburg i. Br. 1974, S. 43–75.
Dietz, Heinrich: Schule und Subkultur. Seewald, Stuttgart 1975, 216 S.
Dietz, Heinrich: Jugend im Niemandsland. Pädagogik im nachideologischen Zeitalter. Herder, Freiburg i. Br. 1976, 234 S.
Dingräve, Leopold (= Ernst Wilhelm Eschmann): Wo steht die junge Generation? Diederichs, Jena 1931, 54 S.

Durkheim, Émile: Éducation et sociologie. Paris 1917. (dt.: Erziehung und Soziologie. Schwann, Düsseldorf 1972, 127 S.)
Eichner, Klaus, Werner Habermehl: Der RALF-Report. Das Sexualverhalten der Deutschen. Hoffmann & Campe, Hamburg 1978, 400 S.
Eisenstadt, Samuel Noah: Von Generation zu Generation. Juventa, München 1966, 367 S.
Elias, Norbert: Über den Prozeß der Zivilisation. Soziogenetische und psychogenetische Untersuchungen. 2 Bde. Francke, Bern – München 1969 (Taschenbuchausgabe: Suhrkamp, Frankfurt a.M. 1976).
Ellul, Jacques: Von der Revolution zur Revolte. Mit einem Vorwort von Kurt Sontheimer. Hoffmann & Campe, Hamburg 1974, 279 S.
Erikson, Erik H.: Jugend und Krise. Klett, Stuttgart 1970, 344 S.
Erikson, Erik H.: Der junge Mann Luther. Eine psychoanalytische und historische Studie. Rowohlt, Reinbek 1970, 308 S.
Erikson, Erik H.: Kindheit und Gesellschaft. Klett, Stuttgart 1971, 426 S.
Erikson, Erik H.: Kinderspiel und politische Phantasie. Suhrkamp, Frankfurt a.M. 1978, 139 S.
Eucken-Erdsiek, Edith: Die Macht der Minderheit. Eine Auseinandersetzung mit dem neuen Anarchismus. Herder, Freiburg i. Br. [3]1972, 124 S. (Herderbücherei 372).
Fick, Luise: Die deutsche Jugendbewegung. Diederichs, Jena 1939, 270 S.
Fischer, Wolfgang: Fragen und Antworten zum Generationenproblem. Unter Mitarbeit von Walter Jaide und Heinz Hunger. Signal, Baden-Baden 1961, 95 S.
Flitner, Wilhelm: Allgemeine Pädagogik. Klett, Stuttgart [11]1966, 184 S.
Flitner, Wilhelm: Ausgewählte pädagogische Abhandlungen. Schöningh, Paderborn 1967, 226 S.
Freire, Paulo: Pädagogik der Unterdrückten. Mit einer Einführung von Ernst Lange. Kreuz, Stuttgart [3]1973, 220 S.
Freud, Sigmund: Totem und Tabu. Einige Übereinstimmungen im Seelenleben der Wilden und der Neurotiker. Fischer, Frankfurt a.M. – Hamburg 1956, 188 S. (Fischer-Bücherei 147).
Freud, Sigmund: Das Unbewußte. Schriften zur Psychoanalyse. Fischer, Frankfurt a.M. 1960, 475 S.
Friedenberg, Edgar Z.: Die manipulierte Adoleszenz. Klett, Stuttgart 1971.
Fritzen, Michael: Machen Kinder arm? Über die Benachteiligung junger Eltern in unserer Gesellschaft. In: Frankfurter Allgemeine Zeitung, Nr. 70, 8. April 1978.
Gehlen, Arnold: Die Seele im technischen Zeitalter. Sozialpsychologische Probleme in der industriellen Gesellschaft. Rowohlt, Hamburg 1957, 131 S. (rowohlts deutsche enzyklopädie 53).
Gerstein, Hannelore: Studierende Mädchen. Zum Problem des vorzeitigen Abgangs von der Universität. Mit einer Einführung von Ralf Dahrendorf. Piper, München 1965, 130 S.
Giehler, Wolfgang, Kurt Lüscher: Die Soziologie des Kindes in historischer Sicht. In: Neue Sammlung 15 (1975), S. 442–463.

Glaeser, Ernst: Jahrgang 1902. Athenäum Verlag, Kronberg 1978, 195 S. (Neuausgabe).

Glaser, Hermann: Radikalität und Scheinradikalität. Zur Sozialpsychologie des jugendlichen Protests. Manz, München 1969 (Reflexionen 9).

Golowin, Sergius: Das Zeitlose in der Industrie-Gesellschaft. Von neuen Jugendbewegungen 1966–1974. In: Jugend in der Gesellschaft. Ein Symposion. Deutscher Taschenbuch Verlag, München 1975, S. 179–201.

Gordon, Thomas: Familienkonferenz. Hoffmann & Campe, Hamburg 1972, 333 S.

Gordon, Thomas: Lehrer-Schüler-Konferenz. Hoffmann & Campe, Hamburg ³1977, 311 S.

Gordon, Thomas: Familienkonferenz in der Praxis. Wie Konflikte mit Kindern gelöst werden. Hoffmann & Campe, Hamburg 1978, 330 S.

Grimm, Jacob: Rede über das Alter (1860). In: Reden und Aufsätze. Eine Auswahl. Hrsg. von Wilhelm Schoof. Winkler, München 1966, S. 152–175.

Grunert-Bronnen, Barbara (Hrsg.): Pubertät. 22 Autoren zu einem Thema. Deutscher Taschenbuch Verlag, München 1971, 230 S. (dtv 761).

Guardini, Romano: Neue Jugend und katholischer Geist. Grünewald, Mainz; Rauch, Wiesbaden 1924, 47 S.

Guardini, Romano: Die Lebensalter. Werkbund-Verlag, Würzburg 1954.

Günther, Henning: Die Familie am Ende des 20. Jahrhunderts. In: Erziehung und Schule. Adamas-Verlag, Köln 1977, S. 11–54.

Habermas, Jürgen u. a.: Student und Politik. Luchterhand, Neuwied 1961, 359 S.

Hachmann, Horst: Jugend – ein Porträt. Seewald, Stuttgart 1964, 323 S.

Hampel, Gustav, Jürgen Friedrichs, Fritz Haag: Was erschwert das Verständnis zwischen den Generationen? Sankelmark 1971, 52 S. (Schriftenreihe der Grenzakademie Sankelmark N.F. 13).

Hechinger, Fred, M. Grace: Teen-Age Tyranny. William Morrow, New York 1963.

Hardach-Pinke, Irene, Gerd Hardach (Hrsg.): Deutsche Kindheiten. Autobiographische Zeugnisse 1700–1900. Athenäum, Kronberg 1978, 260 S.

Heer, Friedrich: Europa – Mutter der Revolutionen. Kohlhammer, Stuttgart 1964, 1028 S.

Heer, Friedrich: Jugend zwischen Haß und Hoffnung. München 1971.

Helfer, Ray E., C. Henry Kempe (Hrsg.): Das geschlagene Kind. Übersetzt von Udo Rennert. Suhrkamp, Frankfurt a. M. 1978, 300 S.

Heintz, Peter, René König (Hrsg.): Soziologie der Jugendkriminalität. Westdeutscher Verlag, Köln – Opladen ⁴1968, 188 S. (Sonderheft 2 der Kölner Zeitschrift für Soziologie und Sozialpsychologie).

Hellmer, Joachim: Jugendkriminalität in unserer Zeit. Fischer, Frankfurt a. M. – Hamburg 1966, 166 S. (Fischer Bücherei 731).

Henecka, Hans-Peter: Unruhige Jugend? Pesch-Haus, Mannheim – Ludwigshafen 1970, 35 S. (Freiheit und Ordnung. Soziale Fragen der Gegenwart 70).

Henrich, Franz: Die Bünde katholischer Jugendbewegung. Kösel, München 1968, 528 S.

Hentig, Hartmut von: Systemzwang und Selbstbestimmung. Klett, Stuttgart 1968, 155 S. m. Abb.

Hentig, Hartmut von: Spielraum und Ernstfall. Gesammelte Aufsätze zu einer Pädagogik der Selbstbestimmung. Klett, Stuttgart 1969, 407 S.

Hentig, Hartmut von: Vier Generationen – vier Welten? In: Scheidewege. Zeitschrift für skeptisches Denken, Jg. 6, H. 1 (1976), S. 49–75.

Hofstätter, Peter R.: Fieber und Heil in der Jugendbewegung. In: Jugend in der Gesellschaft. Ein Symposion. Deutscher Taschenbuch-Verlag, München 1975, S. 118–153.

Hollingshead, August B.: Elmtown's Youth. The impact of social classes on adolescents. Wiley, New York [10]1967, XI, 480 S.

Honigsheim, Paul: Die Pubertät. In: Kölner Vierteljahrshefte für Soziologie 3 (1924).

Horkheimer, Max: Autorität und Familie. In: Kritische Theorie. Eine Dokumentation. Hrsg. von Alfred Schmidt. S. Fischer, Frankfurt a. M. 1968, Bd. 1, S. 277–360.

Hornstein, Walter: Vom „jungen Herrn" zum „hoffnungsvollen Jüngling". Wandlungen des Jugendlebens im 18. Jahrhundert. Quelle & Meyer, Heidelberg 1965, 267 S.

Hornung, Klaus: Die Positionen der Erwachsenen sind nicht besetzt. In: Die Strategie der Feigheit. Wie lange wird der Westen noch frei sein? (INITIATIVE 17). Freiburg i. Br. 1977, S. 100–115.

Hornung, Klaus: Nur die Rechte, keine Pflichten. Ein Brief zum Inhalt der politischen Bildung. In: Der Report, Nr. 6, 9. Februar 1978, S. 7.

Hunt, David E.: Parents and children in history. The psychology of family life in early modern France. Basic Books, New York 1970, XIV, 226 S.

Hunt, David E.: Between Psychology and education. Dryden, Hinsdale (Ill.) 1974, VII, 312 S.

Illich, Ivan: Entschulung der Gesellschaft. Mit einem Vorwort von Hartmut von Hentig. Kösel, München 1972, 160 S.

Jaeger, Werner: Humanismus und Jugendbildung. Weidmann, Berlin 1921, 43 S.

Jaeger, Werner: Paideia. Die Formung des griechischen Menschen. de Gruyter, Berlin 1959, 3 Bde.

Jaide, Walter: Eine neue Generation? Eine Untersuchung über Werthaltungen und Leitbilder der Jugendlichen. Juventa, München [2]1963, 190 S.

Jaide, Walter: Das Verhältnis der Jugend zur Politik. Luchterhand, Neuwied 1963, XIII, 174 S.

Jaide, Walter: Die jungen Staatsbürger. Juventa, München 1965, 167 S.

Jaide, Walter, Wolfgang Mitter: Jugendliche. In: Sowjetsystem und demo-

kratische Gesellschaft. Hrsg. von C. D. Kernig. Bd. 3. Herder, Freiburg i. Br. 1969, Sp. 408–432 (mit Bibliographie).
Jaide, Walter: Junge Arbeiterinnen. Juventa, München 1969, 190 S.
Jaide, Walter: Jugend und Demokratie. Politische Einstellungen der deutschen Jugend. Juventa, München 1970, 167 S.
Jaide, Walter: Jugend und Politik heute. In: Aus Politik und Zeitgeschichte. Beilage zu „Das Parlament". 25. September 1976.
Jaide, Walter, Barbara Hille (Hrsg.): Jugend im doppelten Deutschland. Westdeutscher Verlag, Opladen 1977, 320 S.
Jaide, Walter: Jugendliche ohne „Mitbestimmung"! In: Stimmen der Zeit, Bd. 195, H. 4 (April 1977), S. 243–252.
Jantzen, Hinrich: Jugendkultur und Jugendbewegung. Dipa, Frankfurt a. M. ^{2}1969, 86 S.
Johansen, Erna M.: Betrogene Kinder. Eine Sozialgeschichte der Kindheit. Fischer, Frankfurt a. M. 1978, 266 S. (Fischer Taschenbuch 6622).
Jugend zwischen Auflehnung und Anpassung. Hrsg. von Hans-Georg Wehling. Kohlhammer, Stuttgart 1973, 227 S.
Jugend in der Gesellschaft. Ein Symposion. Mit Beiträgen von Hartmut von Hentig, Hermann Lübbe, Erwin K. Scheuch u. a. Deutscher Taschenbuch Verlag, München 1975, 222 S. (dtv 1063).
Jugend in der modernen Gesellschaft. Hrsg. von Ludwig von Friedeburg. Kiepenheuer & Witsch, Köln 1965, 564 S. (Neue Wissenschaftliche Bibliothek 5).
Jugend zwischen Schonraum und Emanzipation. Hrsg. von Franz Henrich und Roman Bleistein. Kösel, München 1972, 260 S.
Jugend in Selbstzeugnissen. Internationale Berichte junger Menschen. Hrsg. von Hans Frevert. Signal, Baden-Baden 1960, 173 S.
Jugend im Spektrum der Wissenschaften. Beiträge zur Theorie des Jugendalters. Juventa, München 1970, 251 S.
Jugendliche unter Zwang. Zur Fragwürdigkeit geschlossener Institutionen. Neser, Konstanz 1974, IV, 239 S.
Kaufmann, Richard: Gebrannte Kinder. Die Jugend in der Nachkriegszeit. Deutscher Taschenbuch Verlag, München 1966, 261 S. (zuerst: Diederichs, Düsseldorf 1962).
Keilhacker, Martin: Pädagogische Orientierung im Zeitalter der Technik. Klett, Stuttgart 1958, 128 S.
Keilhacker, Martin, Erich Wasem: Jugend im Kraftfeld der Massenmedien. Juventa, München 1965, 136 S.
Kielholz, P.: Epochaltypologische Jugendpsychologie. Göttingen 1965 (Neue Sammlung 1).
Kielholz, P.: Psychiatrische Aspekte des Generationenproblems. Helbing & Lichtenhahn, Basel 1966 (Akademische Vorträge 4).
Kindt, Werner (Hrsg.): Die Wandervogelzeit. Quellenschriften zur deutschen Jugendbewegung 1896–1919. Mit einer Einführung von Wilhelm Flitner. Diederichs, Düsseldorf 1968, 1104 S. (Dokumentation der Jugendbewegung 2).

Kluth, Heinz, Ulrich Lohmar, Rudolf Tartler: Arbeiterjugend – gestern und heute. Quelle & Meyer, Heidelberg 1955, 349 S.

Kneip, Rudolf: Jugend der Weimarer Zeit. Handbuch der Jugendverbände 1919–1938. Dipa, Frankfurt a.M. 1974, 384 S.

Knirck, Erich: Die neue Gesellschaft. Rau, Düsseldorf ²1960, 151 S.

Koerber, Lenka von: Verirrte Jugend. Hamburg 1955.

Kraemer, Hazel V.: Youth and culture. A human-development approach. Monterey (Calif.) 1974.

Krieger, Arnold: Der Kuckuck in der Zerreißprobe. Roman. Stahlberg, Karlsruhe 1965, 410 S.

Küppers, Waltraut: Mädchentagebücher der Nachkriegszeit. Ein kritischer Beitrag zum sogenannten Wandel der Jugend. Klett, Stuttgart 1964, 334 S.

Lauer, Hans Erhard: Menschheitskrisen und Generationenkonflikte. Ursachen – Irrwege – Lösungen. Drei Vorträge. Verlag Die Kommenden, Freiburg i.Br. 1975, 89 S.

Laqueur, Walter Z.: Die deutsche Jugendbewegung. Verlag Wissenschaft und Politik, Köln 1962, 280 S.

Lenz, W., H. Kellner: Die körperliche Akzeleration. Juventa, München 1965.

Lepp, Ignace: Psychologie der Freundschaft. Herder, Freiburg i.Br. 1972, 123 S. (Herderbücherei 428).

Lichtenstein, Ernst: Umrisse einer soziologischen Jugendkunde. Berlin 1955.

Lichtenstein, Ernst: Der Ursprung der Pädagogik im griechischen Denken. Schroedel, Hannover – Berlin – Darmstadt – Dortmund 1970, 201 S.

Linse, Ulrich: Die anarchistische und anarcho-syndikalistische Jugendbewegung 1918–1933. Dipa, Frankfurt a.M. 1976, 327 S.

Litt, Theodor: Das Verhältnis der Generationen ehedem und heute. Wiesbaden 1947, 67 S.

Litt, Theodor: Pädagogik und Kultur. Hrsg. von Friedhelm Nicolin. Klinkhardt, Bad Heilbrunn 1965, 111 S.

Litt, Theodor: Führen oder wachsenlassen. Eine Erörterung des pädagogischen Grundproblems. Klett, Stuttgart 1967, 136 S.

Locht, Pierre de (Hrsg.): Familie – Schicksal oder Chance. Analysen und Aspekte, Funktionen und Forderungen. Lahn Verlag, Limburg 1976, 156 S.

Loduchowski, Heinz: Pädagogik aus Amerika? Analyse der „progressive education“. Herder, Freiburg i.Br. 1961, 129 S.

Loduchowski, Heinz: Teenager und Koedukation? Jugend der freien Welt in Gefahr. Mit einem Geleitwort von Dietrich von Hildebrand. Herder, Freiburg i.Br. 1961, 124 S.

Löbl, Eugen: Gespräche mit den Ratlosen. Mit einem Manifest für das 20. Jahrhundert. Econ, Wien – Düsseldorf 1970, 332 S.

Lorenz, Konrad: Die acht Todsünden der zivilisierten Menschheit. Piper, München 1973, 112 S.

Lübbe, Hermann: Legitimitätsschwäche und Jugendbewegung. In: Jugend in der Gesellschaft. Deutscher Taschenbuch Verlag, München 1975, S. 42–53.

Lückert, Heinz-Rolf: Beiträge zur Psychologie der Gegenwartsjugend. Reinhardt, München – Basel 1965, 287 S.

Lüschen, Günther, René König: Jugend in der Familie. Juventa, München 1965, 112 S.

Mann, Golo: Zum Konflikt der Generationen. In: Neue Rundschau, Jg. 84 (1973), H. 3, S. 385 ff.

Mannheim, Karl: Diagnose unserer Zeit. Gedanken eines Soziologen. Europa Verlag, Zürich – Wien – Konstanz 1951, 236 S.

Mannheim, Karl: Das Problem der Generationen. In: Wissenssoziologie. Auswahl aus dem Werk. Eingeleitet und hrsg. von Kurt H. Wolff. Luchterhand, Berlin – Neuwied 1964, S. 509–565 (zuerst 1928).

Marabini, Jean: Jugend zweier Welten. Untersuchungen über die sowjetische und amerikanische Jugend. Rheinische Verlagsanstalt, Wiesbaden 1962, 360 S.

Markefka, Manfred: Jugend. Begriffe und Formen in soziologischer Sicht. Luchterhand, Neuwied – Berlin 1967, 156 S. (mit umfangreichem Literaturverz.).

Mause, Lloyd de (Hrsg.): Hört ihr die Kinder weinen. Eine psychogenetische Geschichte der Kindheit. Suhrkamp, Frankfurt a. M. 1977, 626 S.

Mayntz, Renate: Die moderne Familie. Enke, Stuttgart 1955, VII, 111 S.

Mead, Margaret, Martha Wolfenstein: Childhood in contemporary cultures. University of Chicago Press, Chicago ^{2}1956, XI, 473 S., 14 Bl. Abb.

Mead, Margaret: Leben in der Südsee. Jugend und Sexualität in primitiven Gesellschaften. Szczesny, München 1965, XXII, 668 S.

Mead, Margret: Der Konflikt der Generationen. Jugend ohne Vorbild. Walter, Olten 1971, 135 S.

Mehnert, Klaus: Jugend im Zeitbruch. Woher – wohin? Deutsche Verlagsanstalt, Stuttgart 1976, 512 S.

Meves, Christa: Manipulierte Maßlosigkeit. Psychische Gefahren im technisierten Leben. Herder, Freiburg i. Br. 1971, 139 S. (Herderbücherei 401).

Meves, Christa: Verhaltensstörungen bei Kindern. Piper, München ^{2}1972, 148 S.

Meves, Christa: Kinderschicksal in unserer Hand. Erfahrungen aus der psychagogischen Praxis. Herder, Freiburg i. Br. 1974, 156 S. (Herderbücherei 501).

Meves, Christa: Freiheit will gelernt sein. Herder, Freiburg i. Br. 1975, 143 S. (Herderbücherei 517).

Meves, Christa: Antrieb – Charakter – Erziehung. Werden wir ein Volk von Neurotikern? Edition Interfrom, Zürich 1977, 101 S. (Texte + Thesen 81).

Millendorfer, C. G. H.: Konturen einer Wende. Strategien für die Zukunft. Styria, Graz 1978, 356 S.

Mitscherlich, Alexander: Auf dem Weg zur vaterlosen Gesellschaft. Ideen zur Sozialpsychologie. Piper, München 1963, 499 S.
Mitscherlich, Alexander, Margarete Mitscherlich: Die Unfähigkeit zu trauern. Piper, München 1967, 372 S.
Mitterauer, Michael, Reinhard Sieder: Vom Patriarchat zur Partnerschaft. Zum Strukturwandel der Familie. Beck, München 1977, 224 S.
Mohler, Armin: Die konservative Revolution in Deutschland 1918–1932. Ein Handbuch. Zweite, völlig neu bearbeitete und erweiterte Fassung. Wissenschaftliche Buchgesellschaft, Darmstadt 1972, XXX, 554 S.
Muchow, Hans Heinrich: Sexualreife und Sozialstruktur der Jugend. Rowohlt, Hamburg 1959, 164 S. (rowohlts deutsche enzyklopädie 94).
Muchow, Hans Heinrich: Jugend und Zeitgeist. Morphologie der Kulturpubertät. Rowohlt, Reinbek – Hamburg 1962, 267 S. (rowohlts deutsche enzyklopädie 147/148).
Mühlmann, Wilhelm E.: Kindheit und Jugend in traditionalen und progressiven Gesellschaften. In: Jugend in der Gesellschaft. Ein Symposion. Deutscher Taschenbuch Verlag, München 1975, S. 79–97.
Mühr, Alfred: Die frechen Söhne. Sturm und Drang seit 2000 Jahren. Athenaion, Frankfurt a.M. 1969, 428 S.
Müller, C. Wolfgang: Jugend. Soziologische Materialien. Quelle & Meyer, Heidelberg 1967, 87 S.
Nasarski, Peter (Hrsg.): Deutsche Jugendbewegung in Europa. Verlag Wissenschaft und Politik, Köln o.J., 416 S., 32 Bilds. m. 56 Abb.
Neidhardt, Friedhelm: Die junge Generation. Jugend und Gesellschaft in der Bundesrepublik. Leske, Opladen ²1968, 100 S.
Neidhardt, Friedhelm: Die Familie in Deutschland. Leske, Opladen 1975, 101 S.
Nieveler, Peter: Erziehung zwischen Freiheit und Emanzipation. Essen 1975, 40 S. (Pädagogik und Freie Schule 2).
Oestreich, Gisela: Elternladen. Familie zwischen Klischee und Wirklichkeit. Hoffmann & Campe, Hamburg 1978, 298 S.
Oeter, Ferdinand (Hrsg.): Familie und Gesellschaft. Mohr (Siebeck), Tübingen 1966, VI, 370 S. (Civitas gentium 12).
Opaschowski, Horst W.: Der Jugendkult in der Bundesrepublik. Walter Rau, Düsseldorf 1971.
Ortega y Gasset, José: Das Generationsproblem. In: Das Wesen geschichtlicher Krisen. Deutsche Verlags-Anstalt, Stuttgart – Berlin 1943, S. 11–36.
Ortega y Gasset, José: Der Aufstand der Massen. Deutsche Verlags-Anstalt, Stuttgart 1949, 209 S.
Paetel, Karl O.: Jugend in der Entscheidung 1913–1933–1945. Voggenreiter, ²Bad Godesberg 1963, 308 S.
Pálóczi-Horvath, George: Jugend – Schicksal der Welt. Schweizer Verlagshaus, Zürich 1965, 380 S.
Pálóczi-Horvath, George: Alle Macht der Jugend? Thesen zum Generationskonflikt unserer Zeit. Bertelsmann, Gütersloh 1970, 303 S.

Parsons, Talcott, Robert F. Bales: Family socialization and interaction process. The Free Press, New York 1955, XVII, 421 S.

Pelke, Else: Protestformen der Jugend. Über Beatniks, Gammler, Provos und Hippies. Ludwig Auer, Donauwörth 1969, 32 S.

Petersen, Julius: Die Wesensbestimmung der Romantik. Leipzig 1925 (Kap. 6: Generation).

Petersen, Julius: Die literarischen Generationen. Junker & Dünnhaupt, Berlin 1930, 58 S.

Pfaff, Konrad: Die Welt der neuen Jugend. Walter, Olten – Freiburg i. Br. 1962, 278 S.

Piaget, Jean: Die Bildung des Zeitbegriffs beim Kinde. Rascher, Zürich 1955, 397 S.

Piaget, Jean: Der Aufbau der Wirklichkeit beim Kinde. Klett, Stuttgart 1974, 372 S.

Piaget, Jean, Bärbel Inhelder: Von der Logik des Kindes zur Logik des Heranwachsenden. Walter, Olten – Freiburg i. Br. 1977, 338 S.

Picht, Georg: Die deutsche Bildungskatastrophe. Analyse und Dokumentation. Walter, Olten – Freiburg i. Br. 1964, 247 S.

Pieper, Michael: Erwachsenenalter und Lebenslauf. Zur Soziologie der Altersstufen. Kösel, München 1978, 176 S.

Pinder, Wilhelm; Das Problem der Generation in der Kunstgeschichte Europas. Bruckmann, München 1961, 172 S. (zuerst: Berlin 1926).

Planck, Ulrich: Landjugend im sozialen Wandel. Juventa, München 1970, 295 S.

Plenzdorf, Ulrich: Die neuen Leiden des jungen W. Suhrkamp, Frankfurt a. M. 1973.

Portmann, Adolf: Biologische Fragmente zu einer Lehre vom Menschen. Schwabe, Basel – Stuttgart ³1969, 184 S.

Portmann, Adolf: Entläßt die Natur den Menschen? Piper, München 1970, 379 S.

Poulet, Robert: Wider die Jugend. Aus dem Französischen von Margaret Carroux. Klett, Stuttgart 1967, 148 S. (Versuche 9).

Proebst, Hermann; Die Sprache einer verloren geglaubten Generation. In: Vom Geist der Zeit. Hrsg. von Adolf Frisé. Sigbert Mohn, Gütersloh 1966, S. 52–55.

Pross, Harry: Jugend, Eros, Politik. Die Geschichte der deutschen Jugendverbände. Scherz, Bern – München – Wien 1964, 520 S.

Pross, Harry: Die neuen Jahrgänge. In: Vom Geist der Zeit. Hrsg. von Adolf Frisé. Sigbert Mohn, Gütersloh 1966, S. 44–47.

Pross, Harry: Protest. Versuch über das Verhältnis von Form und Prinzip. Luchterhand, Neuwied – Berlin 1971, 116 S.

Pross, Helge: Über die Bildungschancen von Mädchen in der Bundesrepublik. Suhrkamp, Frankfurt a. M. 1969, 109 S.

Rassem, Mohammed: Entdeckung und Formierung der Jugend der Neuzeit. In: Jugend in der Gesellschaft. Ein Symposion. Deutscher Taschenbuch Verlag, München 1975, S. 98–117.

Ratz, Konrad: Pubertät als Sinnkrise. Ein dialektisches Phasen- und Typenmodell. Österreichischer Bundesverlag, Wien 1976, 120 S.

Rauch, Karl: Der Schatten des Vaters. Ein Lebensbuch aus zwei Welten. Bechtle, Esslingen 1954, 335 S.

Rauch, Karl: Junge Menschen heute. Probleme und Lösungen. List, München 1956, 387 S.

Reich, Charles: Die Welt wird jung. Molden, Wien 1971 (Orig.: The Greening of America. Random House, New York 1970).

Reimann, Georg: Verderbt, verdammt, verraten? Jugend in Licht und Schatten. Schmiden bei Stuttgart 1955.

Revers, Wilhelm J.: Frustrierte Jugend. Bd. 1: Fälle und Situationen. Otto Müller, Salzburg 1969, 224 S.

Richter, Horst E.: Patient Familie. Entstehung, Struktur und Therapie von Konflikten in Ehe und Familie. Rowohlt, Reinbek – Hamburg [5]1975, 251 S. (rororo 6772).

Richter, Horst E., Hans Strotzka, Jürgen Willi (Hrsg.): Familie und seelische Krankheit. Rowohlt, Reinbek 1976, 378 S.

Riesman, David, Reuel Denney, Nathan Glazer: Die einsame Masse. Eine Untersuchung der Wandlungen des amerikanischen Charakters. Mit einer Einführung in die deutsche Ausgabe von Helmut Schelsky. Luchterhand, Darmstadt – Berlin – Neuwied 1956, 504 S.

Riesman, David: Wohlstand wozu? Essays. Suhrkamp, Frankfurt a.M. 1966, 452 S.

Rosenbaum, Heidi (Hrsg.): Seminar: Familie und Gesellschaftsstruktur. Materialien zu den sozioökonomischen Bedingungen von Familienformen. Suhrkamp, Frankfurt a.M. 1978, 511 S.

Rosenmayr, Leopold: Umwelt und Familie alter Menschen. Luchterhand, Neuwied – Berlin 1965, XI, 244 S., 2 Taf.

Rosenmayr, Leopold: Rollenerwartungen der weiblichen Jugend. Hrsg. vom Österreichischen Institut für Jugendkunde. Österreichischer Bundesverlag, Wien 1973, 423 S. (Beiträge zur Jugendkunde 16).

Rosenmayr, Leopold: Jugend. In: Handbuch der empirischen Sozialforschung. Hrsg. von René König. Enke, Stuttgart 1976, Bd. 6, S. 28ff.

Rosenmayr, Leopold (Hrsg.): Die menschlichen Lebensalter. Kontinuität und Krisen. Piper, München – Zürich 1978, 465 S.

Rousseau, Jean-Jacques: Emile oder Über die Erziehung. Hrsg. von Martin Rang. Reclam, Stuttgart 1976, 1031 S. (Universal-Bibliothek 901 [10]).

Rubin, Jerry: Do it! Scenarios für die Revolution. Rowohlt, Reinbek 1971, 263 S. (rororo 1411/12/13).

Rüegg, Walter (Hrsg.): Kulturkritik und Jugendkult. Klostermann, Frankfurt a.M. 1974, 157 S.

Rühmkorf, Eva: Wer unten ist, der fällt auch tief. Ursachen der Jugendkriminalität. Beltz, Weinheim – Basel 1977, 96 S.

Rümelin, Gustav: Über den Begriff und die Dauer einer Generation. In: Reden und Aufsätze 1. Mohr (Siebeck), Tübingen 1875.

Rutschky, Katharina (Hrsg.): Schwarze Pädagogik. Quellen zur Naturgeschichte der bürgerlichen Erziehung. Ullstein, Frankfurt a. M. – Berlin – Wien 1977, 618 S. (Ullstein Buch 3318).

Salinger, Jerome D.: Der Fänger im Roggen. Roman. Rowohlt, Reinbek [5]1968, 156 S. (rororo 851).

Salisbury, Harrison W.: Die zerrüttete Generation. Rowohlt, Hamburg 1962 (rowohlts deutsche enzyklopädie 159).

Schachermeyr, Fritz: Lebensgesetzlichkeit in der Geschichte. Klostermann, Frankfurt a.M. 1940, 240 S.

Schachner, Walter: Das Generationsproblem in der Geistesgeschichte. Mit einem Exkurs über den Hainbund. von Müchnow, Gießen 1937, 110 S.

Scharmann, Dorothea-Luise: Konsumverhalten von Jugendlichen. Juventa, München 1965, 95 S.

Scharmann, Theodor: Jugend in Arbeit und Beruf. Juventa, München 1965, 335 S.

Scharmann, Theodor: Der Industriebürger. Gesellschaftliche Orientierung und berufliche Einstellung junger Arbeiter und Angestellter. Huber, Bern – Stuttgart – Wien 1976, 203 S.

Scheidt, Walter: Lebensgesetze der Kultur. Biologische Betrachtungen zum Problem der Generation in der Geistesgeschichte. Berlin 1929.

Schelsky, Helmut: Die skeptische Generation. Eine Soziologie der deutschen Jugend. Diederichs, Düsseldorf 1957, 520 S.

Schelsky, Helmut: Wandlungen der deutschen Familie in der Gegenwart. Enke, Stuttgart [5]1967, 417 S.

Schmalenbach, Herman: Die soziologische Kategorie des Bundes. In: Die Dioskuren 1, München 1922, S. 35–105.

Schmeer, Gisela, Volker Schöbel: Jugendliche. Klett-Cotta, Stuttgart 1978, 184 S., zahlr. Fotos.

Schneider, Ernst: Psychologie der Jugendzeit. Seelische Entwicklung der Kinder und Jugendlichen. Francke, Bern – München [2]1952, 376 S. (Sammlung Dalp 51).

Schoene, Wolfgang: Jugend zwischen gestern und morgen. Deutscher Sparkassen- und Giroverband, Bonn 1964, 170 S.

Schubert, Dirk: Die vaterlose Gesellschaft. In: Nürnberger Zeitung, Nr. 29, 4. Februar 1978.

Schurtz, Heinrich: Altersklassen und Männerbünde. Eine Darstellung der Grundformen der Gesellschaft. Georg Reimer, Berlin 1902, IX, 458 S., 1 Kart.

Schwägler, Georg: Soziologie der Familie. Ursprung und Entwicklung. Mohr (Siebeck), Tübingen 1970, XIX, 208 S. (Heidelberger Sociologica 9).

Seewann, Gerhard: Österreichische Jugendbewegung 1900–1938. Dipa, Frankfurt a. M. [2]1974, 2 Bde., zus. 1045 S.

Seidmann, Peter: Moderne Jugend – eine Herausforderung an die Erzieher. Zürich 1963.

Setzen, Tenate, Karl Setzen: Familie in der Bundesrepublik Deutschland. Otto Maier Verlag, Ravensburg 1978, 144 S.

Shorter, E.: Der Wandel der Mutter-Kind-Beziehungen zu Beginn der Moderne. In: Geschichte und Gesellschaft 1 (1975), S. 256ff.

Skynner, A. C. Robin: Die Familie. Schicksal und Chance. Aus dem Amerikanischen von H. Kober. Walter, Olten – Freiburg 1978, 432 S.

Spender, Stephen: Das Jahr der jungen Rebellen. Piper, München 1969, 245 S.

Spitz, René: Vom Säugling zum Kleinkind. Klett, Stutgart 1967, 403 S., mit Abb.

Spranger, Eduard: Psychologie des Jugendalters. Quelle & Meyer, Heidelberg [28]1966, 321 S.

Stern, E. Marianne: Die Erziehung des Germanicus. Ein Modell römischer Pädagogik. In: Castrum Peregrini H. LXXI. Amsterdam 1966, S. 8–27.

Sylvanus, Erwin, Robert Bosshard: Familie in der Krise. Rowohlt, Reinbek – Hamburg 1974, 126 S. (rororo tele 58).

Szczesny, Gerhard: Die Disziplinierung der Demokratie oder Die vierte Stufe der Freiheit. Rowohlt, Reinbek 1974, 217 S.

Tenbruck, Friedrich H.: Jugend und Gesellschaft. Soziologische Perspektiven. Rombach, Freiburg i. Br. 1962, 128 S.

Tenbruck, Friedrich: Väter und Söhne. Das Generationsproblem in neuer Perspektive. In: Unsere Freiheit morgen. Gefahren und Chancen der modernen Gesellschaft. Hrsg. von G. Böse. Diederichs, Düsseldorf 1963.

Thomas, Hans, T. Endo (Hrsg.): The Adolescent and his environment. Contributions to an ecology of teen-age behavior. Karger, München 1974, 107 S. (Contributions to human development 1).

Thurnwald, Richard (Hrsg.): Die neue Jugend. Leipzig 1927.

Thurnwald, Richard: Werden, Wandel und Gestaltung von Familie, Verwandtschaft und Bünden. Die menschliche Gesellschaft 2. Berlin 1932, S. 248ff.

Thurnwald, Richard: Des Menschengeistes Erwachen, Wachsen und Irren. Duncker & Humblot, Berlin 1951, S. 297–305.

Toman, Walter: Familienkonstellationen. Beck, München 1965, 260 S.

Trittel, Gisela: Jugend wohin? Das Aufkommen einer neuen „politischen Generation“. In: Criticón. Konservative Zeitschrift, Nr. 33, Januar / Februar 1976, S. 26–28.

Turgenjew, Iwan S.: Die neue Generation. Reclam, Leipzig 1880, 387 S. (Universal-Bibliothek 1331/1334).

Turgenjew, Iwan S.: Väter und Söhne. Insel, Frankfurt a. M. 1974, 298 S.

Undeutsch, Udo: Die psychische Entwicklung der heutigen Jugend. Juventa, München 1966, 103 S.

Valensin, Georges: Liebe und Sexualität des jungen Mädchens. Aus dem Französischen von Wilfried Sczepan. Herbig, Berlin 1965, 335 S.

Vickers, Geoffrey: Der Preis der Institutionen. Konflikt, Krise und sozialer Wandel, Herder & Herder, Frankfurt M. – New York 1974, 204 S.

Vierkandt, Alfred: Familie, Volk und Staat in ihren gesellschaftlichen Lebensvorgängen. Enke, Stuttgart 1936, VII, 150 S.

Vieujean, Jean: Unterwegs zum Mann. Rex, Luzern 1952, 222 S.
Vincze, Lászlo, Flóra Vincze: Erziehung zum Vorurteil. Kritik der Kinderpsychologie. Europa Verlag, Wien 1965, 118 S.
Voß, Ursula (Hrsg.): Die unbequemen Jahre. Mit einem Vorwort von Gabriel Laub. Middelhauve, Köln 1977, 314 S.
Weber-Kellermann, Ingeborg: Die deutsche Familie. Versuch einer Sozialgeschichte. Suhrkamp, Frankfurt a. M. 1974, 272 S.
Wechssler, Eduard: Die Generation als Jugendreihe und ihr Kampf um die Denkform. Quelle & Meyer, Leipzig 1930, XVI, 256 S., 9 Abb.
Wechssler, Eduard: Jugendreihen der deutschen Menschen 1733–1933. Felix Meiner, Leipzig 1934, 135 S.
Weil, Simone: Die Einwurzelung. Aus dem Französischen von Friedhelm Kemp. Kösel, München 1956, 436 S.
Weiss, Andreas von: Die Neue Linke. Kritische Analyse. Boldt, Boppard 1969, 331 S.
Weiss, Carl: Pädagogische Soziologie. Klinkhardt, Bad Heilbrunn 1970.
Welter, Günther: Die Sprache der Teenager und Twens. Ein zweiteiliges Wörterbuch. Dipa, Frankfurt a. M. [3]1968, 76 S.
Wiese, Leopold von: System der Allgemeinen Soziologie als Lehre von den sozialen Prozessen und den sozialen Gebilden der Menschen (Beziehungslehre). Duncker & Humblot, [4]Berlin 1966, XXIII, 671 S.
Wilhelm, Theodor: Jenseits der Emanzipation. Metzler, Stuttgart 1975, 244 S.
Wisselinck, Erika, Ingo Hermann u. a.: „Volk ohne Traum". Das Lebensgefühl der jungen Generation in Selbstzeugnissen. Ehrenwirth, München 1964, 152 S.
Wollenweber, Helmut, Ulrich Planck: Die Lebenslage der westdeutschen Landjugend. 2 Bde. München 1956.
Wurzbacher, Gerhard: Gesellungsformen der Jugend. Juventa, München 1965, 143 S.
Wurzbacher, Gerhard: Leitbilder gegenwärtigen deutschen Familienlebens. Enke, Stuttgart [4]1969, 256 S.
Wurzbacher, Gerhard u. a. (Hrsg.): Die Familie als Sozialisationsfaktor. Enke, Stuttgart [2]1977, XVI, 462 S.
Zbinden, Hans: Über Jugend und Alter in der Gesellschaft von heute. Stuttgart-Degerloch 1962.
Ziegenfuß, Werner: Jean-Jacques Rousseau. Eine soziologische Studie. Palm & Enke, Erlangen 1952, 254 S.
Zulliger, Hans: Schwierige Kinder. Huber, Bern 1951, VIII, 204 S.
Zulliger, Hans: Jugendliche und Halbstarke. Ihre Psychologie und ihre Führung. Classen, Zürich – Stuttgart 1958, 119 S.
Zulliger, Hans: Die Angst unserer Kinder. Klett, Stuttgart 1966, 180 S.
Zulliger, Hans: Die Pubertät der Knaben. Huber, Bern 1969, 234 S.
Zulliger, Hans: Die Pubertät der Mädchen. Huber, Bern 1972, 181 S.
Zweig, Stefan: Die Welt von gestern. Erinnerungen eines Europäers. Suhrkamp, Berlin 1949, 485 S.

Notizen über die Autoren

Gottfried Eisermann, geboren 1918 in Berlin, seit 1950 wissenschaftlicher Assistent, dann Lektor und Dozent an der Universität Heidelberg, seit 1962 o. Prof. der Soziologie an der Universität Bonn. Ehrendoktor der Universität Padua.
Wichtigste Veröffentlichungen: Gegenwartsprobleme der Soziologie (als Hrsg., 1949), Wirtschaft und Kultursystem (als Hrsg., 1955), Die Einheit der Sozialwissenschaften (als Hrsg., 1955), Die Grundlagen des Historismus in der deutschen Nationalökonomie (1956), Vilfredo Paretos System der Allgemeinen Soziologie (1962), Wirtschaft und Gesellschaft (1964), Die gegenwärtige Situation der Soziologie (als Hrsg., 1967), Soziologie der Entwicklungsländer (als Hrsg., 1968), Bedeutende Soziologen (1968), Soziologisches Lesebuch (als Hrsg., 1969), Die Lehre von der Gesellschaft (als Hrsg., ³1973), Die Krise der Soziologie (als Hrsg., 1976).
In INITIATIVE 7 erschien Eisermanns Essay „Die Rolle der politischen Parteien im modernen Staat", in INITIATIVE 12 seine bürokratiekritische Studie „Auf dem Weg zur Parteibuch-Republik". INITIATIVE 18 brachte seinen Beitrag „Geldentwertung als Sozialverbrechen. Die Zerstörung unserer Gesellschaftsordnung durch die Inflation" und INITIATIVE 23 die Abhandlung „Krise der Familie oder Krise der Gesellschaft?"

Edith Eucken-Erdsiek, geboren in Smolensk als Tochter deutscher Eltern. Studium der Nationalökonomie, Literaturwissenschaft und Philosophie an der Universität Berlin. Heirat mit dem Nationalökonomen Walter Eucken (1891–1950). Langjährige Herausgeberin der kulturphilosophi-

schen Zeitschrift „Die Tatwelt". Mitarbeiterin beim Westdeutschen Rundfunk, bei der „Frankfurter Allgemeinen Zeitung" und „Ordo. Jahrbuch für die Ordnung von Wirtschaft und Gesellschaft".
Wichtigste Veröffentlichungen: Größe und Wahn (Essays über Friedrich den Großen, Napoleon und Hitler); Die Ordnung, in der wir leben; Der Führer ins Nichts (zusammen mit Adler, Buchheim und Buchheit); Die Macht der Minderheit. Eine Auseinandersetzung mit dem neuen Anarchismus (Herderbücherei 372).

WALTER HILDEBRANDT, geboren 1912 in Leipzig, seit 1964 o. Prof. für Soziologie an der Pädagogischen Hochschule Bielefeld. Mitherausgeber der Zeitschrift „Deutsche Studien". Vorsitzender des Gesamteuropäischen Studienwerkes e. V., Vlotho.
Wichtigste Veröffentlichungen: Die Sowjetunion – Macht und Krise (1956), Siegt Asien in Asien? (1966), Das nachliberale Zeitalter (1973). Beiträge in INITIATIVE 2 (Wider den politischen Mißbrauch des Lehrers), 5 (Plädoyer für einen erneuerten Begriff der Autorität), 7 (Widersprüche im Bürgerstaat), 9 (Die konservative Revolution der Aufgeklärten oder Die Freiheit, Grenzen zu setzen), 13 (Weltzusammenhang und Weltinnenpolitik), 16 (Total abgesichert ins Ersatz-Risiko. Probleme der versorgten Gesellschaft im nachliberalen Zeitalter), 20 (Repräsentative Demokratie in der Gefahrenzone), 21 (Wie ich mir eine Renaissance der Christdemokraten vorstelle) und 24 (Die neuen Amazonen. Gewaltproblem und Frauenfrage).

HANNA-RENATE LAURIEN, geboren 1928 in Danzig, studierte Germanistik, Philosophie und Anglistik in Berlin. Seit 1951 im Schuldienst des Landes Nordrhein-Westfalen, 1965 Oberstudiendirektorin eines großen Kölner Mädchengymnasiums. 1970 von Staatsminister Dr. Bernhard Vogel ins Kultusministerium Rheinland-Pfalz berufen. 1971–1976 Staatssekretärin, seit 1976 Kultusminister des Landes Rheinland-Pfalz. Hanna-Renate Laurien ist Stellvertretende Bundesvorsitzende der CDU und Mitglied des Bundesvorstandes der CDU-Frauenvereinigung.
Wichtigste Veröffentlichungen: Berufliche Bildung – Chaos oder Reform (Köln 1973), Sozialistische Erziehungsideale – Ende der persönlichen Freiheit (Stuttgart 1974), Der Kampf um die Köpfe. In: Neue Bildungspolitik. Hrsg. von Bernhard Vogel (Herford – Berlin 1975). Außerdem zahlreiche Beiträge in Zeitungen, Zeitschriften und Sammelwerken über Themen der Bildungs- und Gesellschaftspolitik.
In INITIATIVE 21 (Das Elend der Christdemokraten) erschien ihr Beitrag „Die CDU und die Intellektuellen".

HEINZGEORG NEUMANN, geboren 1915 in Berlin, studierte Rechts- und Staatswissenschaften in Wien und München. Zunächst juristischer Verwaltungsbeamter im Reichsdienst, nach dem Zweiten Weltkrieg in der bayerischen Inneren und Allgemeinen Staatsverwaltung. Später an Auslandsmissionen in Italien, Portugal und Argentinien tätig, zuletzt Botschaftsrat I. Klasse an der Botschaft in Buenos Aires. Seit 1973 im einstweiligen Ruhestand. Mitarbeiter des Instituts für Demoskopie in Allensbach.
Von Heinzgeorg Neumann erschienen Beiträge in INITIATIVE 7, 18 und 25.

HEINZ-DIETRICH ORTLIEB, geboren 1910, ist Ordinarius für Volkswirtschaftslehre an der Universität Hamburg. Seit 1964 ist er Direktor des HWWA – Instituts für Wirtschaftsforschung in Hamburg. Seit 1931 Mitglied der SPD. Zu seinen besonderen Forschungsgebieten zählen: Wirtschaftspolitik, Wirtschaftspädagogik, Probleme der Entwicklungsländer und Bildungspolitik.
Wichtigste Veröffentlichungen: Wandlungen des Sozialismus (1947), Wirtschaftsordnung und Wirtschaftspolitik ohne Dogma (1954), Das Ende des Wirtschaftswunders (1962), Die Legende vom Volkskapitalismus (1963), Die verantwortungslose Gesellschaft oder Wie man die Demokratie verspielt (1971, ^{2}1973), Vom Volkskapitalismus zur Playboy-Demokratie (1974), Was wird aus Afrika? (1976), Südafrika – Revolution oder Evolution? (Hrsg. mit Arnt Spandau, 1977). – In INITIATIVE 1 („Plädoyer für die Vernunft“) erschien Ortliebs Aufsatz „Die vernunftlose Gesellschaft“, in INITIATIVE 12 („Der Apparatschik“) sein Beitrag „Führungslos durch Demokratisierung?“ und in INITIATIVE 16 (Kapitulation des Bürgers) seine kritische Anfrage „Der mündige Bürger – eine Lebenslüge?“

SALCIA LANDMANN, geboren 1911 in Zolkiew, unweit von Lemberg (Lwow), am Ostrand der damaligen Habsburger-Monarchie, aufgewachsen in St. Gallen. Studium der Philosophie, Psychologie, Kunstgeschichte und Jurisprudenz in Genf, Berlin, Zürich, Paris und Basel. Dissertation über Husserl, Scheler und Heidegger. Dr. phil. Gleichzeitig Ausbildung zur Modegraphikerin. Seit 1960 schriftstellerische Tätigkeit vor allem auf judaistischem und gastronomischem Gebiet. Verheiratet mit dem Philosophen Michael Landmann.
Wichtigste Veröffentlichungen: Phänomenologie und Ontologie. Husserl, Scheler, Heidegger (Straßburg 1939); Der jüdische Witz (Olten 1960, seither zahlreiche Auflagen); Jiddisch. Abenteuer einer Sprache (Olten 1962, auch als Taschenbuch in zahlreichen Auflagen erschienen; Übersetzungen ins Japanische und Niederländische); Koschere Kostproben (München 1964); Gepfeffert und gesalzen (Olten 1965); Jüdische Anekdoten und Sprichwörter (München 1965); Die Juden als Rasse (Olten 1967); Westöstlicher Küchendivan (Stuttgart 1968); Polnische Küche (Stuttgart 1970);

Wer sind die Juden? (München 1973); Der ewige Jude. Essays (München 1974); Erzählte Bilderbogen aus Ostgalizien (München 1975); Die koschere Küche (München 1976). – Außerdem Übersetzungen aus dem Jiddischen.

Hans Saner, geboren 1934 in Großhöchstetten (Schweiz), studierte in Lausanne und Basel Philosophie, Psychologie, Germanistik und Romanistik. Von 1954 bis 1959 Volksschullehrer im Kanton Bern, von 1962 bis 1969 persönlicher Assistent des Philosophen Karl Jaspers, dessen Nachlaß er betreut. Promotion 1966 mit einer Arbeit über Kants politische Philosophie. 1968 Hermann-Hesse-Preis. Dr. Saner ist Mitherausgeber der Reihe „Philosophie aktuell" (Verlag Schwabe & Co., Basel).
Wichtigste Veröffentlichungen: Kants Weg vom Krieg zum Frieden. Bd. 1: Widerstreit und Einheit (München 1967, engl. Ausgabe: London–Chicago 1973), Karl Jaspers (Reinbek 1970, japan. Ausgabe: Tokio 1973), Karl Jaspers in der Diskussion (München 1973), Erinnerungen an Karl Jaspers (als Mitherausgeber, München 1974), Karl Jaspers: Notizen zu Martin Heidegger (als Herausgeber, München 1978).
In INITIATIVE 10 (Überleben und Ethik) erschien Hans Saners Beitrag „Memento nasci. Vorbemerkungen zu einer Philosophie der Geburt", in INITIATIVE 26 (Die Pillen-Pest) sein Plädoyer für Sterbehilfe.

Wolfgang Strauss, geboren 1931 in Libau/Lettland, seit 1941 in Mecklenburg. Gymnasium in Schwerin. 1949 im studentischen Widerstandskreis um Arno Esch, 1950 Verhaftung, vom Sowjetischen Militärtribunal zu 50 Jahren Zwangsarbeit verurteilt; 6 Jahre Workuta und Bautzen, Teilnahme am Bergarbeiteraufstand 1953. Nach der Entlassung Flucht in die Bundesrepublik, seit 1957 als Redakteur und freier Schriftsteller tätig, lebt in Furth im Wald (Oberpfalz).
Wichtigste Veröffentlichungen: Blut und Kohle (München 1961), Unter dem Banner Banderas (London 1963), Die Dritte Revolution (Hamburg 1968), Trotz allem, wir werden siegen (München 1969), Von der Wiedergeburt slawophiler Ideen im Rußland der Gegenwart (Hamburg 1977), Nation oder Klasse. 60 Jahre Kampf gegen die Oktoberrevolution – Geschichte des Widerstandes in der UdSSR (München 1978).

Ursula Voss, geboren in Berlin, heute in Köln lebend, studierte Anglistik, Romanistik und Kunstgeschichte in Freiburg i. B. und Köln. Seit 1960 im Schuldienst tätig. Seit einigen Jahren freie Mitarbeiterin bei deutschsprachigen Zeitungen und Zeitschriften.
Wichtigste Veröffentlichungen: Ursula Hülsewig, Malerei des Phantastischen (Köln 1975), Kindheiten, eine Anthologie aus Selbstzeugnissen (als Herausgeberin, Köln 1974), Die unbequemen Jahre, eine Anthologie aus Selbstzeugnissen (Köln 1977).